读书是最美好的事 DUSHU SHI ZUI MEIHAO DE SHI

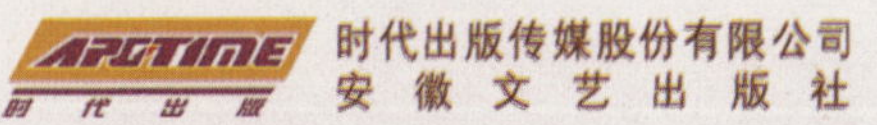

时代出版传媒股份有限公司
安 徽 文 艺 出 版 社

潘裕民 上海市作家协会会员，华东师范大学兼职教授。曾任安徽省安庆师范学院中文系古代文学教研主任、副教授，上海市黄浦区教育学院副院长。著有《唐宋词的魅力——基于古典诗词曲之比较研究》《梦回“诗唐”——唐诗经典品鉴》《唐宋文学六十家》《教师专业发展的理论取向与实现路径》等学术著作。曾获上海市教育教学奖、上海市第十一届教育科研优秀成果二等奖、《中国教师报》“全国十大爱读人物”等称号。

读书是最美好的事

DUSHU SHI ZUI MEIHAO DE SHI

潘裕民◎著

APGTIME 时代出版
时代出版传媒股份有限公司
安徽文艺出版社

图书在版编目（CIP）数据

读书是最美好的事 / 潘裕民著．—合肥：安徽文艺出版社，2016.3（2022.1 重印）
ISBN 978－7－5396－5638－0

Ⅰ．①读…　Ⅱ．①潘…　Ⅲ．①读书笔记－中国－现代
Ⅳ．① G792

中国版本图书馆 CIP 数据核字（2015）第 290811 号

出 版 人：朱寒冬
责任编辑：王婧婧　　　　　装帧设计：徐　睿

出版发行：时代出版传媒股份有限公司　www.press-mart.com
　　　　　安徽文艺出版社　www.awpub.com
地　　址：合肥市翡翠路 1118 号　邮政编码：230071
营 销 部：（0551）63533889
印　　制：合肥创新印务有限公司　（0551）64456946

开本：700×1000　1/16　印章：23.5　字数：300 千字
版次：2016 年 3 月第 1 版　2022 年 1 月第 4 次印刷
定价：46.00 元

（如发现印装质量问题，影响阅读，请与出版社联系调换）

目录

第二辑　读书的门道

第三辑　人文阅读

序一：读书三宝

承蒙裕民兄赐其大作《读书是最美好的事》校样，我是一个喜欢追根溯源的人，一看书名，首先想做的是“正名”：为什么称“读书”，而不叫“看书”？

一般认为，看着文字念出声来叫读书，这个答案显然不能令我满意。于是找来清代大学者、龚自珍外公段玉裁的《说文解字注》，此书名气极大，被列入古代四大名注，即郦（道元）注《水经》、刘（孝标）注《世说新话》、李（善）注《文选》段（玉裁）注《说文》。我们就来读一下这部权威书籍对“读”的注释。

段老先生开篇便亮出通假互训之学，曰“箱，读书也。读与箱，叠韵而互训”；“籀”又通“紬”，“紬”再通“抽”，绕了四个弯，端出了撒手锏：“抽绎其义蕴至于无穷。是之谓读”，接着又慎重声明：“讽诵亦可云读。而读之义不止于诵。讽诵止得其文辞。读乃得其义蕴。”我们终于明白，把读书释为念出声来，实属皮相浅层；能够从书中抽扯出、演绎出无穷义蕴，方堪称“读书”！

我们都希望走高端，探无穷。可是，人生有限、光阴荏苒，如何去啃手中书，抽丝剥茧，理出头绪，找出门径，以求无穷之义蕴？裕民兄老潘识途，“来吾导乎先路”,他的《读书是最美好的事》可为你指点迷津。

路径一:觅法。

读书是要讲究方法的,“取法乎上,仅得乎中”,方法不对,简直就是读了也白读。裕民兄提供了众多法门,他说:“苏轼用‘抄读法’来加深记忆理解;华罗庚用‘厚薄法’读书由厚读薄,取其精华;陈善爱用‘认理法’,读有字之书,识无字之理,记心中之思。还有所谓‘求异法’‘引申法’‘猜读法’‘写读法’等等,都是前人在读书实践中总结出来的符合个人习惯的阅读方法。”

对各类读书法,裕民兄广征博引,做了具体而生动的阐述,拳拳之心,读者当可感知。

此为第一宝:觅法之宝。

路径二:得趣。

读书未必一定求“实用”,有时候,还应该读些“无用”的书。裕民兄引用了汪涌豪教授的话:“人可以带着目的读书,但不能太有目的,正如可以带着目的与人交往,又不能总带着目的,否则会很可怕。”如果把读书仅仅限定在功利范畴内,真是件恐怖的事。因此,读书的关键不在有没有用,而在于有没有趣及如何得趣。

得趣需经历三阶段,首先,你自己要有情趣,俗语说“你是什么人,就会遇见什么样的人”,无趣者想在书中得趣,犹如拔自己的头发升天。第二,自然是觅趣,寻寻觅觅,在万卷书中寻情觅趣。第三,当然是“那人却在,灯火阑珊处”,求趣得趣,这是铁律。

读书得趣,说明你不是利禄之徒,而是个有情趣的人,一个敢于寻知音、也善于觅知音的人。以这种心态读书,哪怕一时知己难求,那寻觅的过程也充满乐趣。

此为第二宝:得趣之宝。

路径三:妙悟。

裕民兄告诉我们,“读书需入心田。真正的读书,应是读者与作者面对面地交流、对话与探讨。只有这样的阅读，才能达到‘量身于文内，心与文通，心与作者交融’的境界”。

是的，书读出妙解，获得悟性，是最高层次。你和书中的文字，在刹那间碰撞，迸发出火花，你突然有了妙解，有了冥思苦想也不曾获得的感悟，一定会“惊呼热衷肠”！

甚至，读书会读出你爱书，书亦爱你，书与你惺惺相惜、心心相印的状态。读者会说，书怎么会爱人呢？那么我问你，山会爱人吗？答案是“会的”。李白《独坐敬亭山》“相看两不厌，只有敬亭山”，“两不厌”说明李白看敬亭山固然不厌，敬亭山看李白也应该“不厌”。李白说的有点云里雾里，辛帅弃疾豪气干云，说得斩钉截铁：“我见青山多妩媚，料青山、见我应如是。”（《贺新郎》）看来，人和物是可以相通的，况且，书是人写的，比山自然多灵气，你能获得书的赞美，你也会受到书的斥责，书为诗友、畏友、益友、挚友，“有朋自远方来，不亦说乎”？

连书也喜欢你了，那么，你和书，书和你，已然不分彼此，你融入了书中，书汇入你心中，有了这种血肉相连，同为一体的关系，还怕得不到“无穷之义蕴”吗？只能是“取易卷席如探囊”，N个义蕴也“入吾彀中矣”！

当然，这种机遇不多，此类书亦不会太多，能拥有，是你的福祉，你可以毫无障碍、无约束地“抽绎”，天马行空般地游于“无穷”，拿庄子的话来说，达到“遥游”，拿当代哲人的话说，是从必然王国走向自由王国。

此为第三宝：妙悟之宝。

三宝自有高下：方法路径是基本，情趣境界是提高，妙悟自如是升华。此三宝者，得一为佳，得二为高，得三为神。若路径通达，属初级阶段；趣味横生，已略有境界；妙得解悟，便有如神助，得无尽藏。

三宝本为佛学语，这里拿来做个话头，用以说明裕民兄此书足以渡人遨游书海。此类意思，裕民兄慧眼已具。他说：“我以为，读书也有这样几种境界，一是自然的境界，二是功利的境界，三是生命的境界。”裕民的三境界和在下的“三宝”，次第有所别，但灵犀一点相通两心，为固然。

是为序。

王从仁

2015 年 11 月 5 日草于云起轩

序二：做一个美好的读书人

读书是一生的功课

君子不可一日无书，相信真正爱读书的人都认同这句话。读书是一件伴随人一生的事情。我从小喜欢读书，连环画是我童年时代的主要读物。上大学时，正值粉碎“四人帮”之后，校园里读书氛围十分浓厚。借书、读书、抄书，成了我大学生活的主要内容。那时，借到一本心仪的书，我会通宵达旦，一口气读完。

读书是痛苦的，又是幸福的。记得在大学教书的时候，夏日，袒襟裸足，蚊子不停地侵袭，手足并用，左右开弓，到头来还要躲到蚊帐里，任汗水淋漓，读到深更半夜。冬天，疾风狂吼，寒气逼人，只得和衣在冰冷的被窝里苦读。

但是，我至今说不出对我影响最大的一本书，也不相信一本书能改变人的命运。我只能说，有一些书，尤其是古今中外的文学名著，它们在不同时期不同程度地引起了我的共鸣，在我的心灵历程中留下了痕迹。前苏联作家尼古拉·奥斯特洛夫斯基有句名言说得好：“光阴给我们经验，读书给我们知识。”在我看来，人的生命成长是一个需要不断修炼的过程，读书，更是一个人终身的“功课”。北宋著名诗人黄庭坚说:“士大夫三日不读书,便面目可憎,语言无味。”面目可憎也许过了点,但对我来说,如果每天不读点儿书,滋润自已的心灵,就会感到有些不自在,好像生活中缺少了点什么。

我始终认为,读书是人的一种生活方式,是一种精神上的享受。在我看来,读书作为日常生活的一个重要组成部分,就像呼吸那样自然。因此,学校开展读书活动,重在激发教师的读书兴趣,培养师生的阅读习惯。今天教师的阅读,要与文本对话,要与经典对话。尤其是在一个开放的环境里,教师的阅读要有境界和品位,要“从阅读中看到未来和希望”。

我当过中小学教师、校长,曾在大学任教,后来又在教师培训机构从事教师教育工作。三十多年来,不管角色如何转换,我始终坚持在教学第一线,以“读书、教书、写书”为主要生活方式,还喜欢买书、藏书。2001 年以来,为适应和满足基层学校和教师发展的需求,我经常深入中小学、幼儿园,为学校开展校本培训和读书活动提供业务指导和专业引领。为促进教师专业发展,提倡教师多读书读好书,我带头申报了《教师的读书境界与专业发展》市级教师培训共享课程。

但在具体的阅读实践中,我提倡教师读书不能太功利,要多读点“无用之书”,如哲学著作、历史传记、文学经典之类。这些看似无用的文史哲书籍,从长远看,恰恰大有用处。文学即人学。比如《红楼梦》,语文教师不可不读:白纸黑字“大观园”,“字字看来皆是血”,令人百读不厌。文学书的质地、神韵,是其他艺术所无法替代、不可企及的,尤其像唐诗、宋词、元曲、明清小说这样的文学类型,其中不但摇曳着智慧的光芒,也多流淌着思想的要义。如有条件,还应该读一些“大书”,比如《史记》、《资治通鉴》、马列哲学著作,等等。尤其是文科教师,这样的书读得多了,背得多了,就有了“底子”,其文化素养和思想境界自然也随之提高了。

读书不能等

在读书的过程中，阅读者领略到文字所独有的艺术魅力、思想内涵，获得心灵感悟、精神愉悦，这些几乎都是从阅读经典名著中感受到的。

经典是每个时代人类最高智慧和最高美感的结晶。可是，现在阅读经典的人越来越少。也许有人会说："想读书，但没有时间。"实际上，"没有时间读书"是个伪命题。我一向觉得，读书的时间是挤出来的，越忙越需要读书充电。我的包里经常放一本书或杂志，一有时间就拿出来读。我平时读书的时间基本是在车上、地铁上、外出旅游或出差时，等飞机和坐飞机是读书的最好时机，读完一本，再换一本。

我尤其喜欢夜读。夜晚，是做学问、搞研究的人最宝贵的阅读时间。不仅如此，夜读，还可以使人远离浮躁，怡情养性，是一种物外神游的精神享受。喜欢读书的人都有这样的体会：在夜深人静时，无丝竹之乱耳，无案牍之劳形，沏一杯香茶，坐在自己安静的书房，手捧一本自己喜爱的书，与书中的圣贤会晤，尽情享受思想的盛宴，岂不是一件赏心乐事？

所以，读书真的不能等，要趁早养成读书的习惯。一个人不挤出时间读书，等有时间再去读书，可能永远也没有时间。要让阅读成为内心的需要读书不可以贪多，要读深、读透和读懂。买书不难，难的是静下心来细细品味一本书。真正意义上的阅读，应该是专心致志的。

读书还要善于选择，做到有所为，有所不为，不能功利地读。读书要讲究方法，"不是抓紧每一分钟学习，而是抓紧学习的每一分钟"。对于一线教师来说，要读思结合，读写结合，读说结合，读用结合，读书要借鉴，读书需要意志。

在阅读的过程中，由于书不同，人不同，读书的目的和方式不同，读的结果和成效就有了不同，读书的境界也有雅俗、高低之别。这中间最高的境界，就是把读书作为一种生活方式，而没有功利的目的，真正做到“有所为有所不为”。还有一点必须强调：读书是一项苦中有乐的工程，贵在及时，重在坚持。没有极大的毅力支撑，是很难将阅读进行到底的。

不读书的人生是苍白的

我读书有个习惯，就是“书不离笔”。遇到好的书或文章，我喜欢抄读，可以加深记忆，增强理解。抄读的过程，就是消化知识的过程，对所读内容理解越透彻，体会越深刻，则记忆越牢。长期以来，我坚持读、抄结合，读书笔记积累了几十本，用时信手拈来，让我受益无穷。我认为动笔的好处在于以读促思、以思促写、边写边读。同时，有了自己的阅读经验和体会，记录下来，还可以与人交流和分享。当然，我的“书不离笔”，不仅仅是在读书时的摘抄、批注、评点之类的“写”，也包括写读书笔记、写文章，乃至从事课题研究、著书立说等。

对于教师而言，读书不仅仅是一种乐趣，还应该是一种生活习惯与思维方式。我始终认为，阅读是与思考相随的。读书是花朵，思索才是果实。没有思索的阅读，是无效的阅读。我们的老祖宗一向重视思考，孔子说：“学而不思则罔，思而不学则殆。”曾子说：“吾日三省吾身。”其实，思考的过程也是求异的过程。对此，培根有个形象的比喻，说我们读书做学问不要像蚂蚁那样只顾整天忙忙碌碌地储存，而不去做加工的功夫，也不要像蜘蛛那样整天只顾吐丝，而不注意汲取营养，而应该像蜜蜂那样既注重采集原料，同时也对原料进行加工、制作，从而创造出一种新的产品。

读书亦然，要结合自己的经历和思考，使自己的思想系统化。“人是活的，书是死的。活人读死书，可以把书读活。死书读活人，可以把人读死。”读书关键在于有思维，这是“人为万物之灵”之本质。有了思维，知识才活了，能够发展，能够创新，能够超越自己。

同时，阅读时大可不必那么拘谨，或正襟危坐，或集中一段时间来阅读。有时候，不妨就躺在床上随便翻翻，看到哪里算哪里，不一定一口气把一本书读完。就拿我来说，读理论书籍有时候比较枯燥，但读人物传记、教育随笔、诗歌散文，就感到很有趣。这些书看起来与我们的教学与研究没有什么关系，但是这些著作中所蕴含的思想对我们影响是深刻的。

“腹有诗书气自华”，没有真正的阅读就没有真正的教育。读书是教师的必需，正像我们人需要吃饭、休息等一样，是生活中不可或缺的部分。如果说教育教学的实践历练是“行万里路”的话，那么向书本学习就是“读万卷书”。

对于每一个人来说，“读书人”都是一个美好的身份。人生拥有这么漫长的时光，如果一辈子不读上几百本书，不享受诗意的阅读，这样的人生是苍白的、可怜的。由此，我想起了清朝文学家张潮《幽梦影》中的话：“有工夫读书，谓之福。有力量济人，谓之福。有学问著述，谓之福。”尤其在现在这个社会风气浮躁的年代，我们能有时间、有精力、有心境徜徉在阅读的天地中，确实是一件幸福美好的事情。

潘裕民

2015 年 10 月 26 日于上海

第一辑 读书的境界

无论时代如何变迁，读书始终是人的一种精神享受，甚至是人间至善至美的事情，所以才有“世间数百年旧家无非积德，天下第一件好事还是读书”“书中自有黄金屋，书中自有颜如玉”等名言。

在我看来，读书是有境界和品位的。王国维在《人间词话》里称：“有境界则自成高格。”所谓读书之境界，恰如梁实秋先生所言：“人生到了一个境界，读书不是为了应付外界需求，不是为人，是为己，是为了充实自己，使自己成为一个明白事理的人，使自己的生活充实而有意义。”

读书是最美好的事

“世间数百年旧家无非积德，天下第一件好事还是读书”，相传这是清代嘉庆年间礼部尚书姚文田自题书房的对联。据说，商务印书馆的开创者张元济曾手书过这副对联。更值得提及的是，有人问阿根廷作家博尔赫斯，你想象中的天堂是什么样？博尔赫斯说，就是图书馆的样子。所以我要说，读书是最美好的事。

“为什么要读书”“读什么书”“怎么读书”这几个简单的问题，居然古今中外几千年也没有说尽，而且历久弥新。因为“书是全世界的营养品”，“想成为一个有成就的人吗？请你来阅读”，这是英国戏剧大师莎士比亚登上艺术高峰后留下的至理名言，也是他自己人生经验的总结。

正由于书是举世之宝，所以有人说：“没有书的家庭，谈不上是高雅、完美的家庭；不读书的人，不配称真正、完美之人。”细细想来，此话不无道理。历史上绝大多数伟人、大学问家都把书籍看作不可或缺的精神食粮，把读书学习看作生命中最大的爱好。马克思、列宁、毛泽东、孙中山、鲁迅、爱迪生等等，都是如此。

论及读书的好处，素有宏观意义与个人意义之分。从宏观上说，我们是“为中华崛起而读书”；就个人而言，“读书使人充实”。但实际上，二者是密不可分的。2013 年 8 月，著名作家贾平凹做客上海书展时说过：“如果人人都不爱读书，国家的发展就没有后劲了。” 2014 年 7 月 25 日，《解放日报》刊登了韩正同志的《静心读书》一文，文中指出：“不读书的城市是没有希望的城市。” 李克强同志在十二届全国人大三次会议记者会上再次提到“全民阅读”，他说：“书籍和阅读可以说是人类文明传承的主要载体。就我个人的经历来说，用闲暇时间来阅读是一种享受，也是拥有一种财富，可以说终身受益。我希望全民阅读能够形成一种氛围，无处不在。” 习近平同志早在《之江新语》一书中就有不少谈读书、论学习的内容。

由此可见，关于读书的价值和意义，怎么强调也不为过。有人说，这世上有两样东西是别人抢不走的：一是藏在心中的梦想，二是读进大脑的书。书是智慧的钥匙，是人类认识的载体，有知识的人把所见所闻或所思所想记录下来，便成为书。有价值的书是历史的见证、知识的宝库、智慧的结晶，是一个民族一个国家精神文明的标志。朱永新先生说得好：“一个人的精神发育史实质上就是一个人的阅读史；一个民族的精神境界，在很大程度上取决于民族的阅读水平。”

实际上，社会文化和历史就是通过阅读而代代相传、继往开来的。所以，德国作家歌德说：“人不只是靠他生来就拥有一切，而是靠他从学习中所得到的一切来造就自己。” 读一本好书，就是和许多高尚的人谈话。被称为英国近代化学之父的道尔顿也曾说过：“我所取得的成就和从图书馆里获得的知识是分不开的。”

话说回来，今天这个时代，读书到底有什么意义？它能给我们带来什么？要回答这个问题，我们不妨引用王蒙先生的一段话：“读书是一种享受，是一种生活方式，也是一种风度。我们这个时代之所以出现一些浮躁的风气，很重要的一个方面，是一些人不读书，缺乏应有的风度，缺乏对事物的专注之心。”（《读书是一种风度》）应该说，人们对什么事情专注、什么事情重要的看法和感知是不一样的。

在有些人看来，终日埋头进行科学研究的科学家是一些不近人情、枯燥乏味的“怪人”。对此，作为中国首批18位博士之一，曾在中国科技大学执教多年、现为北京航空航天大学教授的李尚志说：“说数学家都像陈景润那样，其实不是。比如，我们也喜欢吃好吃的。……有人问过我搞科研会不会影响你去旅游，其实我有很多教学案例都是旅游当中来的。喜欢什么就照干，而且未必不能对科研有所启发。”

事实上，对生活和事业的热爱，使不少科学家逐步成为自然美的追求者与发现者。达尔文“常常几小时地阅读莎士比亚的历史剧”和“拜伦、华尔特·司各特的诗篇”；诺贝尔读过许多名人大家的文学作品；我国数学家华罗庚、苏步青都非常喜爱古典文学。据了解，苏步青一生与诗结缘，曾出版《苏步青诗词钞》《数与诗交融》等著作。在谈到习文对自己一生治学的滋养时，他说：“深厚的文学、历史基础是辅助我登上数学殿堂的翅膀，文学、历史知识帮助我开拓思路，加深对数学的理解。以后几十年，我能吟诗填词，出口成章，很大程度上得力于初中时文理兼治的学习方法。”著名数学家丘成桐院士也说过：“我深受中国古典文学影响，从《诗经》中，看到了比兴方法对于寻找数学方向的重要性；吟诵《楚辞》，激起我对数学的热情。”谷超豪更是被称为“诗人数学家”，他说：“在我的生活里，数学是和诗同样让我喜欢的东西。诗可以用简单的语言表达复杂的内容，用具体的语言表现深刻的感情和志向。数学也是这样，1除以3，可以一直除下去，永远除不完，结果用一个无限循环小数表示出来，给人无穷的想象空间。”可见，读书是人的一种兴趣爱好和精神需求，并不一定为学科和专业所限。《越读者》一书的作者郝明义说得好：“没有越界，不成阅读。”从某种意义上说，“跨界”也是一种很高的境界。

阅读是一个世界性的话题

1995 年，联合国教科文组织决定，将每年的 4 月 23 日定为“世界图书与版权日”，即世界读书日，意在鼓励人们发掘读书的乐趣，并纪念那些为推动人类文明前进而做出不懈努力的先辈。

为什么选择 4 月 23 日作为世界读书日呢？据说跟西班牙有点关系。这一天，是《堂吉诃德》的作者、西班牙作家塞万提斯逝世纪念日。听上去像是一个美好的巧合，而鲜为人知的是，“世界读书日”的诞生正是为了纪念这位西班牙文学巨匠。

早在 1923 年，西班牙作家、出版人文森特·克拉维尔提出，为纪念塞万提斯及其伟大作品《堂吉诃德》，在西班牙设立“读书日”。克拉维尔本人是塞万提斯的崇拜者，28 岁时他成立的第一家出版社，便以塞万提斯的名字命名。在他看来，“读书日”的设立，是向全世界的伟大作品、作者致敬，同时也希望人们从书籍中获取知识和文化的力量。

历时三年，这一提议最终获得西班牙国王阿方索十三世的批准。从提议到正式成为西班牙全国性纪念日，历经曲折长达七年。

还有一个根据，就是 4 月 23 日是西班牙加泰罗尼亚地区的传统节日，叫作“圣乔治节”。圣乔治节的来历是，当地有一个英雄叫乔治，他从怪兽手中救出了一个美丽的公主。通常“英雄救美女”的民间故事,得救以后,一般公主会嫁给英雄,可这个故事不是这样,没有说公主为了感恩就嫁给英雄了。她怎么感谢的呢?她送给英雄一本书,这就不落俗套了。作为英雄,你光是能杀死怪兽还不够,你还得有文化,有品位。根据这个故事,西班牙这个地区就有了一个节日,到4月23日这一天,姑娘送自己爱的小伙子一本书,小伙子送姑娘一枝玫瑰花。我觉得这倒不错,姑娘要求自己的意中人是有文化的,爱读书的。

其实,所谓的“世界读书日”,也只不过是提倡一下,或许有点推动作用,但“推是为了不推”,真正的读书行动要靠持之以恒,靠个人的“文化自觉”。

纵观世界各国,凡是崇尚读书的民族,大多是生命力顽强的民族。全世界读书最多的民族是犹太族,平均每人每年读书64本。作为犹太人聚居地的以色列,它的人文发展指数(将出生时的预期寿命、成人识字率和实际人均国内生产总值等衡量人生三大要素的指标合成一个复合指数)居全世界第21位,是中东地区最高的国家。

据介绍,以色列书店里各种版本的图书、报刊一应俱全,在街头的报亭里可以买到头天出版的《泰晤士报》《纽约时报》《世界报》等西方国家的大报,在有的书店里还可以买到《毛泽东选集》《邓小平文选》。

在犹太人的家庭里,充满着浓郁的读书和求知的氛围。中国有一个习俗,要让刚满周岁的婴儿抓东西,叫“抓周”,一生的命运与抓到什么紧密相关。如果抓书,预计他将是读书人;抓算盘,预计是个生意人,等等。钱锺书满周岁时抓了一本书,因此取名“锺书”。他的一生果然是与书相伴,成为一名大学者。而犹太人的习俗是,在孩子稍稍懂事的时候,母亲就会翻开《圣经》,涂一点蜂蜜在上面,然后让小孩去舔。这仪式的用意不言而喻——让孩子从小就知道书本是甜的,日后要爱不释手。

由于犹太人一直有着重视读书的传统,使得该民族在长期颠沛流离中能够不断地涌现出许多优秀的思想家、科学家和一流的经营者。在近代史的长卷画轴中，马克思（社会科学）、爱因斯坦（自然科学）和弗洛伊德（人类自身心理研究），是改变历史进程的三位大师，被推崇为“犹太三星”。不管在欧美各国还是在以色列，犹太人接受高等教育的人口比例都很高。据统计，在20世纪645位诺贝尔奖获奖者中有121位犹太人，比例高达18.5%，获奖人数高居世界各民族之首。

俄罗斯人也是以喜欢读书著称的。1.4亿俄罗斯人的私人藏书就有200亿册，每个家庭平均藏书近300册。因此，俄罗斯获得了世界上“最爱阅读的国家”的美誉。到过俄罗斯的人都能观察到，在公园的长椅上、电车上、大学草坪上、步行街中，无处不见埋头读书的人。在普希金公园，你能看到，许多人口袋里都装着一本书。至于图书馆的阅览室，则是各年龄段俄罗斯人最喜欢的场所，人们常常要为在图书馆阅览室订到一个座位而排队。读书，对于俄罗斯人来说，不仅是获取知识的手段，也是休闲甚至娱乐的方式。

近些年来，尽管俄罗斯人的阅读率也有所下降，其罪魁祸首是电视和网络。但这一情况引起俄政府的高度重视，并将其视为一个严重的社会问题。为此，俄政府制定《民族阅读大纲》，并采取一系列措施，“培养读者兴趣，鼓励年轻人读书”，让“读书重新成为一种时尚”。

记得在2008年3月，《环球时报》报道了《法国倾力打造阅读大国》的情景：在法国，常常在公共汽车上看到有人捧着一本厚厚的小说在津津有味地读着，有白发苍苍的老人、背着书包上学的青少年，也不乏匆匆赶去上班的上班族。的确，法国人读书有股“挤劲儿”。怀揣一书，随时阅读，有空就读。无论在咖啡馆，还是在地铁里、公园中、马路边、公车上，到处都能看到人们读书的身影。多少年来，法国始终保持着读书大国的地位。统计表明，法国人每年人均读书12本，多的有25本以上。即使在经济困难时期，法国人宁可砍掉其他消费，也不轻易减少买书的开支。

与法国一样，在德国的地铁上，无论男女老少，无论坐着站着，上车的第一件事，就是拿出一本书来读。调查显示：56%的德国人在他们的业余时间喜欢或非常喜欢读书;平均49%的妇女和36%的男士每年至少买过3本书;仅汉堡市中心图书馆一年就有近1100万册图书被读者借阅,光顾中心图书馆的人一年有458万;全世界最大的图书展每年在德国的莱比锡和法兰克福两个城市举办。这些数据都说明了一个问题:德国人是喜欢阅读的。

在印度的飞机和火车上,也经常可以看到乘客捧着书在认真阅读。印度各地都有许多书店和书摊,在每一个市场里,即使是一个很小的市场里,也有一两家书店。据印度一位社会学家的一项调查显示(2008年),印度人一般一年要读3至5本书,而且多是小说,从印度人爱读书以及能静下来读小说这一点来看,印度人心态普遍比较沉静,不浮躁,生活得很从容。

在澳大利亚,"天天都是读书日"。澳大利亚人无论搞活动还是外出,背囊里都装有书。只要稍加留意,你就会发现,马路边、草坪上、海滩旁、商店里、候机厅内,常见人捧书阅读的场景。有些书迷甚至一上车船,就习惯性地掏出一本书,然后心无旁骛地看起来。即使站立者,也照样抓住栏杆或吊环,在摇摇晃晃中享受阅读。

日本的国土面积不足38万平方千米,比我国的四川省还小一点,人口有一亿两千万。但是,日本每年出版新书的总码洋在两千亿人民币左右。日本的书店很多,仅东京就有七千多家。尽管日本的书店都不是很大,但书的种类非常齐全,内容非常丰富,什么书都有。日本人的读书热情在全世界来看,都是很高的。

美国权威调查机构从1995年开始进行全国范围的调查,要求人们说出自己业余时间最喜欢的3项活动。结果2005年阅读以35%排在首位;看电视以21%排在次席;与家人和孩子玩以20%居第三。2005年阅读上升势头最猛,上涨了11个百分点。美国人为什么掀起这样的阅读热?据观察分析,这和美国人强烈的危机感有关。在美国人看来,不读书已经没有出路。

同一些国家相比,我国现在的每年人均阅读量还比较少。应该说,中国自古以来就是一个崇尚、热爱读书的民族。《论语》十六章,第一章就是《学而》,而《学而》的第一句话就是:“学而时习之,不亦乐乎?”孔子的一生既是教育的一生,也是学习的一生、读书的一生。“韦编三绝”(韦是皮带子,竹简、木牍用皮带子拴起来,才不至于乱。这种书是用绳子编起来的,所以叫作编。读得多了,把皮带都翻断了三次,是形容他老人家非常用功,对一部书反复阅读,熟读精读的意思),“发愤忘食,乐以忘忧”,是孔子勤奋读书的写照。孔子开创了儒家学派,而“儒”的最广的所指,就是“读书人”。读书人在中国传统社会受到高度尊敬,是中华文明崇尚读书的表现,也是中华文化的突出特色。

在中国,“万般皆下品,唯有读书高”的观念,虽然有其片面性,但同时也反映了自古以来对读书的极高评价。在一定的高度看,也有积极的一面。创立于隋唐时的科举制度,其进步的一面就是打破了用人问题上的论门第的世袭制度,使“朝为田舍郎,暮登天子堂”变为现实,使一些优秀人才脱颖而出。只是到了封建社会后期,它使广大读书人的阅读视野渐渐单一(八股文)窄化(重文轻理)了。这种延绵千年的科举应试教育,至今在现实社会中还有相当的市场。毫无疑问,现在的应试教育,也在很大程度上挤占了学生读书的空间,学校中无书可读的现象远未销声匿迹,学生无暇读书、不想读书的情形也不少见。这种现象应该引起我们的高度重视。

读书是最好的“精神化妆”

如今，时代确实有些浮躁与功利。在这处处充满诱惑的年头，要做到“目不斜视”谈何容易！不少人追着利益走，跟着欲望走，盯着权位走，随着时尚走，物质焦虑症使人丧失了“专注”的能力。但读书能让人沉潜，让人保持内心的宁静。读书，就是与博学的先生对话。他以和缓的语调，告诉我们物质的速朽和精神的永恒。譬如当年唐宋，曾肥马轻裘雕梁画栋，而存活于人心不朽流传的，却是激扬精神的诗词咏歌。尤其在当今时代，人们的生活紧张而忙碌，更需要人文作为调剂，文学是最好的选择，唐诗、宋词更是其中的精品。

从人类发展史看，文明与阅读是密不可分的。读书是人类特有的精神生活，也是人类传承文明的主要方式。对人来说，恐怕没有比读书更好的精神食粮了。因此，宋代诗人黄庭坚深有感触地说：“三日不读书，便觉语言无味，面目可憎。”清代的萧抡也说：“一日不读书，胸臆无佳想；一月不读书，耳目失清爽。”

是啊，读书的人与不读书的人是不一样的，这从气质上便可看出。曾国藩家书有言：“人之气质，由于天生，本难改变，唯读书可变化气质。”这话说得真好！每个人的身上，都可看到阅读留下的不同痕迹。读书，不仅仅是知识的源泉,也是滋养人们美好心灵的必由之路。我曾经说过,阅读不一定能改变一个人的长相,但一定可以改变一个人的品位和气质。有些人相貌普普通通,但其言却让别人“听君一席话,胜读十年书”,令人如沐春风。你会觉得他深邃厚重,气质不凡。

什么叫气质? “气质”,语出宋代张载《语录钞》:“为学大益,在自求变化气质。”现代西方心理学的气质是指人的心理素质、内在修养的外在行为的总和,一般是指人的个性特点、风格气度。人的气质是先天与后天的统一,内在与外在的统一,率真与理智的统一。清华大学附属小学校长、小学语文特级教师窦桂梅说:“人,要有气质,要想真正地漂亮起来,一定要读书,读书是最好的‘精神化妆’。”

不可否认,读书的人确实具有一些特别的气质。这种“儒雅”之气,是通过一个人的一言一行、一举一动折射和体现出来的。正如培根所说:“把美的形象与美的德行结合起来吧,只有这样才会放射出真正的光辉。”必须指出的是,这种美好的气质或风度并不只限于那些外交家、政治家和影视明星等公众人物,它也体现在普通人身上。从更广泛的意义上看,读书对一个人综合素质的提升也具有一定意义。于是乎,每次看到我们的同胞在国外旅游时摘花、乱扔垃圾,在国际航班上大声喧哗或大打出手的新闻时,我总在想,其实这些问题都可以通过阅读解决。一个认真阅读过孔子、托尔斯泰、莎士比亚的人,其素质肯定差不到哪里去,也一定会对学习和研究产生兴趣。

从这个意义上说,阅读及其质量,的确关乎一个人的素质养成和精神状态。苏霍姆林斯基说过:“无限相信书籍的力量,是我的教育信仰的真谛之一。”有这样一件事情,作为北大学生的冯友兰,第一次去办公室拜会校长蔡元培,回来用“光华霁月”来形容当时在场的感受,那是一个浑身充满光辉的人物,由于这个人的存在,整个办公室都被照亮了。美学家叶朗认为,这是因为一个人的精神境界有高有低,中国的传统要求我们要不断提高自己的精神品质，涵养气象，就必须读书，就必须有生活的积累，思想的积淀。因此，我们要牢记郑逸梅先生在《幽梦新影》中所说的话："不读书，不看云，不焚香，不写字，则雅趣自消，俗尘自长。"因为，只有书香的熏陶、文化的涵养，才会使我们的思想保持鲜活的亮色。

腹有诗书气自华

古人云:“天下之第一等雅事,无非读书。”当代作家曹文轩认为:“阅读是人类最优雅的行为,也是最优美的姿态。”他说,一位瑞典作家曾给他(曹文轩)讲过一个故事:一个家庭里有两个孩子,因经济原因,老大没有读书,也就是说没有阅读行为,而老二上了学,有了读书行为。几年后有家科研机构对他们的大脑做了科学测试,结果发现没有阅读行为孩子的大脑发育是不完善的。这个故事告诉我们:“阅读从根本上讲是一个人道主义行为”,阅读让人的大脑得到了充分发展,使他更完美地感受到了这个世界,享受到了足够多的东西。

中国社科院研究员周国平则认为:“人生有种种享受,读书是其中之一。读书的快乐,一在求知欲的满足,二在与活在书中的灵魂交流,三在自身精神的丰富和生长。”著名作家贾平凹也说:“读书对一个人来讲特别重要,人生经验一部分从生活中来,一部分从书本中来,书读得多,对你的人生、心灵健康发展,肯定有好处的。”的确,读书有诸多益处:读书,可以开阔人的视野,让我们拒绝平庸;读书,可以改变人的气质,提升我们的思想境界;读书,可以优化人生层次,提高我们的生存质量;读书,可以启发人的思维,点燃思想的火花,让我们更加善于思考。

人是生活在物质和精神两个世界里的。丰子恺先生说过，人的生活有三种境界：一是物质的境界，大致在衣食住行层面；二是精神的境界，主要指文学艺术等雅致和情趣；三是灵魂的境界，那就是有信仰，有理想，有终极关怀，有博大情怀。书是精神世界中再现物质世界的载体，因而凡是具有一定文化素质的人，都时常生活在书里，读书才能过更有趣的生活。《人民日报》副总编辑梁衡说过："读书，为了追回另一半的生命。"现在很流行"一半……一半"的说法："一半是海水，一半是火焰"，"男人的一半是女人"。其实最根本的，生命的一半是物质，一半是精神。读书是对精神的那一半生命的能量补充。

确乎如此，读书关乎命运、关乎成长、关乎精神、关乎希望。人一辈子怎样生活，生活得怎样，就是从他与书的关联开始。苏轼有诗曰："粗缯大布裹生涯，腹有诗书气自华。"饱读诗书，可以使人气质高贵，气宇轩昂。苏霍姆林斯基也曾说过："一个真正的人应当在灵魂深处有一份精神宝藏，这就是他通宵达旦地读过一两百本书。"大家知道，人类几千年的教育历史中，创造和积累了许多宝贵的教育思想财富，这些财富保存的载体主要就是教育的经典著作。阅读经典，与过去的教育家对话，是教师成长的基本条件，也是教师教育思想形成与发展的基础。

意大利著名作家卡尔维诺说过："一部经典作品是一本每次重读都好像初读那样带来发现的书。"意思是说，一部经典著作，无论你读多少遍，你都有新鲜感，有新的发现、新的收获。为什么呢？因为经典著作有一个共同的特征，就是关注和思考人类精神生活共同的大问题，比如人生的意义、生命和死亡、灵魂和肉体、信仰，等等，同时又各有独特的贡献和历史地位。用库切《何谓经典》中的话说，那些"历经最糟糕的野蛮攻击而得以劫后余生的作品就是经典"。

从这个意义上说，不管是中国的老子、庄子，还是西方的柏拉图、亚里士多德，只要是真正进入世界文化宝库的，都是被公认的经典著作。读这样的书，才能进入真正的阅读，可以“以一当十”“事半功倍”。如果你碰到什么读什么，你是永远走不到真正的阅读里面去的。

张大千先生曾说过：“作画如欲脱俗气、洗浮气、除匠气，第一是读书，第二是读书，第三是有系统、有选择地读书。”读书对于画家尚且如此重要，何况我们教书的人？我认为，对教师而言，读书和教书同等重要。胡锦涛总书记 2007 年 8 月 31 日在全国优秀教师代表座谈会上讲道：“（教师们）以人民教师特有的人格魅力、学识魅力和卓有成效的工作赢得全社会的尊重。”这种魅力从何而来，就是从学习中来，从读书中来。而真正意义上的读书是在工作以后，这时候读书是为了自己。孔子有言：“古之学者读书为己，今之学者读书为人。”意思是说，古代的学者学习和研究的目的在于提高自己，提升自己的学问道德，做一个真正的人；而现代学者的目的却在装饰自己，做给别人看，取悦于人或追名逐利。

阅读本该是一个私人性、个性化的精神活动，如今变成了“集体舞”和“团体操”。加之有媒体的渲染炒作，“跟风阅读”“粉丝阅读”不断升温，俨然有“非粉丝，不阅读”的现象。不过，在阅读这件事上，跟风是一件好事。记得在 1990 年，电视剧《围城》热播时，很多人都去买钱锺书《围城》的原著。路遥的《平凡的世界》也是这样。又如塑造以陈廷敬为主要代表的清代大臣群相，反映出一个特定历史境遇中官场人物的人格、道德和行为的艰难选择，再现了三百多年前的官场风云的《大清相国》一书，因中央领导的推荐，至今印刷了 15 次，共 31 万册。“粉丝阅读”不能没有，但不能大面积存在。毕竟“读书不是为了跟别人较量，而是为了自己丰润华美”（［美］克利夫顿·费迪曼：《一生的读书计划·前言》），提高个人的素养，提升个人的品位，增强自己的人格魅力。阅读，是人生的智慧的标志。为了弥补自己的不足，更为了工作与研究的需要，我们必须把读书当成人生的头等大事，刻苦学习，不断完善自己的知识结构，提升文化素养，做一个真正的读书人。

关于阅读，我一直觉得它是一种个人行为，不一定非要拔高到一种信念、一种要求。但对教师来说，阅读就不仅仅是一个人的事。因为，教师是否读书，会直接或间接地影响到学生，正如教育学者张文质所说："对大多数真正热爱教育工作的教师而言，阅读就是他们教学工作的一种继续和深化，只不过这样的工作是转向自我、转向内心。"可见，教师读书事关重大。可以毫不夸张地说，教书育人者的生命中离不开书籍的润泽。当我们每天抽出时间来阅读经典著作的时候，世界就离我们很近很近，我们的人生也变得越来越宽广。阅读，使教师更理解讲台；阅读，使管理者更理解教育。没有好的阅读，就没有好的教育。

“读书人”是一个美好的身份

何谓“读书人”？民国时期杨玉清先生在《论读书》一文中说：“以读书混文凭的人，不是读书人；以读书混官做的人，不是读书人；以读书为时髦、为装饰品的人，不是读书人。”如此看来，只有喜欢读书，并把读书作为一种生活方式的人，才是真正的读书人。

我曾写过一篇文章，题目叫作《做一个美好的读书人》。在我看来，一个不大读书的人，他即便拜将封侯、锦衣玉食，他的人生亦是不够丰富多彩的，因为他的心灵生活是单调的，因为他不曾享受过绝对的、远远大于他实际阅历的书中风光。

应该说，“读书人”是一个美好的身份。著名学者周国平先生说得好：“每个人在一生中会有各种其他的身份，例如学生、教师、作家、工程师、企业家等，但是，如果不同时也是一个读者，这个人就肯定存在着某种缺陷。一个不是读者的学生，不管他考试成绩多么优秀，本质上不是一个优秀人才。一个不是读者的作家，我们有理由怀疑他作为作家的资格。”（《周国平论教育》）

事实上，凡是大学问家、大学者无不爱书如命。正如国学大师季羡林在《我和书》一文中所说：“古今中外都有一些爱书如命的人，我愿意加入这一行列。”他本人爱书如命的程度，“就如人每天必须吃饭一样”。据许广平在《鲁迅手迹和藏书经过》一文中回忆：“鲁迅生平酷爱书籍，甚于一切身外之物。”蔡元培年少俊才，博学通经，后来成为中国教育界影响极深的教育家，博得毛泽东高度赞誉，称他为“学界泰斗，人世楷模”。他之所以得到如此崇高的荣誉，是与他“几乎没有一日不读书”分不开的。著名作家、画家叶灵凤不仅爱读书，也爱藏书。他在一篇题为《书痴》的文章中把书比作“友人”和“伴侣”，认为读书是一大乐事，藏书更是一件乐事。著名女作家张海迪更是一边读书、一边写作。她有一个书架，书架上排满了古今中外文学名著，如《红楼梦》《水浒传》等。在被称为中国的保尔，成为一名作家，享受许许多多的赞誉后，她深有感触地说：“离开了书，我无法生活，书给了我力量。”季羡林先生在晚年时曾说过这样的话：“我一生直到今天，可以说是极少离开过图书馆，就如人每天必须吃饭一样，经常而必须。”

当然，我们不能要求每个人都是“读书人”，但如果你不读书，你就很难得到进一步提高和发展，用80后作家兼时评人周小平的话说，“如果你不读书，没有人能帮得了你”。所以，周小平不爱看电视，每天下班后，如果没有应酬，吃完晚饭，会花三个小时来读书。当“读到作者精彩的观点时”，他就在备忘便签上写下自己的见解、体会，或在书旁圈点评注。

其实，读书是一种心灵活动。不同年龄的人，读书的心境也不相同。清代人张潮在《幽梦影》中言：“少年读书如隙中窥月，中年读书如庭中望月，老年读书如台上玩月，皆以阅历之深浅为所得之深浅耳。”从“窥”“望”和“玩”三字中，可以看出不同的读书态度与读书心境。再说，不同年龄的人读的书也是不一样的。一般来说，人年轻的时候，为了获取知识，要读“有用”的书；但随着人年华渐长，为生命的感受，为内心的积淀，要多读一些“无用”的书。巴金先生说过：“我们有一个丰富的文学宝库，里面有丰富的文学宝藏，它使我们变得更善良、更高尚、更有价值，文学的作用就使人变得更好。”巴金先生谈到了文学的作用，其实也在谈读书与人生的价值和意义。

爱因斯坦曾说过:“人的差异在于业余时间。”周有光先生回忆青年时代与爱因斯坦的会见,说爱因斯坦这句话对他很有启发。他说:“‘人的差异在业余。’据计算,一个人到60岁,除吃饭睡觉,实际工作时间不很多,而业余时间倒是更长。通过业余学习,你可以成为某方面的专门人才。”

由此看来,一个人成功与否,要看他业余时间在做什么,他有没有阅读的习惯,有没有学习和研究的兴趣。我们周围的很多人在开始工作时,处于同一条起跑线上,但是若干年以后业务上就拉开了距离。其中一个重要原因就是,落后者在业余时间没有认真读书学习。早在十几年前,世界经济组织曾做过一次调查,结论显示:在同等条件下,爱读书的人在晋职加薪上更有优势。这个结论的原理是什么?我想,是因为阅读不仅影响到人的心灵境界,更能让人获得新知,能在终身学习的时代不断提升自己的能力。

阅读应该成为一种自觉行为

阅读,对一个人的影响、对一个民族的影响是巨大的。虽说书籍不能改变世界,但读书可以改变人,人是可以改变世界的。书是人类认识的载体,有知识的人把所见所闻或所思所想记录下来,便成为书。有价值的书是历史的见证、知识的宝库、智慧的结晶,是一个民族一个国家精神文明的标志。人们常说,岁月无情,然而阅读却是最有情义的。我们对于世界有所认识、对于人类的崇高理想有所了解,都得益于读书。通过读书,我们认识到除了衣食住行的物质生活之外,还应有高尚的精神生活。通过读书,我们了解到自古以来许多志士仁人感人肺腑的光辉事迹。

我非常赞同朱永新先生的话:“一个人的精神发育史实质上就是一个人的阅读史;一个民族的精神境界,在很大程度上取决于民族的阅读水平。”社会文化和历史就是通过阅读而代代相传、继往开来的。记得2009年“两会”召开前夕,温家宝总理在与网民进行在线交流中提道:“我非常希望提倡全民读书,我愿意看到人们坐在地铁的时候能够手里拿上一本书,因为我一直认为,知识不仅给人力量,还给人安全,给人幸福。多读书吧,这就是我的希望。”我看到这段话的时候,深受启迪,也十分感动。如果我们能够摆脱“急功近利”的心情,读书的确是一种幸福,能给人安全感,正如于丹所说:“文化的力量，我们不能夸大它，它不能阻止地震的来临，也不能改变金融危机。它能改变什么？它改变的是我们面对这一切的态度，是我们自己和世界相遇的方式。”

如前所述，读书是一个世界性的话题。1995年联合国教科文组织将每年4月23日确定为“世界读书日”，提出“让世界每一个角落的每一个人都能读到书”。2006年，原国家新闻出版总署在借鉴国际经验基础上，提出“全民阅读”，并会同中宣部等11个部门联合发出《关于开展全民阅读活动的倡议书》，此后连续九年大力推动，全民阅读迅速成燎原之势，呈现可喜局面。尤其是每年4月23日“世界读书日”来临之际，各地开展的读书活动，可谓形式多样，内容丰富多彩。

但我觉得，读书毕竟是每个人自己的事情，不是为了炫耀，也不是附庸风雅。前些时，我在《中国教育报》上看到一篇题为《吴锡平：在书中一天到晚游泳的鱼》的报道，说走进扬州大学教师吴锡平的办公室，很多人觉得是误入了图书馆的一个藏书室。不大的房间里，四壁都立着书橱，桌子上、柜子里、沙发旁，都被图书塞得满满当当。置身其中，他像一条鱼回到水中那样自在。如今他有1万多册藏书，分别存放在家中书房、办公室以及乡下老屋。生活中、网络上，经常有人问他：“你那么多书看得完吗？”他说：“看不完。”人家追问：“看不完那买了干吗？”他答：“对爱书人来说，有些书是用来看的，有些书是用来读的，有些书是用来摸的，有些书是用来摆那儿的。”问的人多了，难以一一回答，他就在一篇读书随笔里这样回应：“阅读是一种生活方式。”这句话说得真好！

实际上，阅读是最划算的事情，一方面可以获取知识营养，陶冶情操，另一方面可以让心灵得到安顿。比起肉体，心灵更需要爱抚，而读书是滋养心灵的最佳良方。读书可以改变一个人的内心世界，使读者在任何环境中保持心灵的纯净与美好。从一定意义上说，一个人的心灵成长史，就是一个人的读书史。因此，人们应该把读书当成幸福、快乐的事，要有一种深刻的“文化自觉”意识。“文化自觉”一词,是费孝通先生在《论文化与文化自觉》一书中提出来的,其含义是:“生活在一定文化中的人,对其文化要有自知之明,明白它的来历、形成过程、所具有的特色和它的发展趋势,自知之明是为了加强对文化转型的自主能力,取得适应新环境、新时代文化选择的自主地位。”

我这里说的“文化自觉”,强调的是一种“自主意识”,即把读书视为“一种生活方式”、一种个人的自觉行为。正如英国物理学家迈克尔·法拉第所说:“学习这件事不在乎有没有人教你,最重要的是在于你自己有没有觉悟和恒心。”因此我认为,读书是人们日常生活的一部分,就像吃饭、喝水和呼吸一样,一年三百六十五天,天天都应与书相伴,不必只在“读书日”才想起来读书。

让读书改变教师生活的方式

近几年来调查发现,“我国识字的人口中只有一半在看书,国民阅读率的走低令人担忧”。还有一种趋势就是:网上阅读的人多了,愿意付费下载的少了。那么,教师的阅读状况怎样?如何让读书改变教师生活的方式?下面拟对此做一些探讨。

一、教师的阅读现状

与国民阅读率的走低一样,当下教师的阅读状况也难尽如人意。作为教书先生的教师,本来是最应当如饥似渴地吮吸知识的群体,但由于受“应试教育”的逼迫,不少教师除了看教科书和教参书之外,其他的书已经很少读了。教师如果只读教科书和教参书,尽管也可以应付教学,但不可能成为优秀的教师,也不可能受到学生的欢迎,因为他们没有形成自己的优质话语系统,只是鹦鹉学舌地“拿来”现成的东西。相反,那些喜欢读书的教师,有了属于自己的优质语感,有了高层次教学的底气,自然也就受到了学生的欢迎。所以,有人说得好:“厨师看菜谱不是读书,教师看教辅不是读书,门迎看礼仪手册同样不是读书。”

曾有调查显示，全国中小学教师的专业素质阅读存在大面积空白：在某中学，老师们对“多元智能”理论一无所知；在某小学，与老师们谈到“最近发展区”时，他们大都面面相觑，不知所云；在多所学校，问：“你了解陶行知吗？”老师回答“好像听说过”的占58%。陶行知是中国近代追求“生活教育”的人民教育家，是“捧着一颗心来，不带半根草去”的教师楷模，他提出的“生活即教育”“社会即学校”“教学做合一”“创造教育”四大教育主张，至今仍对中国教育的发展产生着巨大影响。有学者指出：一个没有读过陶行知的人，怎么可以在中国做教师呢？我觉得，此话不无道理。作为一名教师，如果不懂教育科学，不阅读教育经典著作，不学习和研究教育家的理论与实践，就不能创造出自己的个性，形成自己的教育风格和教育思想。

二、读书是教师专业成长的需要

显然，教师整天不读书却忙于教书，这不利于教师的专业发展，也是造成教师“职业倦怠”和“平庸化现象”的重要因素。所以，苏霍姆林斯基在《给教师的建议》一书中倡导教师“要把读书当作第一精神需要，当作饥饿者的食物”。现在也有不少专家呼吁：教师要在读书中生存，要处在真正的“读书状态”。如今，一次“充电”终身“受用”的时代早已过去。有资料表明，一个人在校求学时所获得的知识，充其量不过是一生所需的10%，而另外90%以上的知识都必须在以后的自学中不断获取。在知识更新日益加快的今天，一个本科生走出校门两年内、一个硕士生毕业三年内、一个博士生毕业四年内，所学的专业知识将全部老化。这就说明，每位有志于读书治学者除了学会学习之外，还必须牢固树立终身学习的思想，要尽最大的努力，天天坚持学习，才能跟上时代前进的步伐。值得一提的是，读书著述做学问，是一个长期的积淀、磨砺过程。一个优秀教师首先是一个善于读书、知识渊博、视野广阔的读书人。与教育名师相比，我们比较多的只是囿于操作层面的专业技能所表现出来的匠气,而往往缺少一种基于文化底蕴和深厚思想上的教育追求和教育智慧。名师之所以成为名师,无不具有丰富而深沉的文化底蕴,有底蕴才有底气,有底气才有灵气。

从一些名师身上,我们看到,真正热爱教师这个职业的人,是不允许自己只在原有知识水平上做低质量的重复的。在这方面,几位语文特级教师就是很好的例子。比如,听王栋生、窦桂梅、王崧舟、程红兵等名师讲课,整堂课下来简直就是一种美的享受。实际上,这种高超的教学艺术正是得益于他们的阅读生活和不断的知识积累。人生是一条奔腾不息的河流,它不会停留在一个地方,也不会停止在某一阶段,它需要不断超越,但不是超越所有的人,而是要超越自己,超越自己的过去。

说到底,读书是教书育人的根本。因此,我认为"教书先读书"。由于工作关系,我经常到中小学去听课,发现有一些语文教师上课时不善于举例子、文化底蕴不厚、专业能力不强、课堂教学缺乏深度。实际上,这种情况是教师知识更新不快、阅读不足造成的。难怪特级教师吴非在一篇文章中说:"中国不缺想做官的教师,缺的是爱读书的教师;中国不缺搞应试的教师,缺的是有思想的教师。"要知道,读书也是备课,而且是最好的备课。在一定程度上讲,阅读的高度决定教学的高度。

如此看来,作为一个中小学教师,尤其是语文教师,首先应当是一个读书人。一个热爱读书的人,日久月深,就会濡染悲天悯人的情怀,就会产生正确的价值判断,形成积极的世界观和人生观。所以我觉得,现在有不少学校都倡导教师读书,这是天经地义、功德无量的大好事。"问渠哪得清如许?为有源头活水来",教师的成长、教师的学养、教师的快乐,都可以从阅读中来。为推动全民阅读,形成"多读书、读好书"的风尚,教师首先要从"功利阅读"中走出来,注重提高自身的人文素养,养成良好的阅读习惯,起到示范和促进作用。商友敬先生说:"我们教书的人,时刻不停地读书,这才是我们的本分,也是常识性的真理。"如此看来,教师读书是责无旁贷的。读书,在一定意义上就意味着教育，甚至是一种生存状态。正如《为了自由呼吸的教育》的作者李希贵所说："教育是与读书连在一起的，书是最重要的教育资源。"

三、教育需要经典的依托

好教育需要经典的依托，古典让人厚重，前沿让人激越。教师要走专业化发展的道路，提升自己的精神境界，最重要的途径就是"读书"，通过研读教育理论专著，与教育家对话，更新教育观念，提高教育理论素养。每一项成功的教育改革都是建立在坚实的理论基础之上的，教师投身教育改革的实践，如果缺乏理论的指导，没有先进理论的滋养，没有几本教育经典和专业书籍打底子，就会停留在机械模仿上，就会在实践中丢失自我。

相反，如果教师能够坚持阅读，就不同程度地在心灵上获得了成长。前不久，我从《教师月刊》刊登的一篇访谈录中得知，福建师大附中的傅丹莉老师在阅读了帕克·帕尔默的《教学勇气：漫步教师心灵》一书之后深受启发，她在课堂上发现每个学生的心情都不一样，脸上的表情自然也就不一样，教师讲课的好与坏，只要看看有多少学生在听课就知道了，所以她每次上课时都会估算一下抬头率。如果发现学生都低下头了，就赶紧转变思路、调动情绪。每次备课，她都会找一些与授课内容相关的"故事"备用。傅老师有一句读书感言说得非常好："我改变不了这个世界，但我可以改变我的课堂。"可见，教师读书与不读书是大不一样的。

古人说：一日不读书，心源如废井。我个人也有这种体验："生活中一天也离不开阅读。"阅读是一个漫长回味的过程，是一种生活体验，一种精神依托。作家毕飞宇说："阅读究竟是什么呢？我的体会是陪伴。即使老婆上班去了，孩子上学去了，一个人面对着一本书，我依然觉得家里是有人的。阅读有效地保持了日常生活的生动局面。"作为"学习共同体"的教师，我们更应该把读书作为日常生活中的一个重要组成部分，就像呼吸空气那样自然。

与一般人不同，教师读书是“经典学习”，也是伴随教师终身的“另类备课”。不过，不同年龄段、不同层次的教师，对读书意义的认识与理解是不同的，对书的选择也有所不同。例如，福建省特级教师王木春说他“在教书12年后，才懂得何为真正意义上的读书，即摆脱了教科书、教案之类的那种读书”，并把自己的阅读史归结为三个阶段，即浪漫阶段、精确阶段和综合阶段。事实证明，只读教材、教参的教师无论如何是不能成为优秀教师的。一位教育家说过，教师的定律，一言以蔽之，就是你一旦今日停止读书，明日就将停止教学。与过去相比，今天的教师任重道远，社会要求日益提高，做教师难，做一名优秀教师更不易，要教给学生一杯水，教师不仅要有一桶水，更要努力使自己的大脑知识储量成为一条生生不息的河流。还是那句老话，教师要常教常新，只有坚持读书，不断学习，努力养成一种良好的读书习惯和生活方式。作家毕淑敏有一段话说得好：“日子一天一天地走，书要一页一页地读。清风朗月水滴石穿，一年几年一辈子地读下去。书就像微波，从内到外震荡着我们的心，徐徐地加热，精神分子的结构就改变了、成熟了，书的效力就凸显出来了。”是的，凡事都要有“坚持下去”的信念。作为一名教师，要使自己的“精神分子结构”和“生活方式”发生改变，就必须把“经典阅读”进行到底。

读书要做到“有所为有所不为”

著名文艺评论家解玺璋说，他上大学前的十年，读书都很随性，没有目标，没有系统，但非常快乐。他认为，“那才是读书的最高境界”。所谓最高境界，大概是一种无欲无求、自由快乐的阅读状态吧。

长期以来，人们围绕读书的问题，一直有“有所为”和“有所不为”的争论。其实，“功利”与“读书”从老祖宗那儿就挂上钩了。南宋文学家尤袤在《遂初堂书目》序中说道：“饥读之以当肉，寒读之以当裘，孤寂读之以当友朋，幽忧读之以当金石琴瑟。”古人读书的功效利益观，跃然纸上。宋真宗（赵恒）所作《劝学诗》讲得更加直白：“富家不用买良田，书中自有千种粟。安居不用架高楼，书中自有黄金屋。娶妻莫恨无良媒，书中自有颜如玉。出门莫恨无人随，书中车马多如簇……”这意思就是说，读了书可以做大官，获厚禄，可以不用住茅草房子，可以娶得年轻的漂亮太太，出门有车马随从。

因此，人们常说的一句话就是“读书入仕”，你把经书读好了才能做官。到了唐朝的科举考试，更是“以诗赋取士”，你不读书、不会写诗行吗？在那个时代，你不去做官，这一辈子个人的理想和价值就无法实现。所以在大多数中国人眼里，好像你不做官，你不做公务员就没有什么大出息。

问题是，当我们只为功利而读书，有可能就会把读书变成一种苦役。我以为,读有用的书固然重要,但读书也不应该都是功利性的。记得 2014 年 10 月,习近平总书记在文艺工作座谈会上的讲话中指出:“文艺工作者应该牢记,创作是自己的中心任务,作品是自己的立身之本,要静下心来、精益求精搞创作,把最好的精神食粮奉献给人民。”我觉得这段话说得真好,也很中肯。细想一下,历史上那些优秀作家,哪个不是静下心来写作,靠作品让后人心生敬仰的?假如曹雪芹当年三天两头到朝廷去找关系,想法子去攀附他那些富亲戚贵相识,总想着再弄个一官半职,总想着发财再修座大院子,总想着让满朝文武都记住自己的名字,恐怕是写不出《红楼梦》这样在历史上产生深远影响的著作的。

除了能静心写作外,古代人读书也不都是功利性的。比如宋代女词人李清照和她的丈夫赵明诚,两人爱好诗词,时相唱和。为了读书取乐,两人经常在茶余饭后,针对某些书籍,指一段事,或指一个人,考对方经书典故知识,说对了奖励给你一杯好茶,说错了惩罚。两个人为了这个事常常开怀大笑,“乐在声色犬马之上”。可见,闲适性读书,也是那个时代人们展示自己的精神、丰富自己生活的一种最好方式。

今天,我们尽管有许多的娱乐生活,但读书仍然不失为一种乐趣。尤其是多读一些哲学、历史、文学之类的书籍,或许可以让我们的生活过得更高雅一些、快乐一些。英国作家毛姆在谈到英国文学时说:“阅读应该是一种享受。……那些书,既不能帮助你获得学位,也不能指导你如何谋生,不去教你驾驶船舶的技巧,也不告诉你如何维修一辆出了故障的机车。然而,只要你们能真正享受这些书,它们将使你的生活更丰富、更充实而圆满,使你更加感到快乐。”由此可见,真正的阅读应该是一种精神享受,它的妙处就在于“无用之用”。读过《老子》的人都知道,它核心内容就是“自然、无为”四个字。老子曾云:“为学日益,为道日损,损之又损,以至于无为。”老子主张的是不要被学问的外衣所蒙蔽,只注重外在的东西,而是应该体悟到学问内在的规律对人生的意义,用有用的规律指导行为,才能到达“无为无不为”的境地。

这里，我想说一个故事。大家应该都看过金庸的武侠小说《倚天屠龙记》吧？这个故事里的主人公张无忌武功很高，能够很好地表达“损之又损，以至于无为，无为而无不为”的境界。张无忌的武功非常强，但还没有达到最高境界，因为他的软实力还不够。所以他又向张三丰学太极剑，张三丰在他面前表演太极剑，张无忌没有看剑招，而是看剑意。有一天他突然说：“我现在全部忘记了，忘记得一干二净了。”这说明他已经摆脱了剑式的约束，实现了人剑合一，所谓无剑无招，无我无剑，无我忘我。这是一种真正的“无为”境界。

由此说来，我们要能够摆脱一切条条框框，不要太功利，把心沉下来，全神贯注，专心做事，这样才能达到一个非常高的“无为”境界。从哲学的角度说，有用的可能是有害的，无用的可能是有用的。实际上，什么是“有用”，什么是“无用”，二者都是相对而言的。再说，读书是很“私人”的事，本不应当带有浓重的功利色彩。英国大哲学家罗素说过：要读点“无用的书”。真正的阅读，从不会在书中寻找理财良方，也不会念念不忘强身健体。诸如《如何炒股》《投资交易笔记》《有病不用吃药》之类的书籍，绝不会是真正阅读的案头必备。审美的愉悦与心灵的满足，应该是书籍给予阅读者的最大快乐。因此，在全面实施素质教育的今天，教师更应该切实感受到读书是自己的学习行为，读书是自己的生活习惯，读书是自己的存在状态。这种境界，恰如梁实秋先生所说：“人生到了一个境界，读书不是为了应付外界需求，不是为人，是为己，是为了充实自己，使自己成为一个明白事理的人，使自己的生活充实而有意义。吾故曰：读书乐。”（《读书苦？读书乐？》）

记得陈寅恪在1929年，曾为北大史学系的毕业生题过两首诗，第二首中有“天赋迂儒自圣狂，读书不肯为人忙”两句，意思与梁实秋的话大体相同，讲的都是读书的终极目的到底是什么，是为了“学成文武艺，卖与帝王家”的实用价值，还是为了探求文化知识，寻求个人思想的独立自主？

在很多情况下，我们的阅读不可避免地具有明确的功利意识，即“有所为”。如专家们的阅读主要为了专业上的了解和研究，学生的阅读主要为了学业的完成，像这样的阅读的功利性是非常明确的。

在当代阅读者中，人文学者的读书，大概最近于以“无功利的”美学态度读书，也最接近于以读书为乐的古风。以文学经典为例，一部《红楼梦》包容性极强，具有多种解读的可能，令人玩味不尽。已故红学泰斗周汝昌曾说过：“《红楼梦》不是一个好玩的小玩意，是我们民族文化的精华，因为它包含总结了我们民族的文史哲和真善美，是一个前无二例的最美的大整体。”确乎如此，文学书的魅力，是其他艺术所无法替代、不可企及的，尤其像《诗经》、《论语》、《史记》、唐诗、宋词、元曲、明清小说这样的文学经典，在任何一个时代都有欣赏与研究价值。研究秦汉史的日本就实大学人文科学部教授李开元很喜欢司马迁的《史记》，他说：“《史记》是伴随我一生的读物，我已经记不清读了多少遍。我手边的一部《史记》，已经是封面脱落，断线掉页，可以说是读破了。”他认为，《史记》堪称中国历史叙事的顶峰，精彩动人的叙事，有根有据的史实，遮掩不住的思想，是《史记》魅力无穷的所在。

也许很多人会说，做任何事情总会有一定的目的性。但是，读书却并非如此。正如英国作家弗吉尼亚·伍尔夫所说：“我们读书时，谁会抱有这样的预期目的？我们热衷于做某件事情，难道就是因为这件事有实际好处吗？难道追求乐趣，就不是最终目的吗？我们读书，难道不能说就是这样一件事情吗？”

所以，关于读书这件事，我非常赞同复旦大学中文系汪涌豪教授在《经典阅读的当下意义》一文中所阐明的观点：“人可以带着目的读书，但不能太有目的，正如可以带着目的与人交往，又不能总带着目的，否则会很可怕。”大量事实已证明，没有“有之以为利，无之以为用”的务虚精神，没有“板凳须坐十年冷，文章不写半句空”的求实态度，处处汲汲于名，时时营营于利，那我们将很难走出功利主义的泥潭，达到读书治学的理想境界。

读书是有境界和品位的

读书，要讲一点品位。所谓品位，就是通过阅读使你的心智达到一种境界。有境界，则自成高格。那么，读书究竟有哪些境界呢？愚以为，可从以下四个方面去理解：

首先，王国维在《人间词话》中说读书有三境界：一为"昨夜西风凋碧树，独上西楼，望尽天涯路"（晏殊《鹊踏枝》）；二为"衣带渐宽终不悔，为伊消得人憔悴"（柳永《凤栖梧》）；三为"众里寻他千百度，蓦然回首，那人却在灯火阑珊处"（辛弃疾《青玉案·元夕》）。其一为登高望远，要有远大目标；二为呕心沥血，要有坚忍不拔之志；三为心旷神怡，得到成功的快乐。读书能达到王国维所说的第三种境界的人并不多。许多人在达到第二境界时，由于不堪忍受身体与心力的"憔悴"而打了退堂鼓。

其次，今人辑毛泽东词句也把读书分为三种境界：一为"此行何处，赣江风雪迷漫处"，二为"四海翻腾云水怒，五洲震荡风雷激"，三为"萧瑟秋风今又是，换了人间"。此"三境"，同王国维相似，但更侧重读书时风云激荡的内心体验。

其三，童道明先生在文章中提出"读书的三境界"（2005 年 5 月 25 日《中华读书报》）。在他看来，读书可以分为以下三个境界：

第一境界是马克思、鲁迅式的读书境界:他们读书不仅为自己,更为天下。马克思读了书写《资本论》,让天下的有革命倾向的人生出实际的革命理想;鲁迅读外国书译外国书,有为中国人"盗天火"的神圣感。这个读书的最高境界只有一代伟人或哲人才能达到。

第二境界是杜甫所说的"读书破万卷,下笔如有神"。最为典型的例子是曹禺1930年进入清华大学后利用三年的时间读遍了清华园图书馆中从古希腊悲剧到奥尼尔的所有世界戏剧的经典名著,之后,也是在清华园图书馆内于1934年写成了《雷雨》。这种天才式的读书境界,一般人也是难以企及的。

第三境界就是陶渊明在《五柳先生传》里说的:"好读书,不求甚解;每有会意,便欣然忘食。"这实在是一种难得的境界——悠然,从容,恬淡,还有自由。这个境界,我们自觉努力之后是可能达到的。重要的是,要"好读书","不求甚解"可以理解为不要"死读书",这样就能"会意"。据说,陶渊明先生不会弹琴,却买了一把无弦琴,高兴的时候就闭上眼睛认真弹上半天,高山流水,小桥人家,窗外的鸡儿鸟儿就是最好的知音。种豆、饮酒、赏菊、看书,实在是人生的大境界。所以陶渊明的不求甚解绝对不是我们今天理解的走马观花,而是和弹奏无弦琴相映生辉的一种人生态度;读书,又不是死读书。把书中的意境真正融会贯通,滋养成自己的东西。

宋代苏轼读书的境界也很逍遥:安静的夜里,一本好书,一壶好酒,读到尽兴的地方,就喝一口。整个夜晚就是在酒香和书香的融会贯通中盛开成一朵美丽的赤壁浪花,于是才会有"大江东去,浪淘尽,千古风流人物"的豪迈胸襟,才会有"十年生死两茫茫,不思量,自难忘,千里孤坟,无处话凄凉"的柔肠百结,才会有"但愿人长久,千里共婵娟"的美好祝愿。

还有,《红楼梦》里写的:林黛玉读《西厢记》,"嘴角不禁生出缕缕的清香来"。

当然,我们今天所处的时代与古人不同,也没有陶渊明"采菊东篱下,悠然见南山”那样的从容、恬淡、雅致。但无论多忙，无论多累，每天都不要忘了随手翻翻书，流连其间，体验一下书中的快乐和忧伤，也不失为一种修身养性的好方法。

其四，著名哲学家冯友兰先生在《新原人》中有一个著名的“人生境界说”，他把入生的境界分成四种：自然境界、功利境界、道德境界、天地境界。在自然境界中的人，其行为是“顺习”的，也就是顺从自然来发挥自己的才能或遵循自己已有的习惯。在功利境界中的人，其行为是“为利”的，做事情都有他们所确切了解的目的。在道德境界中的人，其行为是“行义”的，其行为所及的对象，是利他的，是有益于社会公益的。在天地境界中的人，其行为是“事天”的，他不仅要处理好与社会的关系，还要处理人与自然的关系。我以为，读书也有这样几种境界：一是自然的境界，二是功利的境界，三是生命的境界。

可见，由于书不同，人不同，读书的目的和方式不同，读的结果和成效就有了不同，读书的境界也有雅俗、高低之别。这其中最高的境界，就是把读书作为一种生活方式，而没有功利的目的。

写到这里想起这么一件事：20 世纪 70 年代的时候，著名学者钱锺书和妻子杨绛被下放到河南的一个地方劳动。有一天，杨绛指着窝棚说：“给咱们这样一个窝棚，咱们就住下，行吗？”钱锺书认真思索了一下，说：“没有书。”这个故事说明：人有时候物质享受可以不要，但没有书，却不好过日子。读书，在一个重要的意义上，就是一种朝向自我、理解自我、解脱自我的过程。在生活中，我们每一个人都有身心疲惫的时候，都有困惑的时候，都有痛苦的时候，都有需要温暖的时候。这个时候，书店就是最好的去处，读书是“抱团取暖”的最好方式。赫尔岑说：“一个人通过阅读体验了时代。”而我要说，我们还应该从阅读中看到未来和希望。

读书是一种精神的享受

读书本是很简单的事，是人的一种精神享受。罗曼·罗兰说："和书籍在一起，永远不会叹气！"朱熹说得更加美妙："读书之乐何处寻，数点梅花天地心。"确乎如此，当代著名散文家、诗人赵丽宏在他的随笔集《读书是永远的》一书中写道："人识了字，最大的实惠和快乐就是读书。"他"从小学三年级开始读《红楼梦》《西游记》《封神榜》《东周列国志》等，中学开始接触中外现代文学，比如《安娜·卡列尼娜》《堂吉诃德》和《复活》等。"英国作家毛姆也曾说过："养成读书的习惯确实使人受用无穷。"不仅如此，他还发现这种理性的享受和愉悦，是最完美、最持久的。因为在他看来，养成读书习惯，也就是给自己营造一个几乎可以逃避生活中一切愁苦的庇护所。

可是，如今在很多人看来，读书是个"苦差事"。这种观念，可能是受了古代"头悬梁，锥刺股"的影响，也可能是因为现在的学生太累了，现在的考试太难了，所以一提到书就和学习连在一起，没有快乐可言。

应该说，读书是痛苦的，也是幸福的。苏霍姆林斯基说过："一个不掌握数学、不会解应用题的人，仍可以生活下去并获得幸福。然而，如果不会阅读，则不能生活，也不会获得幸福。"可见，阅读是人生获得幸福的一种渠道。如前所述，我在大学教书的时候，读书已成为生命的一部分，无论春夏秋冬，都能坚持阅读写作,大有“时人不知余心乐,将谓偷闲学少年”之感。其实,阅读大可不必那么拘谨,或正襟危坐,或集中一段时间来阅读。有时候,不妨就躺在床上随便翻翻,看到哪里算哪里,不一定一口气把一本书读完。就拿我来说,读理论书籍有时候比较枯燥,但读人物传记、教育随笔、诗歌散文,就感到很有趣。这些书看起来与我们的教学与研究没有什么关系,但是这些著作中所蕴含的思想对我们影响是深刻的。比如,我很喜欢读王国维的著作。王国维的《人间词话》正可以来描述一个读书人应有的志向与境界。

毫无疑问,人是不能离开阅读的。至于有用无用,罗丹有一句话说得好:“凡是能带给我们幸福的东西,才能称之为有用。”在我看来,阅读像呼吸一样自由,像花开一样快乐,尤其是夜读。夜晚读书,是忙于生计而又欲求知者的最好选择,是做学问、搞研究的人对宝贵时间的充分利用。不仅如此,夜读,还可以使人远离浮躁,怡情养性,是一种精神享受。法国思想家孟德斯鸠说得好:“喜欢读书,就等于把生命中寂寞的时光换成巨大享受的时刻。”笛卡尔说得更为形象:“读一本好书,就是和许多高尚的人谈话。”无论何时何地,只要一书在手,静下心,读进去,你就能如曹雪芹所期望的,“因情入幻”,“自放手眼”,“别开生面”。那是一种唯我感知的精神保养,一种物外神游的美感享受。尤其是在夜深人静,无丝竹之乱耳,无案牍之劳形,沏一杯香茶,坐在自己安静的书房,手捧一本自己喜爱的书,与书中的圣贤会晤,尽情享受其用智慧与思想设下的盛宴,岂不是一件赏心乐事?

从一定意义上说,古人“头悬梁,锥刺股”式的苦读令人敬佩,而孔子“知之者不如好之者,好之者不如乐之者”的观点则更值得提倡。要知道,我们“这个时代,很多人无论白天的生活有多么光鲜、多么忙碌、多么热闹,很多时候晚上都要面对一个人的世界:一个人孤独的内心世界。孤单伴随着忙碌的人生,这是很多人都面临的一个问题”。或许正是这个原因,作家苏童曾引用美国学者哈罗德·布鲁姆的一个观点:读书可以让一个人学会如何利用、品尝他的孤独。“在书中能够与很多人相处,会有更多的发现。”

可如今,夜读似乎成了一种“另类”。记得五年前的一天晚上,我在书桌前夜读正酣,一位大学同窗来电话,听到我说正在重读《诗经》,他感到不可思议:“都什么年代了,干吗还在读书受穷吃苦,不如早早挣钱好好享受一下。”的确,读书,尤其是读古代经典,是不能直接产生经济效益的。然而,市场经济带来的不仅是经济发展,有金可淘,随之而来的还有源源不断的知识和现代科技。在“知识经济”年代,靠本事吃饭,靠学识立足已是不争的事实。更何况读书还会给人带来一种精神上的愉悦。有人说,读书好比旅游。这话不无道理。旅游是休闲,读书也是休闲。旅游有快乐,读书也有快乐。读书其实本来就是一种“神游”,也许比旅游收获更大。“通过阅读,可以舒展心灵的翅膀,让笑容变得灿烂;可以仰望思想的星空,让目光变得深邃;可以搭建理想的阶梯,让岁月变得充实;可以品味别样人生,让生活变得阳光”(曹保印)。所以,我非常热爱金庸先生的一句话,“只要有书读,做人就幸福”,并一直把它牢记在心田。随着岁月的流逝,年复一年,日复一日,读书,让我摆脱窘境,令我充实,促我成熟。书籍,已成为我的生活必需、精神伴侣。

张小砚说:“要么旅行,要么读书,身体和灵魂必须有一个在路上。”在日常生活中,我慢慢地体会到:生命原是一个不断修炼的过程,读书,更是一个人终身的“功课”。从一定程度上讲,生活中不能没有书籍。台湾著名作家董桥有一句话说得好:“人对书真的会有感情,跟男人和女人的关系有点像。”清朝康熙皇帝则说:这世上什么东西都可丢,但书不能丢。北宋著名诗人黄庭坚有言:“士大夫三日不读书,便面目可憎,语言无味。”面目可憎也许过了点,但对读书人来说,如每天不读点儿书,滋润自己的心灵,就有些不自在,倒是贴切不过。诚如毛泽东同志所说:“饭可以一日不吃,觉可以一日不睡,书不可以一日不读。”读书不是立竿见影之事,不能立马改变生活,它是个慢功夫。几天不读好像没什么,其实你已经落后了。所以,古往今来,不知有多少人阐述过读书的重要性。孔子说:“学如不及,犹恐失之。”据说,毛泽东主席当年用了很大的精力号召全党全民读书,他说:“三天不学习,赶不上刘少奇。”刘少奇也说:“一天不用功,赶不上毛泽东。”在知识大爆炸的当今,原本我们每个人都更应该自觉地拼命地去阅读,以跟上时代的步伐,但奇怪的是,阅读在今天已经成为一项需要提倡和保护的行为,这可能是文化的悲哀。

读书有益健康长寿

汉代文学家刘向说："书犹药也，善读可医愚。"英国小说家毛姆说："养成读书习惯，就给自己建造了一座逃避人生几乎所有不幸的避难所。"研究证明，勤于读书能有效促进"大脑运动"。古今中外的名人志士都爱读书，像孔子、陆游、巴甫洛夫、萧伯纳、马寅初、巴金、冰心等，他们不仅把读书作为获得知识的手段，而且还把读书作为养生的方法之一，从而得到了健康长寿。宋代诗人陆游在医学并不发达的时代，尚能活到85岁。他在诗中多处提到读书："读书有味身忘老""病需书卷作良医"等。欧阳修自述其读书感受时说："每遇体之不康，则取六经、百氏，若古人之文章，诵之。爱其深博闲雅、雄富伟丽之说，则必茫乎以思，畅乎以平，释然不知疾之在体。"身体的不适感，竟然因为读书而荡然无存。

不仅如此，读书还可以疗伤。我曾看过一篇文章，说1924年春，梁启超的妻子李惠仙生病住院，一住就是整整八个月。梁启超很担心，每天陪在妻子的病榻前。为解心中的忧愁，梁启超在医院里读了好几部书籍。尤其是每天等妻子安静地睡着之后，梁启超便捧书静静地阅读，沉浸在古诗词的优美意境中，忘却了心中的烦恼。爱妻的去世，对梁启超打击很大，他整天闷闷不乐。为了治疗心中的忧伤，梁启超再次选择了读书。是读书，让他熬过了心灵的煎熬，重新振作起来，奋发著书立说，成就了人生新的辉煌。无独有偶，现已95高龄的新四军女兵莫林，其家庭生活也不美满，丈夫于1980年60岁时因突发心脏病而去世。为了摆脱痛苦，她坚持吟诗填词，并从中获得快乐的源泉，自称“诗牛”。

更值得说明的是，读书有益于人的健康长寿。据有关部门统计，在从业者较长寿的18类职业中，绝大多数属于脑力劳动，而脑力劳动离不开读书。从欧洲文艺复兴至今，世界上最杰出的50名科学家、发明家和文学家，都是比较长寿的；16世纪以后的400位杰出人物中，科学家的平均寿命达79岁，为最长寿一族。据报道，87岁的雕刻家、书法家钱绍武还在孜孜以求、潜心创作；著名出版家巢峰85岁时仍出新著《辞书记失》；名作家王蒙80自述笔耕不辍；还有元老辈特级教师于漪已年过80还活跃在教育战线；还有获第六届“上海文学艺术奖终身成就奖”的百岁老人徐中玉教授、96岁高龄的钱谷融教授等知名学者仍在勤奋地读书、做学问。当然，这还不足以证明读书就能使人长寿，但读书有益身心健康，却是不争的事实。

为什么这样说？因为书要读进去，就必须心先静。当你静下心来读书，就有点像练气功时那样，能使人忘却烦恼，心静如水，物我两忘，身体各个系统始终处于相对平衡的状态，有利于人体远离疾病的侵袭，延缓衰老，最终预防老年痴呆的发生。所以，现在有些国家在医院开设了图书馆，称之为“书籍疗法”，其道理就在于读书能转移不良情绪，从而促进身心健康。如此看来，所谓“读书破万卷，不用去医院”，这句话有一定的科学道理。

此外，真正的读书人，退休之后的生活同样丰富多彩。如果没有阅读习惯和兴趣，情况就大不一样了。且看一个段子：“老张得了退休综合征，医生说，没有别的办法，只能靠维持退休前的工作习惯来慢慢治疗。老张以前的工作是批阅文件，不当领导了，哪里有文件给他批？大儿子机灵，发动全家积极创造‘文件’，立即动手起草了一份《关于购买洗衣机的报告》。正躺在床上唉声叹气的老张一看‘报告’两字，眼睛发光，看完后习惯地拿起笔批阅:'此意很好,请夫人审批后,拨专款解决,但一定要加强领导,精心组织,狠抓落实,切实杜绝跑冒滴漏和采购中的不廉洁现象。'最后,认真地签上了大名。自此,老张精神状态大有改善,饭量增加,睡眠好转。"

读书和教育都是一种慢功夫

现代社会，求快求速似乎已成为一种时尚，一种追求，诸如“快餐”“快递”“快照”“快车”等。即使在人的感情社会中，“闪婚”“闪恋”也成了一时的风景。有些“休闲”的事情也不那么“休闲”了，如旅游，也让人深感节奏之快。“闲”字，古代人是怎样写的？繁体字写作“閒”，原来是在门里望见月亮。由此，让人不禁想起李白的《静夜思》：“床前明月光，疑是地上霜。举头望明月，低头思故乡。”这是一个多美的境界啊！我们仿佛可以听到诗人在月下低低地沉吟。

可如今，我们已经进入了一个影像时代、一个读图时代、一个手机微信时代，人们似乎很少有这样的闲情逸致了。尤其是整天奔波在大都市里的人，见面说得最多的，就是一个字“忙”。要知道，忙碌的人生是不完美的。或许正因为如此，台湾美学家蒋勋说，不要说自己忙，“忙”是心灵的死亡。更令人担忧的是，在应试教育的影响下，校园生活也不那么悠闲恬静了。张中行先生曾说过一句话：速度快了，诗意就少了。真正来讲，生活是不能没有诗意的，生命也是不能没有诗意的，正如台湾著名作家、诗人余光中所说的：“一个人可以不当诗人，但生活中一定要有诗意！”而说实在话，今天我们在很多场合、很多背景下，经常没有诗意表达的机会。由此，我想起了唐朝。

那个时代,充满着希望和梦想,诗意其实是人们的一种生活方式。

我觉得,快与慢是辩证的。快有快的意义,慢有慢的价值。没有慢,也就无所谓快。有一个道理,大家都懂得,那就是人类的学习与工作不仅仅是为了快速发展,工作只是手段,目的是为了生活幸福。幸福的一项主要内容就是“闲适”。生活中的幸福不能没有“诗意”与“闲适”。钱理群教授在谈到教师“以什么心态从事教育”时说,要呼唤从容、耐心、悠闲与雅致。我非常赞同这种说法。古希腊有句格言:“闲暇出智慧。”如果一个人总是处在忙忙乱乱的生活中,又要想着工作,又要想着挣钱,还要想着上网或看电视,安静不下来,没有足够的空间去读书、研究和思考,那就不可能有开放的心灵,不可能有丰富深刻的思想,创新的灵感和智慧的火花也无从产生。

在实际生活中,有些事光图快是不行的,美好的东西是缓慢的。俗话说,“慢工出细活”“十年磨一剑”,就是这个道理。就写作而言,歌德的《浮士德》,从23岁开始打腹稿,到83岁才完成;弥尔顿的《失乐园》孕育了二十七年才脱稿;左思的《三都赋》,构思十年才写成;司马迁的《史记》,写了十三年;曹雪芹的《红楼梦》,历十年之久才写成80回。可见,文学作品需要经验和长期的酝酿。

近年来,国内外读书界、出版界出现了慢阅读的呼吁和行动。例如,美国新罕布什尔大学教授托马斯曾提出“慢阅读”的概念。他主张细细品味一本好书,反对一目十行的快阅读。中国当代学者林语堂在《生活的艺术》一书中也提倡慢生活与慢阅读,他自己堪称这方面的导师。2011年4月,光明日报出版社出版了一本童书,书名就叫《慢阅读·最想读的中国儿童文学经典》,主张慢阅读要从娃娃抓起。

其实,我也是一个读书比较慢的人。在我看来,书读得越慢,心灵才会越丰富。尤其在当下,越是“快”时代越要让阅读“慢”下来。要知道,人的阅读姿势是最动人最美丽的,特别是缓慢的阅读。著名儿童文学作家伍美珍说:“我喜欢喝茶,好茶需要慢慢地品,才有味道;好书妙文,同样需要慢慢地读,才会有大收益。”正因为慢阅读是一种迷人的精神生活,所以才有许多人向往和提倡。

至于慢生活,则更不用说了。世界上的许多事情,需要人们慢慢地去品味和体察。“慢慢走,欣赏呵”,这是朱光潜先生在谈到人生的情趣时说的一句名言。我国有一首老歌也唱道:“马儿呵,你慢些走、慢些走,我要把这美丽的景色看个够。”其实在古代一批读书人的身上,并不缺乏“闲庭信步”的情致,“采菊东篱下,悠然见南山”,生活过得何等的自得与从容。

教育,同样急不得。常言道:“十年树木,百年树人。”张文质先生在《教育是慢的艺术》一书中也曾说过:“教育需要的是持久的关注,耐心的等待,需要的是潜滋暗长与潜移默化。‘立竿见影’往往是有害的,甚至是反教育的。”美国纽约大学教授尼尔·波兹曼经过认真考证后发现,“学校”这个概念最早出现于古希腊。在希腊文中,“学校”一词的意思就是“闲暇”,在他们看来,只有在闲暇的时候,一个文明人才会花时间去思考和学习。

据说英国的伊顿公学,有一个保留项目叫作“周末聊天”:每逢周末,每位老师都要带十位学生到自己家里,老师与孩子们一起做饭,一起聊天,一起游戏,在轻松自如中敞开各自的心扉。在他们看来,聊天可以聊出智慧,聊天可以聊出灵感,聊天甚至可以聊出神奇。实际上,我国古时候,孔子与弟子们的生活是颇有点优哉游哉的味道的,且看《论语》里所描写的那个境界:“暮春者,春服既成,冠者五六人,童者六七人,浴乎沂,风乎舞雩,咏而归。”在现代哲学家中,罗素是个强调闲暇对于人生的重要性的人,为此他主张“开展一场引导青年无所事事的运动”,鼓励人们欣赏非实用的知识如艺术、历史、英雄传记、哲学等等的美味。他相信,从“无用的”知识与无私的爱的结合中便能生出智慧。

我们说,教育是一种“慢”的艺术、“慢”的事业。为何慢?大概就慢在文化上。因为文化的改变,人的价值取向、习惯性的思维方式和工作方式的改变,不是听几场报告、读几本理论著作或几篇文章、上几堂公开课、开几次研讨会就能解决的事情。《中庸》开篇说，“天命之谓性，率性之谓道，修道之谓教”，人的教育成长应当顺应人的自然禀赋，勉强不得，急不得，快不得。

因此，在教育越来越功利化的今天，作为教师，我们应该遵循教育规律，以“慢”的心态来对待教育，从具体的小事做起，认真地教书育人，享受教育的“慢”生活。

第二辑 读书的门道

早在1994年,有人在书中预言:21世纪“真正的文盲将不再是不识字的人,而是不会学习的人”。事实也证明了这一点,在科学技术突飞猛进,知识爆炸的今天,“渔”比“鱼”更重要。

读书是有门道的。人们常说“教无定式”,好的教学方法可以提高课堂教学效率。读书亦然。应该说,每一个成功者都有自己的阅读习惯和阅读方式,靠规律和方法往往能够达到“事半而功倍”的效果。但读书的方法因人而异,每每不同。不同的书,也有不同的读法。

读书之法，因人而异

人间万事，都有方法论。读书也不例外。但读书之法，因人而异。每一个人的背景、学问都不一样，方法也不一样。这个方法对你不成功，对他可能就会成功。就读书而言，有人读书，只要随便翻翻就抛开了。有人读书，却要从第一个字看到末一个字才罢。其实两种方法都有道理，可兼而用之。人们常说“教无定式”，好的教学方法可以提高课堂教学效率。读书亦然。靠规律和方法能够事半而功倍。应该说，每一个成功者都有自己的阅读习惯和阅读方式。例如苏轼用“抄读法”来加深记忆理解；华罗庚用“厚薄法”读书，由厚读薄，取其精华；陈善爱用“认理法”，读有字之书，识无字之理，记心中之思。还有所谓“求异法”“引申法”“猜读法”“写读法”等等，都是前人在读书实践中总结出来的符合个人习惯的阅读方法。

如果嫌这些例子还不够的话，我们可以举一些当今学人的例子。生活·读书·新知三联书店总编辑李昕采取“三重奏”的阅读方法，即泛读和精读相叠、阅读与思考同步、初读和重读结合。他说，要想有收获就必须精读，可是每本书都精读却又做不到，因此，只有把泛读作为精读的基础。他认为，“读好书比多读书重要”。鲁迅文学院副院长、当代作家邱华栋曾用八个字简述自己的精读方法，即“一个字一个字地读”，并把阅读分得很细：泛读、精读、浏览、不读。不过，他所说的“不读”是指不着急立刻读，但终究是要读的。在他看来，“书永远没有读‘透’的时候”。中国人民大学美学研究所所长张法说“读书是一堆一堆地读”，其涉猎领域之广令人叹佩！台湾慈济大学教授林安梧说：“读书，我认为别无他法，就是一个字‘熟’。要沉浸到里面，没什么功利心，按部就班，自然习成了。”可见，读书的方法各有不同，目标也各不相同，其效果的好坏就在于你会不会读，有没有适合自己的阅读方法。

鲁迅在《读书杂谈》的演讲中讲了一个故事：一个老头和一个孩子用驴驮着货物去卖，卖完回来，孩子骑在驴上，老头跟着走。路上的人见了，就责备孩子不懂事，怎么可以让老人步行呢？于是孩子和老头换了一下，又有人看见了，说这个老头竟然忍心让小孩子走路。老头赶忙把小孩抱上来，一起骑着驴走，看见的人说他们对驴很残酷。他们只好都下来，走了不久，又有人笑他们了，说他们很傻，空着现成的驴却不骑。老头对孩子叹息说，我们只剩下一个办法了，就是两个人抬着驴走。这个故事告诉我们：读书要自己思索、自己做主，千万不要盲目听从别人的意见。否则，结果会是很荒唐、很糟糕的。关于读书，英国作家弗吉尼亚·伍尔夫也有明确表示：“一个人可以对别人提出的唯一指导，就是不必听什么指导，你只要凭自己的天性、凭自己的头脑得出自己的结论就可以了。”当然，这不是反对理论、反对方法。根据我的理解，她所强调的是每个人都应该有自己的切身体会，以自己的方法和需要去读书。

对于有些群体（如教师、医生、学生、公务员等），读书交流也是一个很好的学习方法。《礼记·学记》里说：“独学而无友，则孤陋而寡闻。”阅读，有时候需要一种学习研讨的文化氛围，特别是阅读一些重要而艰深的理论书籍，通过学习共同体或沙龙等形式进行交流切磋是十分必要的。同时，通过研讨交流的平台，让更多的人参与各种定期或不定期的读书沙龙活动，这对推动全民阅读也有很大促进作用。

除了有效的学习方法外，一个人想要做出一番成绩，还必须具备三个方面的条件：一是天赋，二是环境，还有一个就是个人的勤奋和努力。有这样一个故事，说曾国藩小的时候天赋并不高。有一天晚上，夜深人静，万籁俱寂，少年曾国藩在家读书，对一篇文章重复朗读了好多遍，还是背不下来。背不下来不能睡觉，他只好一直朗读此文。这时候，家里来了一个小偷，潜伏在屋檐下，想等他入睡之后进去偷东西。可是等啊等，就是不见曾国藩去睡觉，只听他还是翻来覆去地读那篇文章。小偷大怒，实在忍不住了，跳出来大骂道："这种笨脑袋，还读什么书！"接着便将此文很流畅地背诵了一遍，然后轻蔑地看了曾国藩一眼，扬长而去。这件事对曾国藩触动很大。这个小偷很聪明，至少其天赋要比曾国藩高许多，但是他却荒废了天赋，沦落为"梁上君子"，成了一个贼人；而曾国藩从此知耻而后勇，刻苦学习，奋发图强，通过后天的不懈努力，终于成为中国历史上最有影响的人物之一。

但话又说回来，个人的努力必须得法，而不是靠拼体力、延长劳动时间和增加劳动强度。读书也是一样，书读得好与坏，跟拼不拼命没有关系，天天开夜车，我不认为那是正确的方法。在生活中，我们不难发现这样的现象：有的人勤勤恳恳、脚踏实地地学习，结果却收效甚微。为什么？因为他们的学习方法不合适。浙江省理科状元陆文在演讲中曾经说过一句非常经典的话："不是抓紧每一分钟学习，而是抓紧学习的每一分钟。"这句话的意思很明确，不是你每天学习 24 小时就一定能学好，而是你可能每天只学习 10 个小时，甚至 8 个小时，但你能保证在学习的 8 个小时中，你是精力充沛的、专心致志的、富有效率的，这才能真正学好。当然，他这里指的是学生。成年人不可能一天有 8 个小时的读书学习时间。读书学习除了要有一定的时间外，关键得看谁的学习效率高，方法得当。

在现实生活中，我们会碰到各种各样的读书人。比如，有的人书读得很多，但实际效果却不佳；有的人书读得不怎么样，却书呆子气十足。法国思想家蒙田说："初学者的无知是获得知识以前的无知，而博学者的无知是获得知识以后的无知。”第一种是不会阅读不去阅读的无知，第二种是胡乱读了许多书的无知。毫无疑问，这两种都是不可取的。

美国的珍妮特·沃斯和新西兰的戈登·德莱顿于 1994 年出版了一本《学习的革命》，曾风靡全球。书中预言：21 世纪“真正的文盲将不再是不识字的人，而是不会学习的人”。这说明了学习方法的重要性，而且后来的事实也证明了这一预言的正确性。在科学技术突飞猛进，知识爆炸的今天，“渔”比“鱼”更重要。

从另外一个角度来说，知识是一条流动着的河，淘汰旧知识，获取新知识是一个流淌不息的过程，所以现成知识的效益是有限的，而方法却可使人终身受益，有方法才有成功的路径。爱因斯坦曾提出过一个关于成功的公式：成功 = 刻苦学习 + 正确的方法 + 少说废话，实际上也强调了学习方法的重要性。

学会与文本对话

文本不是由单纯的文字组成的，不是死的东西，文本表达着作者的思想，用文字的形式向读者诉说作者的情感。从这个意义上说，文本不是沉默的存在，而是一个会说话的主体。读书，从本质上说，就是与文本进行信息、思想、观念、情感的交流与沟通。与文本对话的前提条件，是无功利性的阅读，随心而往，兴趣使然。

英国小说家、戏剧家、散文家毛姆说，读书必须是一种享受，而不应是为了应付考试，或者硬着头皮办差。为应考而读也不能算错。无论是经典之籍，还是时事手册，用心读和不用心读，效果完全不一样。高尔基说："读书，这个我们习以为常的过程，实际上是人的心灵和上下古今一切民族的伟大智慧相结合的过程。"可见，读书需入心田。真正的读书，应是读者与作者面对面地交流、对话与探讨。只有这样的阅读，才能达到"置身于文内，心与文通，心与作者交融"的境界。如今，知识的信息变化无穷，读书的形式复杂多样，尤其是在物质文化、大众文化盛行的时代，我们更应该回归和坚守精神和心灵的领地，静下心来扎扎实实地读几本原著和原典。

大凡读过书的人都知道：要想真正读懂一本书，读书人就得付出辛勤的心血和汗水。正是从这些费心劳神的苦读中，读书人才获得知识的乐趣与精神世界的陶冶！在读书的过程之中，阅读者所获得的诸多心灵感悟、精神愉悦以及书中所独有的艺术魅力、思想蕴含，几乎都是从经典名著原汁原味的品读当中领略到的。

值得注意的是，近年来，电纸书在包括中国在内的世界范围悄然兴起，呈日渐流行之势。在信息时代，以纸质为媒介的传统阅读在面对网络的冲击的同时，又增加了一个强劲的竞争对手。有人统计，现在是纸质书、电子阅读、电纸书三分天下。当然，不可否认，读图时代有它的优势，它形象、直观，调动了立体、声像、多维多种媒介形式，承载的信息符号非常丰富，不同民族、不同语言的人都能即时沟通。但正因为如此，它的先天性不足也是致命的：它太直接，扼杀了想象；它太快捷，阻滞了思维；它太直观，代替了观察；它太表面化，影响了审美层次。想象、思维、观察和审美是一个人最重要的品质，失去了这些，人会变得越来越傻。

特别需要指出的是，当下“微博体”图书已成为出版界和读者追捧的潮流。这些“微博体”图书，既非面向低幼儿童的大字单句读本，也非充满至理名言的精华辑录，大都是瞬间的思维和感受的片段，而且有的已琐屑到只是对个人经历的絮叨而无法“高于生活”。因此，对于“微博书”，偶尔看看无妨，权当娱乐放松。但若长期以此为精神食粮，恐怕会造成人们的营养不良。现在不少人既不想看大部头书，也不愿看经典，一来觉得读大部头书辛苦，二来觉得读经典无用。这种对阅读的功利化的思维，将大大影响阅读作为一种生活方式的存在状态。

作为教育工作者，我并不否定“微阅读”。应该看到，网络时代的到来，给人们带来极大的方便。今天，书籍早已不是稀缺和昂贵之物，印刷品铺天盖地，我们处在各种各样文字的包围之中。记得在二十多年前，研究某一专题，要向中国人民大学的资料中心订阅剪报，他们把全国各报刊上这一专题的相关文献复印，逐月寄来。如今只要轻点鼠标，一下子就能从网络查到许多相关信息。博客、微博的出现，大大降低了阅读与写作的门槛。因此，对网络时代的优势，我们不能视而不见。我们要吸收它的长处，但同时一定要保住传统阅读的优势。

研究发现，传统读书的功能是“浅阅读”无法替代的，它是一种深层次的学习和思考。可是，当下人们对阅读存在认识上的误区。很多人以为自己每天都在网上看文字，就是每天都在阅读。其实网络阅读和图书阅读存在巨大的区别。浏览是粗读，是泛读，不是真正的品读，而网上的阅读大都是浏览，无法品读。所以，上海师范大学孙逊教授曾在《“读图”时代阅读向何处去》一文中指出：“不仅‘读图’不能替代‘读书’，而且读各种快餐书也不能替代读原汁原味的原著。”

从广义上说，看电视、看电影、上网也是一种阅读，但其效果是不一样的。纸制出版的图书适宜让人沉静地、系统地阅读，当人们一页一页地翻过书页时，是在一点点地汲取文化的营养。而电子信息则不一样。比如，读曹雪芹的《红楼梦》原著和看电视剧《红楼梦》，是两种截然不同的体验。电影、电视给你的常常是破碎的、片段的、跳跃式的、蒙太奇一般的零散图像，读纸质书却是一个完整而漫长的思维过程，阅读的艰辛是一种不可取代的幸福。换言之，纸质书就好像一道需要细嚼慢咽的中式大宴，而“微阅读”则是狼吞虎咽的洋式快餐。何况人类的智慧是有积累性的，传承成为经典，而网络上的文化、知识，消费性极强，即时消费，长江后浪推前浪，不到三个月又被新的时尚替代了，这些知识更富于流动性，很少能积淀下来。

还应该看到，阅读的方式的改变对当代人造成普遍化困境，当下很多“微博控”有一种恐慌，觉得找不到自己了，很“浮”。有位专家（许纪霖）开了实名认证微博，自我介绍一栏中他写的是“不说白不说，说了也白说，白说也要说”，每天都“说”上好几条。

随着科技的发展，“微革命”已经成为我们时代最醒目的文化标签，它改变了人们的认知结构和阅读方式。微电影、微博客、微小说、微摄影、微访谈、微旅游等碎片化的文本形态不断涌现，无缝挤进日常生活的各种缝隙和边角。这里，微，不是弱小，不是卑微，也不是那种可以随便忽略的东西；微，是精妙，是文化，是那种春风化雨、无处不在的力量。

面对“微时代”，我们不能回避，也无法回避。“萝卜白菜，各有所爱”，传统阅读，读的是智慧和品位，“微博阅读”，读的是时尚和消遣。我个人并不排斥在电脑上读书，在手机上读书，这只是阅读的载体问题。但正如上海师范大学教授王纪人所说：“这种阅读多是‘粗阅读’，而不是‘精阅读’‘细阅读’。理想的阅读应该是交叉进行的：在‘浅阅读’之外，还要有‘深阅读’；在‘快阅读’之后，还要有‘慢阅读’；在‘微阅读’之余，更要有‘宏阅读’。”如果只有“浅阅读”“快阅读”“微阅读”，那这些阅读是没有深度和意义的。

为什么这样说？因为在一个开放的环境里，学习和坚守是最重要的。人的生命是如此短暂，时间如此珍贵，我们应该在有限的读书时间多读一些值得一读的书，而不要浪费在娱乐和“时尚”上。毫无疑问，网络给了我们很多知识、乐趣和有意思的东西，我们的社会需要时尚，也需要娱乐，但这些不应该是全部，也不应该是大部。大众还需要先进思想的引领，需要高雅文化的涵濡。不是有了票房就有了一切。不是“不差钱儿”，就万事大吉了。

因此，今天我们不仅要读书，而且要知道“读什么书”。这一点很重要。因为“读”什么决定了你“想”什么，“想”什么决定你“说”或者“写”什么。著名作家王蒙在谈到这个问题时，曾提出几个建议：第一，要读经典，经典是经过历史考验的；第二，要掌握足够的工具书，如字典、辞典、辞源等；第三，读一点外文书。北京大学中文系孔庆东教授则认为：“作为当代人要读四种书，按照重要性排列如下，分别是经典书、专业书、时髦书和休闲书。”

我想，每个人的读书习惯和偏好并不一样，可以根据自己的兴趣和需要构建自己的阅读群，适当“杂”一些没有关系，就如同人吃五谷杂粮一般，是有利于个人精神的发育与成长的。正如朱煜老师在《讲台上下的启蒙》一书中所说：“一个人在学习各种有用的学问的时候，最好不要放弃‘无用’的知识。”教文科的老师，要读一些自然科学方面的书籍，以拓宽自己的知识；教理科的老师，须读一点人文读物，增添自己的文化底蕴。我非常欣赏福建省厦门市教育局副局长、中学数学特级教师任勇先生的一句话："一点知识懂一切，一切知识懂一点。"虽然教师有相对的学科分工，但读书学习不能只限于学科，其他方面的知识也要懂一点，包括思维能力、表达能力和审美感悟能力，都需要提高。苏霍姆林斯基曾说："只有当教师的知识视野比教学大纲宽泛得无可比拟的时候，教师才能成为教育过程中的真正能手、艺术家、诗人。"特级教师贾志敏说："一个称职的语文教师应该是半个作家，半个评论家，半个演员，半个书法家，半个播音员，半个心理学家，半个……总之，是个杂家。"现在有一种新的学习理念，叫作"跨界学习"，正日益受到广大企业的关注与认可。跨界学习就是通过向外界学习，得到多元素的交叉。读书也是这样，没有跨界，不成阅读。

不仅如此，读书最容不得"功利"二字。大家知道，读书可以补充知识。比如财经类、保健类、烹调类——这些都是实用类的书，可以帮助我们的生活。但对于文学类、思想类的书籍，就不能用那么功利的态度了。全国政协委员、中国作协副主席张抗抗说得好："文学作品有点像中药的样子，它是调理身心的，尤其是调理心性的。要是文学的阅读伴随终生的话，一定是对我们的心性有滋润的作用。"因此，教师多读一些小说、诗歌、散文等文学作品，多学一些"无用"的知识，不是坏事。真正能提高修养、改变人生的是那些"无用"之书。传统经典中有很多陶冶性情的东西，比如陶渊明的诗、王维的诗，唐宋时期的一些优秀词作，确实能把我们带到美好的境界中去。

在我看来，诗歌特别是古典诗词是非常美的。诗的本质主要有两点：一是情感，二是创造。在古希腊语言中，"诗人"就是"创造者"的意思。中国文化是诗性文化，中国传统文化的基因就是《诗经》和《楚辞》。中华民族在五千多年的历史长河中，创造了辉煌的物质文明和精神文明，这是和诗歌的这种基因力量密不可分的。从当下看，阅读古典诗词，能抚慰人们忙碌而浮躁的心灵，给我们的生活带来诗意和想象。余光中先生说："一个人可以不当诗人,但生活中一定要有诗意。”有诗意的人,往往有真性情。

除诗歌之外,其他经典作品也是必读的。在中国传统文化中,把学问体系分为经、史、子、集四部。大体而言,经是指儒家典籍,史是指历代史书,子是指诸子百家,集是指文学艺术。如果一个人或一个民族,不与这样的文字结下情缘,想提升境界,大概是很难的。但遗憾的是,如今在年轻人当中,已经没有多少人能回答得出什么是“四书五经”了。孩子们对以《大学》《论语》《中庸》《孟子》《易经》《尚书》《礼记》《左传》《诗经》为代表的古代中国文化的支柱思想体系一头雾水。传统的丢失意味着什么?这是值得我们深思的。傅斯年在台湾大学做校长时,推广《孟子》成为大一新生必修,他说:“没有念过《孟子》的人,就没有资格做台大人。”如果说《孟子》太长,那《大学》很短。念一遍《大学》,十分钟就可以。这是世界上最短的儒家经典,它构建了一个大的框架,自我、人与社会的关系、天下观念、宇宙论、人生观,非常丰富,可是现在知道《大学》的人居然那么少,包括北大的学生在内。杜维明教授(生于1940年,北京大学高等人文研究院院长、哈佛大学终身教授)在北京大学讲学时就有这样的感受。其实,我们提倡阅读经典,寻找传统,不是为了复辟,而是为现代生活增加一种美好的文化形态,不是为了击退西方文明,而是让我们有所比较,有所甄别,然后有所思考。肖川教授指出,方向决定方法,思想决定思路,视界决定世界。人活着太需要有支撑我们生命的东西,太需要有让我们每一天的生活都得到鼓励和依赖的东西,所以我们需要阅读,需要从前人、他人的直接经验中,从优秀的经典著作中寻找自已所需要的东西。

有人说:“有的书改变了世界历史,有的书改变了个人的命运。”回想起来,书在我的生活中并无此类戏剧性效果,它们的作用是日积月累、潜移默化的。我说不出对我影响最大的书是什么,也不太相信形形色色的“世界之最”。我只能说,有一些书,尤其是文学经典,它们在不同方面引起了我的强烈共鸣,在我的心灵历程中留下了痕迹。

我的体会是："读书，可以丰富人的感情，让人明白许多道理。"如读晏殊的"春花秋草，只是催人老"，使人顿生忧惧衰老、怜生惜时的心绪。诵苏轼的《赤壁赋》，又使人悟出无须为时光流逝、世事变幻、人生短暂而伤感，而应随遇而安，恬然自适。品秦观的"柔情似水，佳期如梦，忍顾鹊桥归路"，绵绵的恋情潮水般溢满心田。捧王实甫的《西厢记》，看到月下西厢，莺莺临窗遥望的幽怨眼波，让人油然而生"愿有情人终成眷属"的恻隐之情。从书中，我读懂了柳宗元的《永州八记》和他"独钓寒江雪"的隐逸之气；看到了九曲黄河在河东沃土上打湾驻足，鹳雀楼俯首观望，引得王之涣羽扇纶巾欣然登临。书读多了，我渐渐明白了"不自见，故明；不自是，故彰；不自伐，故有功；不自矜，故长"的老庄之道，"人人亲其亲，长其长，而天下平"的家国之理。在反复阅读的过程中，我再次发现，那些经典的美是经过千百年确立、筛选和检验的，它们永恒不变。所以，一提到中国的经典，有人就会推荐"屈李杜苏"和诸子百家，还有鲁迅等。这似乎有点令人失望，怎么没有让人眼前一亮的闻所未闻的作家作品？这怎么可能！经过漫长的时间筛选出来的那种经典，我们无法遗忘。这就像阅读外国经典，不可能不提到英雄史诗，还有普希金、托尔斯泰、雨果和歌德他们一样。他们是在更大的时空坐标里确立的。我们无法与之隔离。正如涂又光先生所说："在基督教世界，每个人都要读一本书，《圣经》。在伊斯兰教世界，每个人都要读一本书，《古兰经》。我们中国呢？我看至少知识分子要读两本书，《老子》和《论语》。"后来，任继愈先生也有类似的说法。

如此看来，经典著作一定要看，不读不行。经典是什么？经典是人类的共同财富，是历史赠予后人的精神礼物。现在一些畅销书很是吸引眼球，但实际上未必有益。经典名著之于热门畅销书，恰如恒星之于流星，时间是最好的见证。作家张炜在《时代的阅读深度》一文中有这样的观点："要在一百年的坐标中找作家、作品。"意思是说，唯有百年的创作空间，唯经百年的阅读筛选，作品才能沉淀为经典。不可否认，时下的畅销书中也有一些好作品，但论文化内涵、厚重程度，绝大多数无法和经典著作相比。真正的好书，是具有范式意义的，它对人的人生观、价值观、审美观都有潜移默化、润物无声的作用。

特别是一些经典作品，不同人能够从不同层次去欣赏。欣赏者不同，欣赏的层面也不同。杨绛说："'四书'我最喜欢《论语》，因为最有趣，读《论语》，读的是一句一句话，看见的却是一个一个人，书里的一个个弟子，都是活生生的，一个一个样儿，各不相同。"再看《金瓶梅》，有的人读出的是色情，有的人读出的是故事，有的人读出的是民俗，有的人读出的是"名物"。又如在《红楼梦》里，有人看到了爱情，有人看到了官场，有人看到了服饰，有人看到了建筑，有人看到了历史……这就是经典作品，无论读者的学识水平如何，无论读者是精英文化的审美，还是大众文化的审美，都能找到自己想要并且能够欣赏的部分。但是，"好书可遇而不可求"，不是所有经典都适合自己。因此，读者一定要通过广泛地阅读才能遇到适合自己的"好书"。

还有一个值得关注的问题是，当代作品中有没有经典？从内容上讲，经典有古代的经典，也有现代的经典，还有红色经典。北京大学中文系教授陈晓明认为，一个时代有一个时代之经典的标准，不能用几十年、几百年前的标准来套现在的作品。"今天要在新的世界性文学、中国文化自我更新、中华文学自我创造的语境中来理解，才能产生经典。"如路遥《平凡的世界》、莫言的作品等，都是值得反复阅读的。尤其是这两年，据说《平凡的世界》在某高校图书馆长期借阅榜上排前三名。在这快节奏浅阅读的时代，还有人捧读如此皇皇百万言的巨著，这不能不说是一个可喜的现象！

毫无疑问，经典阅读是一种精品阅读。据说，华东师大许纪霖教授很喜欢读书，可他却调侃自己读书三十多年来有"惨痛教训"——读"时人之书"太多。当年以求知若渴为荣，如今回过头来看却是年少气盛。如果多留点时间给经典，该有多好。我非常同意他的观点，经典往往记录着优秀的思想，它们总是超越时代，历久弥新的。读经典，你将从先贤的精神世界中吸收养分，从与高贵的心灵对话中得到陶冶。秘鲁作家略萨说："如果一个人不读书，或者很少读书，或者只读'垃圾书'，他可能会说话，但是永远只能说那点事，因为他用来表达的词汇量十分有限。不仅有词汇的限制，同时还有智力和想象力的限制，这是知识和思想贫乏的表现。"略萨对阅读经典的真谛做了深刻的诠释。因此，他呼吁："在新媒体时代，更要留点空间给经典阅读，因为只有经典才能给你带来智慧。"在他看来，读书倘若不是为了功利，而是为了享受，最终的追求就会落在智慧的汲取。就像一把盐撒在汤里，你找不到摸不着，却能尝到它的味道。智慧是生命中的盐。但我们现在喝的多半是清汤，没有味。智慧是一个整体，是一种融通，是知识上的知识。由此，我想起了商友敬先生曾经说过的话："知识由两个层次组成，浮在上面的是'信息'，它能为你所用，而不能沁人心扉；沉在下面的是'文化'，它积淀而为你的修养、思想、观念。"实际上，他是在告诉我们：读书切忌浮躁、功利和盲目。功利的读书人读到的是"信息"，修身的读书人读到的才是"文化"。

说到"文化"，我不得不多说几句。我认为，文化和科技是不一样的，文化本身就是人们的日常生活，就是人们的言谈举止，就是人们潜移默化的一种价值理念。从整体上讲，或者说大文化，它是人类为了生存和发展所创造的物质财富和精神财富的总和。一棵自然生成的树，一块藏之于地下的煤，不是文化。当人们去认识它们、利用它们，和人类的生存与发展搭界，就成了文化。所以有人说，文化的本质就是"人"化，就是以"文"化人。人能从动物人变成社会人，从野蛮人进步为文明人，从低级文明人发展为高级文明人，靠的就是文化。人是文化的第一载体，人创造了文化，文化也创造了人。文化是人类社会的基因。有了这样一个视角，我们才认识到：人类一切的创新都是从文化创新开始的，而一切文化的创新又是从知识创新开始的。文化的载体是知识，知识的载体至今主要仍是书本。知识对于人类来说，是非常重要的。西方哲学家有句名言："知识就是力量。"现在看来，这句话不十分确切。如果从反面讲，"没有知识就没有力量"，这就对了。没有知识这一载体，就没有文化，但知识并不等于文化。针对这几年的国学经典热，有一点必须指出，读经典，在乎内容不在乎形式。现在有些地方，让孩子穿上古装去读经典。穿古装，做个表演，搞个活动，都无可厚非，但还是不要追求形式，让老师穿上古装，拿根戒尺，我觉得这完全没有必要，也不符合中国思想文化的精神。不仅如此，现在有一些观点认为，我们应该恢复私塾，让孩子不要去上学，在家里读"四书五经"就是了，读到十六七岁，再学其他东西。这种观点是有问题的，也是不科学、不现实的。要知道，读经典是提升个人文化修养的重要途径，但是它不是教育的全部内容。

要读精品之作

人的一生要读很多书，但从严格意义上讲，真正值得精读的好书并不多。好书，一定经得起时间的考验。习近平总书记说的“温润人心，传得开，留得下”，是对优秀作品最好的定义。“传得开”说明其广度，“留得下”说明其深度。李白、杜甫留下那么多优秀的诗篇，过去了一千多年，我们仍在传诵。他们的作品，无论在深度还是广度上，都达到了时代的高峰。

大家知道，古人说“学富五车”，是形容一个人有学问，在今天来看是不可能做到的。但是实际上古代的五车书并不多，那时候“车”是牛车、马车，而且“书”都是一卷卷的竹简。一卷几千字，一车下来也就十万字以内，所以学富五车是可以做到的，一个人十年二十年下苦功夫，五车书就能读下来了。杜甫有诗：“读书破万卷，下笔如有神。”古人的一卷不是指现在的一本书，几千个字在古代就是一卷书了，今天我们用二十年的时间可以做到读书破万卷。

余光中先生说：“凡是值得读的智慧之书，都值得精读，而且再三诵读。”什么是值得一读的好书？就是能让你读完后停下来想一想的书，有可能一句话、一个很小的细节，让你惊喜或让你触动，让你去想作者这样写、这样说背后的思维。尤其是面对古今中外的一些经典名著,我们只有自己去读、去体会,才能领略其洋溢在字里行间的生活兴味和揭露生活底蕴的诱人魅力。因为,经典从来不是从外在给我们一种知识的灌输,而是从内心完成一种情怀的唤醒,它像生活本身一样丰富。所以,我非常认同刘良华先生的一句话:“像海明威的《老人与海》。只要你读到‘一个人可以被消灭,但不可以被打败’就够了,这句话就抵一本书。”

同样,如果我们读《论语》,弄明白了“己所不欲,勿施于人”“己欲立而立人,已欲达而达人”;读《孟子》,弄明白了“富贵不能淫,贫贱不能移,威武不能屈,此之谓大丈夫”“民为贵,社稷次之,君为轻”;读《老子》,弄明白了“上善若水”“道法自然”“君子后其身而身先,外其身而身存”“无为而治”“天下大事,必做于细;天下难事,必做于易”;读《庄子》,弄明白了“举世誉之而不加劝,举世非之而不加沮”“鷦鹩巢于深林,不过一枝;鼹鼠饮河,不过满腹”……如此透彻地阅读,有时候会胜过博览,可以触类旁通,一以当十一以当百。

当然,我们所说的经典,是指各界推荐的中外名著。周国平先生说:“读书要读大师或经典之作,之所以读经典,是因为经得起时间的洗礼,留下的都是精华。”这些经典书集合到一块大约有上千本。如果从上千本经典书中选择五十本来读,你一辈子就是一个大写的“人”。陈寅恪先生说过:“中国书虽多,不过基本几十种而已,其他不过翻来覆去,东抄西抄。”到底是哪几十种,他并没有说。但我想,就教师而言,在中国传统文化经典领域,从教育专业看,要读《论语》《孟子》《学记》等;从文学修养看,要读《诗经》、楚辞、唐诗、宋词、元曲、明清小说等;从了解历史看,要读《史记》《资治通鉴》等。像这样一些经典作品,我们在阅读时一定要做到专注、静心,不能太性急,不能贪多求快,要细嚼慢咽,仔细品味,用心去感受,对其中精要部分最好能背诵。

我觉得,读书如同进食,要会玩味,特别是那些精品之作,你会越读越爱读，越读越有“味”的。其实，古人早就有“书味”之说了。如宋代李淑说：“诗书味之太羹，史为折俎，子为醯醢。”清代诗人袁枚说：“读书不知味，不如束高阁。蠹鱼尔何如，终日食糟粕。”《红楼梦》的作者曹雪芹说：“都云作者痴，谁解其中味！”著名的“三味书屋”就出自李淑的《邯郸书目》一书。可见，无论读者、作者，都希望读出书中的“味”。为此，台湾著名华文文学大师王鼎均写有一本书，书名就叫《书滋味》。王鼎均以味道来品书鉴书，读书犹如在品尝美食，书也有书的滋味，这无疑是个精彩的比喻。如他说三毛是“苦而有味”，杨牧是“咸而有味”；如说朱天心、朱天文姊妹是“大朱如橘，小朱如橙”，鲁迅与张天翼“读前者如吃核桃，读后者如嗑瓜子”；如说“杨绛熬过大劫大难，犹能写出五味调和的《干校六记》，非人人可及”。何止如此？英国作家乔治·吉辛更能嗅出书的“气味”来，他说：“我对自己每一本书的气味都很熟悉，我只要把鼻子凑近这些书，它们那散发出来的书味就立刻勾起我对往事的种种回忆。”

说到这儿，我又想起一本书中讲的故事：有一天，美国科学家富兰克林走在路上，偶遇一位白发苍苍的老妇人，她面黄肌瘦，饿得走不动了，坐在路旁。富兰克林见老妇人实在可怜，便把自己准备路上吃的仅有的一块面包取出来送给她。老妇人感激万分，但看到富兰克林好像也并不富裕，便推托着说：“还是留着您自己吃吧！”“您吃吧，我包里还有呢。”富兰克林一边说，一边拍着装满书籍的背包。老妇人只见富兰克林从包里取出一本书，读了起来，便说：“您怎么不吃面包啊？”富兰克林笑着回答：“读书的味道比面包可好多了！”说完，又津津有味地读了起来。

为什么人们常说“书香”和“书味”？我想，或许正是因为读书是一种愉悦、一种沟通、一种享受吧！

经典"不厌百回读"

苏格拉底说:"最重要的不是生活,而是好的生活。"没有经典,当然不会有好的生活。在拉美文豪博尔赫斯的设想中,"天堂应该是图书馆的模样"。这所图书馆中,一定是摆满经典的。

何谓"经典"?据《汉语大词典》可知,"经"是"对典范著作及宗教典籍的尊称","典"是"指可以作为典范的重要书籍";二者因同义合成为"经典"一词后,便有了指称"作为典范的儒家载集"和"宗教典籍"这两个义项,及至近代,人们也用它来指称"权威著作"或将其用作形容词"具有权威性的"。由此可见,经典是泛指具有权威性和典范性的著作。经典经过千百年来无数读者的千锤百炼、大浪淘沙,留下来的大都是生命力最强、最有价值的。

常常有人问我,该"读什么样的书"?我的回答是"经典"。无论时代如何变化,经典的魅力与作用是不可替代的。朱自清在《经典常谈》中,从《说文解字》一直谈到唐诗、话本、桐城古文。其实,经典不仅有狭义、广义之分,更不限于本民族。从广义上说,无论东西方,那些体现了人类永恒价值、经历时间的淘洗沉淀下来的著作,便是经典。

所以,我认为读经典应该是广义上的,而且是要真正意义上的"读"。所谓"读书",不是说你今天去书店买两本书,明天从网上购回一包书,这不难办到，难以办到的是，你能静下心来认认真真地读完一本书，尤其是要阅读经典著作。人生有限，我们没有时间去读二流、三流的作家作品，而应该直达经典。哲学家周国平说："认真地说，并不是随便读点什么都能算是阅读。譬如说，我不认为背功课和阅读时尚杂志是阅读。"真正的阅读，应该是读经典著作。日本有一位哲学家叫柳田谦十郎，他在自传中说他花了整整一年时间才读完康德的《纯粹理性批判》。为了庆贺这件事，他夫人还专门为他举办了一场家宴。我们可以从这个故事中得到一些启示：一个人写出一本书固然不容易，值得庆贺；一个人读完一本书也不容易，也同样值得庆贺。当然，读的是像《纯粹理性批判》这样的经典著作。因为经典浓缩了作者深刻的感悟、经验和思考，有的甚至是作者用毕生心血写成的。多读经典，可以提升自己的品位，引导你去寻找人生的意义，去追求更高、更美、更深、更远的东西。

应该说，经典阅读是全球化时代的选择。经典之所以为经典，是因为经典可以跨越时代、地域，而被最广大的读者喜欢，读者可以从中找到并印证自己的思想，引起共鸣。中外历史上不少经典之作，比如鲁迅的书、《红楼梦》、《战争与和平》、安徒生的书、《夏洛的网》等，都是需要细细品味的。法国思想家卢梭在谈自己的读书经验时说："读书不要贪多，而是要多加思索，这样的读书使我获益不少。"朱熹在论读书方法时亦云："读书不可贪多，常使自家力量有余。如射箭者，有五斗力，且有四斗弓，便可拽之令满，己力胜得他过。今学者不度自己力量去读书，恐自家对敌他不过。"

但遗憾的是，许多读书人并未这样去想，因"人有各种贪婪，有一种是对知识的贪婪，什么都想知道，最终什么都不知道"（许纪霖语）。一般来说，人们总以为书读得越多越好，所以读起书来往往不加选择，见书就读、见报就看。时间长了，发现读过的那些书，在心底竟然没有留下多少痕迹。这种情况，笔者也有。当别人提到曾经充实和温暖过我心灵的那些书时，我却感到茫然，书中的内容只能记其一二，印象并不深刻。

究其原因，是我们在读书时不够专心，贪多嚼不烂，过目的书多，留下的营养却很少。蔡元培先生在《我的读书经验》一文中说他读书有两大短处：第一是不能专心，第二是不能动笔，并希望大家鉴于他的短处，一定有许多成效。

有些人读了经典，为什么不能运用自如？我看关键是没有读深、读透和读懂。所以，德国作家歌德一再告诫青年："如果你能读书，就应该读懂。""对于书籍，就跟交朋友一样。"《论语里住着的孔子》一书的作者何伟俊认为阅读有两种，一种是"读过"，一种是"读到"。"读过"的书，很快就随着时光烟消云散，而"读到"的书，能够走进灵魂里，留在生命中。我的理解，"读到"就是用心读、反复读。著名心理情感作家苏芩说："一本书如果只读一遍的话，对自己是没有价值的。"换言之，如果你反复阅读，甚至把你读的经典能背诵下来，特别是倒背如流的时候，就可以将其中的名言警句信手拈来，转化为自己的语言和思想。

其实，读书不仅可以提高读者的写作水平，也可以提高读者讲话的水平。正如艾德勒在《如何阅读一本书》里说的："你真想拥有一本书，你就把它讲出来。"我讲《唐诗》、讲《宋词》、讲《如何读书》、讲《教师专业发展》，等等，收获最大的不是听者，而是我自己。所以我一直认为，能够体现"讲"和"写"统一意义的最出色的形式，就是演讲。演讲、做报告，早在两千多年前就是人类传播知识、阐述观点、激励斗志的一种方式。远溯有苏格拉底、柏拉图等，近有马丁·路德·金、毛泽东等。他们的演讲所留下的文字，已成为经典名著。现在，演讲已十分普遍，政界的、文化界的、经济界的，等等，大都热衷于此种方式。我们现在看到很多人，若他在演讲里能够引经据典，并用得自然妥帖，那么大家都会对他刮目相看。特别值得关注的是，包括习近平总书记在内的中国领导人，在外交活动中常常信手拈来古诗文佳句，既凝练又贴切，世界因此叹服于中国文化之博大、民族精神之儒雅。但演讲的最高境界，不是语言，不是激情，而是思想。所以，要提高我们的演讲水平，就必须坚持阅读，让自己的心灵汇聚众家之长，让自己的语言拥有思想的力量。

可是，“现在读书的人越来越少，看影视的人越来越多。影视成了这个时代的弄潮儿、大款，文学成了‘瘪三‘小媳妇’，甚至文学要靠影视来提升自己。轻文学重影视，说到底是我们对心灵的怠慢”。中国当代知名作家、编剧、第七届茅盾文学奖得主麦家说的这段话，值得我们深思。当今，时间推进到网络化时代，我们几乎自动演变成“吃粥的读者”“后门读者”，许多人已经习惯了标题阅读——“只看一眼的读者”。尤其是到了微博时代，人们阅读的忍耐度是140个字。于是乎，现在许多人醒来第一件事除了睁眼，就是摸手机。用着自己的时间，刷着别人的生活。每次刷完朋友圈，还要花好长时间来调整自己的心态：“有人到处去旅游，有人天天在聚会，有人房子越换越大。”其实，手机阅读大多读的是资讯，而不是知识。信息不等于学问，更不等于见识、智慧与品质。有人统计过，一条微信最好是在4000字以内，以拇指划四下的长度为好，一旦超过4000字，别人就没有耐心读了。然而，真正的阅读是需要耐心的。

确切地说，阅读包括浏览，但浏览不等于阅读，更不等于苦读、攻读和精读。我们知道，古人读书有一个显著特点，就是慢，正所谓“书读百遍，其义自见”。这是《三国志》中一句名言，流传很广，此处“见”字读作“现”，即指熟读之后，书籍中的许多意思会逐渐呈现出来。这句话，言简意赅，道出了读书的真谛，正所谓“三分文章七分读”“一章三遍读，一句十回吟”。

其实，许多有识之士都认为，读书并不在多，最重要的是选得精，读得彻底。朱光潜先生说：“与其读十部无关轻重的书，不如以读十部书的时间和精力去读一部真正值得读的书；与其十部书都只有泛览一遍，不如取一部书精读十遍。”这是因为，读书学习有着特殊的规律，必须经历一个吸收、转化、升华的过程。特别是理论学习，只有下苦功夫、细功夫、真功夫，才能真正学懂、弄通、会用。熊十力先生对如何读书有八个字，叫作：“沉潜往复，从容含玩。”凡是读过《三国演义》的人都知道，关羽爱读《春秋》，一遍不够，再读十遍、百遍。《德政之要——《资治通鉴 > 中的智慧》一书的作者姜鹏说过：“说实话，我第一次翻阅《资治通鉴》，和大多数读者一样，看不懂，只是使劲想让自己读下去。”以至十年以后，他从头到尾读了差不多两遍，才逐渐理解《资治通鉴》不是单纯的历史著作，而是司马光的政治寄托。

可见，大凡经典，大概都不是读一遍就懂的。毛泽东曾说过，《红楼梦》要读过五遍以后才有发言权，而他看过的《红楼梦》不同版本竟有二十余种。据说，作家路遥为创作《平凡的世界》，远离喧嚣的采访，逃避热心读者的追踪，静下心来阅读，他列了一个近百部长篇小说的阅读书目。这些书，有的是重读。如《红楼梦》是他第三次阅读，《创业史》是他第七次阅读。

从方法上讲，读书有精读和粗读之分。在精读与粗读的关系中，精读是主要的、是核心。要挑一些好书，反复地读，能终身受益。苏轼有诗云：“旧书不厌百回读，熟读深思子自知。”（《送安敦秀才失解西归》）尤其是经典著作，一定要精读，读懂，读通，读透。真正意义上的阅读，离不开原著。传记和随笔作家止庵（本名王进文）说他总是会把一本书认认真真读完，不肯“匆匆一过”或“未能终卷”。好的书籍他更会一读再读，“《水浒》读过二十几遍，书中一百零八将的星宿、绰号，都能背诵；哪位好汉在哪一回登场，谁引出他，他又引出谁，也记得清楚”。身为中国作家协会鲁迅文学院副院长的成曾樾，也主张慢读。他说：“现在读书比较慢，因为我要读两遍：第一遍通读，不带任何主观色彩；第二遍细读，挑出其中的成功之处或欠佳之处。”

依我看，现代社会的人读书无非是两种，读专业之书和非专业之书。有人提倡“好读书不求甚解”。我以为，读非专业的书，大可不求甚解；而读专业的书则切不可不求甚解。专业地读书必须“熟读玩味”，反复咀嚼，细读，深读，用司马迁的话说，就是要“好学深思，心知其意”。例如当代著名文艺评论家解玺璋为了写《梁启超传》，读了很多关于梁启超以及其身边人的书籍：“丁文江、赵丰田编写的《梁启超年谱长编》至少读了五遍，同时还读了

《饮冰室合集》,以及康有为、黄遵宪、谭嗣同、汪康年、唐才常、孙中山、章太炎、杨度、袁世凯、蔡锷、蒋百里、丁文江、胡适、徐志摩,乃至蔡元培、夏曾佑、张君劢、张东荪、陈独秀、李大钊、梁漱溟、陈寅恪等诸多同时代人留下的年谱、传记、书信、日记和文集。”他说自己读书爱较真,“不明白的地方我一定要弄明白,一定要知道根本”。著名散文家、诗人赵丽宏有时遇到一本好书,却又不舍得将其快速读完,“规定自己每天只读三十到四十页”。比如法国文豪马塞尔·普鲁斯特的《追忆似水年华》,文字实在太美了,所以他认为要慢读,边读边细细品味。

我想,在每一个人的一生中,都会遇到一些“舍不得读完”的好书,正如著名出版家、作家聂震宁所说:“在我的读书生涯里,有五种书可以好好说道,第一种是急着要读的书,第二种是急着要读完的书,第三种是需要熟读的书,第四种是值得重复读的书,第五种就是舍不得读完的书。当一本书让我们读到舍不得读完的时候,可以相信这是达到物我交融、物我两忘的境界了,当然这是一种很高的境界。”(《舍不得读完的书·前言》)我觉得,这才是一个“读书人”说的话。只有当你遇到一本很厚重、很优美、很丰富的真正的好书,才会有“众里寻他千百度”而“舍不得读完”的感觉。

话说回来,每个人都有自己的读书习惯和方法。按我的经验,读书有个由浅入深的过程。一般来说,读书可以分两步,一步是浅阅读,一步是深阅读。在我看来,一篇文章,或一本书,没读过三遍以上,不算深阅读。在读书态度和方法论上,我非常赞同宋人朱熹的说法:做学问读书,一定要耐住性子仔细领会书中的内容,千万不可粗心大意。他还说,没有明白书中的道理时,就好像有很多层东西包裹着,无缘相见,一定要今天去一层,又见得另一层,明天去一层,又见得一层。将皮全去掉,才能看见肉;将肉全去掉,才能看见骨头;将骨头敲破了,才能看见骨髓。

应该说,这种层层深入的阅读方法是值得提倡的。熊十力先生曾经说,过去一些人读名人传记往往“一目十行”,其实这种人在当时不过是一个名士，很少能成就大的学问。江苏作家协会副主席毕飞宇教授则明确指出："我瞧不起读书快的人，读书快的人一定能够接触很多的信息。但一个失去了慢读能力的人，无论智商多高，反应能力多强，都会丧失知识内部的逻辑关系。"著名作家贾平凹也说过："我看现在好多人以阅读多但不精而骄傲，这是不对的。切切不要忘了精读，真正的本事掌握，全在于精读。你若喜欢上一本书，不妨多读：第一遍可囫囵吞枣地读，这叫享受；第二遍就静心坐下来读，这叫吟味；第三遍要一句一句想着读，这叫深究。三遍读过，放上几天，再去读读，常会有再悟的地方。"尤其是在阅读已呈大众化、通俗化甚至娱乐化的今天，我们更要深度阅读、深度思维，不能满足于"我在读，这就够了"。诚如有诗所说："文须字字作，亦要字字读；咀嚼有余味，百过良未足。"因为读书的力量不仅在于"过眼"，更在于"入心"。唯其如此，我们才会在文本的字里行间发现别人没有发现的意蕴，从而透过文本，走进作者的心灵。

据说，欧美国家原来有个传统，晚上一家人坐在一起，母亲或父亲拿起书读给大家听，现在恐怕已经很少见了。我们通过因特网和电视接触很多信息，这种信息获取跟持续专注的阅读行为有本质上的差异。浮光掠影的信息使我们停留于表面，而阅读经典则帮助我们进入更深的世界。

因此在当今时代，我们不反对快餐文化、流行艺术，但是我们反对用"读图时代"和"快餐文化"来排斥经典阅读，排斥深度阅读。古人云："《文选》烂，秀才半。"即指熟读《昭明文选》，可以成就半个秀才。换个角度说，大凡经典，大概都不是读一遍就能懂的。阅读，不是赶时间，更不是为了应付各种考试。阅读是一种慢工细活，书中的有些道理需要终生感悟。而这，正是经典"不厌百回读"的真义。

读书之要在于独立思考

在读书的过程中，作为读者，我们不应该是一个简单的接受者，也应该是一个思想者、参与者。古人提倡读书要三到，即所谓心到、眼到、口到。口到是指朗读，眼到是指默读，我觉得这是基于古代文言文、古诗词的一种读法。当代人读书，无论是在图书馆、校园中乃至自己家中的书房，能读出声来的地点怕是不多的。我感觉心到最为重要。我理解的心到，就是阅读时必须思考。思考得越深入、越广泛，其收获必然越大。

一、没有思考的阅读，不是真正的阅读

我始终认为，阅读是与思考相随的。读书是花朵，思索才是果实。没有思索的阅读，是无效的阅读。古今中外贤者无不重视思考，孔子说："学而不思则罔，思而不学则殆。"曾子说："吾日三省吾身。"韩愈说："行成于思，毁于随。"爱因斯坦说："学习知识要善于思考，思考，再思考，我就是靠这个学习方法成为科学家的。"这些都是前人的经验之谈，尤其是我们的老祖宗孔老夫子的名言，更加令人深思：只读书不思考，后果是糊涂；只思考不读书，后果是危险。孔子所言绝非无的放矢，"学而不思"和"思而不学"是好些聪明

人也容易犯的毛病。在读书生活中，我国古代曾有不少迂夫子，虽然读书破万卷，但并没有真学问，只会重复别人的东西。其原因之一，就是不善于独立思考。这样的人，读书很多，称得上博学，但始终没有真正属于自己的见解。其实，思考是读书的重要环节，思考的过程也是求异的过程。不思考，书是书，你是你。只有在思考之后，书中的营养元素，才会被你吸收，进而转化为你的思想。明末清初的学者顾炎武，在平时的读书中就很注意思考问题。他认为，只有善于认真思考，才能把前人的学问融会贯通，并且在这个基础上进行创新，提出自己独到的见解。所以他在日常写作时，坚持写"古人之所未及就"，也就是写前人没有涉及的。他一旦发现自己论著中有前人说过的论点，就毫不犹豫地删掉。梁启超曾赞扬他说："凡炎武所著书，可决无一语蹈袭古人。"顾炎武能够成为学识渊博的大学者，并且在那个时代敢于批评封建君主制度，与他在平常的读书中刻苦并善于思考问题是分不开的。

所谓思考，指的不仅是把前人的知识装在自己的脑子里，更重要的是要善于反思、加工和琢磨。对此，英国大学问家培根有个形象的比喻，说我们读书做学问不要像蚂蚁那样只顾整天忙忙碌碌地储存，而不去做加工的活，也不要像蜘蛛那样整天只顾吐丝，而不注意汲取营养，而应该像蜜蜂那样既注重采集原料，同时也对原料进行加工、制作，从而创造出一种新的产品。

读书亦然，要结合自己的经历和思考，使自己的思想系统化。法国作家莫泊桑说："天才不过是不断地思考。"美国科学家富兰克林说："读书是易事，思索是难事，但两者缺一，便全无用处。"记得习近平同志在中央党校2009年春季学期第二批进修班暨专题研讨班开学典礼上的讲话中说过："书本上的东西是别人的，要把它变成自己的，离不开思考；书本上的知识是死的，要把它变为活的，为我所用，同样离不开思考。"的确，"人是活的，书是死的。活人读死书，可以把书读活；死书读活人，可以把人读死"（郭沫若语）。关键在于有思维，这是"人为万物之灵"之本质。有了思维，知识才会活了，人才能够发展、能够创新、能够超越自己。

我曾看过一段英国物理学家卢瑟福的故事：有天深夜卢瑟福走进实验室，发现有个学生俯身在工作台上，当卢瑟福了解到这个学生从早晨一直到深夜不间断地工作后，他沉吟片刻问道："亲爱的，这样一来，你用什么时间来思考呢？"在卢瑟福看来，动手实践之于科学固然重要，而静心思考更为重要。

为此，我再举一个例子。著名杂文家冯英子曾讲过一个故事：一满族贵族，被任命为镇守荆州的将军。他痛哭流涕，誓不肯去。问他什么缘故，他说连关公也守不住的地方，我怎么守得住呢？与其将来失守获罪，不如不去的好。原来，满族贵族最先见到的汉文化是范文程身边的那本《三国演义》，努尔哈赤和他的将军们行军布阵，很多得益于这本书上的经验。他们把罗贯中笔下的关公奉若圣明，而关公是失荆州、走麦城时死的，此人不敢去守荆州，其原因大概就在于此。他只相信自己从书上读来的经验，看不到环境的变迁，看不到现实的变化。这则故事告诉我们，读书不能"死读书"，而要像鲁迅先生所说的那样，"运用脑髓，放出眼光"，即要独立思考，善于批判。

教师的工作是教书育人，更应该把书读"活"，不能"死啃"书。特级教师王栋生说过这样的话："想要学生成为站直了的入，教师就不能跪着教书。"我要说：想要学生成为站直了的人，教师就不能跪着读书。不跪着读书，就是要有独立思考的精神。现代物理学之父爱因斯坦十分强调思考的重要性。他说："发展独立思考和独立判断的一般能力，应当始终放在首位，而不应当把获得专业知识放在首位。"他还说："提出问题比解决问题更重要。"法国作家巴尔扎克说："一个能思考的人，才是一个真正的力量无边的人。"独立思考，要有一个宁静的心态。看书要静心，才能有所悟，看完了还得思考，勤学而多思，否则不能"化为我用"。

可当今社会，快节奏带来的浅接受，让人没有时间去深入思考。急功近利的心态变成了传染的通病。人们步履行色匆匆，灵魂骚动不安，目光四处漂浮，从早到晚在选择，随时随地在变换：看电视不停地换频道，求职不停地换老板，谈恋爱不停地换对象，人生不停地换目标。在不停转换中，人们似乎已经无法专注、无暇思考了。难怪有很多人都在感叹："现在有思想的人越来越少。"春秋战国时期，虽然人口很少，却有很多思想家，不少著述流传至今天。这些伟大思想的锤炼，正是若干次感悟与反省的结果。

二、尽信书，不如无书

读书不仅要多获得知识，而且应当深入思索，在设疑、解疑中有所发现、有所创造。再者，并不是所有的书都是有价值的，也不是所有的书都是有趣的。因此，我们应该通过自己的思考判定一本书是否值得读。在这方面，古人有不少精辟的论述。中国禅宗思想中，有"小疑小悟，大疑大悟"。《孟子·尽心下》有"尽信书，则不如无书"等。至于宋人朱熹则讲得更加透彻："读书始读未知有疑，其次则渐渐有疑，中则节节是疑，过了这一番后，疑渐渐解，以至融会贯通，都无所疑，方始是学。"清人郑板桥说"书从疑处翻成悟"，强调读书有"疑"，方能有"悟"，由"疑"到"悟"就是进步，就是读书的理想境界。李贽则从反面指出："学人不疑，是谓大病。"所谓"质疑"，就是切莫迷信书本，要能从中发现问题，要带着思考去读书。可见，提倡怀疑精神，提倡思考，这是很重要的。

大家知道，"钱学森之问"一直在拷问着每一个关注教育的人。作为教师，面对教材，我们是视为"圣经"，还是教学的素材？面对教材和教参给出的结论或答案，我们是否思考过、质疑过？现在人读书很多，接受的信息很多，但是不少人的价值观是混淆的。很多看似很合理的口号，其实是错误的，比如，"不要让你的孩子输在起跑线上""没有学不好的学生，只有教不好的教师"，等等。

明代吴应箕在《读书止观录》中记录了这么一件事：徐文远在大儒沈重

那儿学习，有一天，他对老师说："先生所讲的，都是'纸上的'。那真正深奥的境界，好像还有所未到哩。"徐文远虽然是学生，所讲的话却不无道理。作为教师，如果所讲的都是书上现成的，对教学内容没有自己独到的理解，那学生还要这个老师干什么？这个故事给我们的启示是：为师者读书不能拘泥于书本知识。对于书上的知识，教师要根据自己的所学、所思和所悟去阐释。这样的教学，才能给学生以切实的帮助。

三、读出自己，读出问题

从一定意义上说，我们读书，是要借书上的记载寻出一条求知之路，并不是让书本来管束我们的思想。读书的时候要随处会疑、边读边思。换句话说，要随处会用自己的思想去批评它。我们只要有自己的判断力，善于思考，敢于批评，就可以分出哪一句话是对的，哪一句话是错的，哪一句话是可以留待商量的。记得李镇西老师曾对他的学生说过八个字，对我们很有启发，就是："读出自己，读出问题。"所谓"读出自己"，就是从书或文章中读到引起自己共鸣的一段话、一个词、某个内容，与自己的生活相联系，就是我们常说的"共鸣"。所谓"读出问题"，就是一边读一边发现不懂的地方或者有疑问的地方，遇到问题就要推敲、研究乃至质疑。通俗地说，就是要提出问题。如果说"读出自己"是共鸣，那么"读出问题"便是思考。如果读一本书，既没有共鸣，也没有思考，不能算是真正意义上的读书。真正的阅读不仅仅是从书本中读出别人的思想，更重要的是要读出自己的思想。大凡读书的人，也许都有这样的体会：自己的思想或者与别人的思想不谋而合，或者与别人的思想针锋相对。不谋而合的共鸣，产生阅读的快感；针锋相对更是对判断力的考验，有可能是"否定之否定"，成为思辨认识上升的阶梯。

看来，读书治学成败的关键是你有没有独立思考的精神、自由思想的精神。从实际出发，带着问题读书，这样才会有所收获、有所创造。否则只是人云亦云，那样的读书是无效的。从书籍的本原看，“读”是什么意思？很多人也许不明白。“读”这个字，还念dòu——句读的“读”，即我们今天说的标点符号。古人没有标点符号，现在学的古文中的标点都是专家学者给大家标出来的，这本身就不一定正确。古人是自己句读的，自己找到标点，证明你就会读了。所以这个“读”一开始就与怀疑和思考连在一块了。今天的读变成了念出声的“读”，念出声是好的，但是应该自己知道断在何处，这证明你知道了意思。高考的句读考题，就是考察大家对意思的理解。

不仅读书如此，教育也应该有问题意识。记得柳斌在《读书与思考》一文中说过，我们现在的教育模式最大的弊病就在于不是学思学问，而是“学答”——学答问题。我们聘请了很多老师、很多专家去设计题库，去炮制答案，然后把它拿给学生，让学生死背硬记。要是把这些题目中的答案都掌握了，你考试就容易了，你就能拿高分，你就可以进重点学校，甚至可以进清华、北大了。这样，我们的教育模式在很大的程度上变成了一个“学答模式”。李政道有几句话我觉得讲得非常好，他说“求学问，需学问，只学答，非学问”。做学问就是学会提问题。学问，思考就在其中。学答，只是记忆在其中。

还需要指出的是，读书需要质疑，要有批判精神，但同时也要有宽容之心。俗话说：“一个人浑身是铁，能打几个钉？”在每个专业领域，真正的知识进步很不容易，著书立说难免有知识和时代局限，读者不必过于苛求。只要读到作者某些有价值的思想片段，我们就应该对之敬重有加。尤其是读文学经典，我们在批判继承的同时，更应该有宽容和敬畏之心。文学经典之所以成为经典，一是因为它有值得我们学习的美学品质，比如它有很标准的文法，它代表一个民族某个时代生活的准确而深刻的表达方式；二是因为它有思想震撼力，并浓缩了一个时代人类的智慧。正因为如此，文学经典的意义与价值非同寻常，值得后人“重读”。学会敬畏经典，对读者来说是很重要的。

不动笔墨不读书

古往今来,读书和写作是分不开的。古人说:“不动笔墨不读书。”这是有一定道理的。俗话说得好:好记性不如烂笔头。蔡元培先生在一篇文章中说,胡适之先生有一个时期,出门时常常携带一两本线装书,在舟车上或其他忙里偷闲时翻阅,见到有用的材料,就折角或以铅笔做记号,回家后或者尚有摘抄的手续。记得有一部笔记,说王渔洋读书时,遇有新隽的典故或词句,就用纸条抄出,贴在书斋壁上,时时览读,熟了就揭去,换上新得的,所以他记得很多。可见,名人的成就与他的勤奋读书是分不开的。

一、抄写是过去的人读书的基本方式之一

常言道,买书不如借书,借书不如抄书。在古代,名人抄书的例子并不少。例如,宋代苏东坡三抄《汉书》的故事:有一名士拜访苏东坡,通报姓名已久,苏东坡才姗姗出来。他对名士的久候惭愧地说:“刚才为了完成每天的功课,十分抱歉。”双方坐定,名士说:“你‘完成每天的功课’指什么?”苏东坡说:“是抄《汉书》。”名士说:“凭先生的天才,开卷一看,可以过目不忘,何必用手抄呢?”苏东坡说:“不是这样。我读《汉书》,一共手抄三遍。开初,

我手抄后再熟诵每段。等到背熟了,我只抄这段的前面三个字作为题目,再背诵下去,以考查自己的记忆能力。在第二次手抄熟诵这段后,我只抄前面两个字为题。到如今,我只抄这段的前面一个字为题,就能背诵如流。”名士心存疑虑,请求说:“先生所抄写的,不知我有幸可以看看吗?”(言外之意要考考苏东坡)苏东坡欣然同意,叫仆人拿出他的厚厚的几本手抄《汉书》,名士挑了洋洋数百言的一个段落,让他背诵。苏东坡倒背如流,无一字差错。名士慨叹良久,曰:“先生真谪仙才也。”

还有明代文学家张溥长年累月地抄书,手指上都磨出了厚厚的老茧。据《明史》记载,他“所读书必手钞,钞已朗诵一遍,即焚之。又钞,如是者六七始已”。因此,他把自己的书房命名为“七录斋”。鲁迅从十五岁起就开始抄书,起初抄录《康熙字典》上的古文奇字,后来抄录《唐诗叩弹集》《唐代丛书》等书。鲁迅抄书的习惯一直保持到 30 多岁。相声大师侯宝林为了买到自己想买的一部明代笑话集《谑浪》,跑遍了北京城所有的旧书摊也未能如愿。后来,他得知北京图书馆有这部书,就决定把书抄回来。适值冬日,他顶着狂风,冒着大雪,一连十八天都跑到图书馆里去抄书, 10 万字的书,终于被他抄录到手。抄读的好处是加深记忆,增强理解。抄读的过程,就是理解、消化知识的过程,对所读内容理解越透彻,体会越深刻,则记忆越牢。

尤其值得提及的是,上海市金山区有一位退休教师名叫金余奎,今年 82 岁,自幼酷爱书法。退休后,他花近十年时间用小楷手抄 350 余万字,“写”出了四大名著。在电脑早已普及的今天,要用毛笔抄写共 350 余万字的四大名著,对人的意志力是极大挑战。这些年来,金余奎每天花 4 小时用来抄写。只要没有特殊情况,每天抄写 2000 字雷打不动。如此浩大的抄写工作颇费笔墨,为了达到最好效果,需要专门从安徽购买宣纸。每隔一个月,还会写坏一到两支毛笔。粗粗一算,十年共写脱 200 多支笔。据《解放日报》报道,最近,老人打算将自己抄写的四大名著中的《红楼梦》《西游记》给孙辈做习作用,另外两部分别赠送给以前的工作单位和区文化部门。

此外,我还在《新民晚报》上读到了复旦大学中文系胡中行教授一篇题为《受益终身说抄书》的文章,回忆其抄书的经历和乐趣,不禁引起共鸣。我读书也有这个习惯,读书笔记也有好几本。平时日积月累,用时信手拈来,让我受益无穷。可是,现在“抄读”的人越来越少。有人调侃:一个好胃,被白酒废了;一个好官,被金钱废了;一手好字,被电脑废了。

二、写离不开读

唐代大诗人杜甫有诗云:“读书破万卷,下笔如有神。”这两句诗一下就道出了写作的秘诀乃在于读书。当然,我所说的“书不离笔”,不仅仅是抄书。所谓“书不离笔”,是指读书的时候不能空白着读,一定要适当做点儿批阅和圈点。也就是说,你看的那本书除非是从图书馆借来的,你不能让它干干净净的。在书上写下自己的感想和联想,这个时候才能证明你是真正读过这本书的。用列宁喜欢引用的马克思的一句话说:“图书是我的奴隶,应当按我的意志为我服务。”列宁读书时很喜欢在书页的空白处随手写下内容丰富的评论、注释和心得体会。一旦读到具有较高学术价值的著作,他还在书的扉页上或封面上写下书目索引,特别注明书中的好见解、好素材及具有代表性的错误论断的所在页码;毛泽东更是提倡不动笔墨不看书,一本约10万字的《伦理学原理》上就写了万余言的评语。可见,一本书的真正价值和意义,是在我们读过、画过、批注之后才体现出来的。因为这样读过的书,已融入了读者的感悟和体验。

当然,我这里说的“动笔”,不仅仅是在读书时摘抄、批注、评点之类的“写”,也包括写读书笔记、写文章,乃至从事文学创作与研究等。大家知道,为了写《资本论》,马克思阅读了1500多种书,留下了100多本读书笔记;列宁在研究帝国主义专题时读了148本书,写下了60多万字的札记。尤其值得提及的是,列宁的重要著作《哲学笔记》,就是他在读哲学书籍时写的批注和笔记汇编而成的。其实，我小时候就喜欢做读书笔记，用小卡片写好。读大学时，还学着把读书卡片分类，以便于学习和研究时参考。大学毕业后，我从事教育教学与文学研究工作，就更离不开书籍了。我的家里到处都是书，到处都有笔，书桌上堆得乱七八糟。我觉得这样方便，可以随时随地很自然地读书。西方人这点值得我们学习，我们古代把读书看得太高雅，只有少部分人才读书。但是在国外，读书是一件很平常的事，厨房、客厅里都有书。我们应该提倡读书是一件平常事，并不一定要很高雅。我认为，高雅不在于形式，而在于你读什么书，思考什么问题，写什么样的东西。

关于读书与写作的关系，我的看法是：读书是吸收，写作是表达，但写作离不开读与思。读与思是写的前提，写是读与思的深化。例如，老一辈学者姚雪垠读书时喜欢做卡片。他在卡片上写下重点，并注明文章题目、出处，然后分门别类。其实，许多学者都有做读书卡片的习惯。据说文艺评论家解玺璋做卡片是跟姚雪垠学的，他有一个卡片柜。他"将老子、荀子、孟子、庄子经典的话和观点写下来，并记下出处，再归类于先秦时期"。不知不觉，他的小卡片已经攒了好几箱，而那几箱子的卡片记载了他成为评论家的足迹。著名学者顾颉刚一生治学，勤于做读书笔记，从1914年至1980年逝世，做笔记的习惯从未间断，60余年积累笔记近百册，共四五百万言。中国作家协会鲁迅文学院副院长成曾樾说，他"在大学期间，受到红学专家冯其庸老师的启发，开始做笔记，不仅要记书中的重点和令人感动之处，连人物的名字也勾画出来"。他发现《红楼梦》里的四字成语非常优美华丽，然后开始摘抄书中的词汇，边抄边背。即使是记忆力好得惊人的钱锺书，为写《管锥编》，笔记也做了几大麻袋。据杨绛所言，钱锺书的笔记本"从国外到国内，从上海到北京，从一个宿舍到另一个宿舍，从铁箱、木箱、纸箱，以至麻袋、枕头套里出出进进。"其笔记不仅数量惊人，内容也广袤庞杂。

2011年8月，商务印书馆出版了《钱锺书手稿·中文笔记》，读之无不令人叹为观止！

至于古人写的读书笔记则更多。如宋代王应麟的《困学纪闻》、明代杨慎的《丹铅总录》、明末清初顾炎武的《日知录》、清代赵翼的《廿二史札记》、王念孙的《读书杂志》、王引之的《经义述闻》、钱大昕的《十驾斋养心录》等,都是有名的读书笔记。另外,还有许多的诗话、词话,亦属于读书笔记之类。

当然,也有为创作而读书的。如郭沫若在一篇题为《我的读书经验》的文章中写道:“为了养成文艺的写作能力,我曾读过古今中外的一些名人的作品。……譬如我要写剧本,我便先把莎士比亚或莫里哀的剧本读它一两种;要写小说,我便先把托尔斯泰或福楼拜的小说读它一两篇。”

如此看来,无论是作家还是评论家,他们的写作是和阅读分不开的。周国平先生说得好:“阅读是我的情人,写作是我的妻子。”读书若不跟写作结合起来,犹如空花过眼,不能真在你心田上生根发芽。其实,有时候写作也是一种反思。巴甫连柯有一句名言“作家是用手思索的”,认为只有不断地写,才能扪触到语言。老舍先生曾对人说,他有得写,没得写,每天至少要写500字。鲁迅先生也说过,写不下的时候,有时是需要“硬写”的。硬写就是在某种程度下,逼着自己去观察、去思考、去记录。这种“写”的力量,牢固地根植在当代作家王安忆的使命感里。她在2012年上海书展暨“书香中国阅读论坛”上说:“只要有一个人在阅读,写作就是有意义的。哪怕这个人就是我自己。”当有人问她的写作缘起时,她的回答很简单,“我写作就是因为喜欢阅读”。

著名学者、新闻理论家、作家梁衡也说过,他的写作秘诀就是背书:“要趁记忆好的时候多背一点东西。我写文章时经常会冒出中学时期背的东西,许多就是课本上的。比如《鸿门宴》,张良和项羽谈判,讲‘张良出,邀项伯,项伯入见沛公,沛公卮酒为寿’。这个句子我至今记得老师讲的修辞是顶针格,一句顶着一句,这样文章显得连贯,一气呵成。后来我在写《清凉世界五台山》一文时不自觉地就用上了这个修辞格:‘无梁殿,殿无一木,全砖到顶;明月泉,泉如碗口,可鉴星月;写字崖,崖本无字,水流则现;千佛洞,洞内怪石，如人脏肺’。”

实际上，在读书和生活中，把思考过的东西及时记下来，这一点很重要。记得朱光潜先生曾说过：“关于读书方法，有两点须提起。第一，凡值得读的书至少须读两遍。第一遍快读，着眼在醒悟全篇大旨与特色。第二遍慢读，以批评态度衡量书的内容。第二，读过一本书，须笔记纲要和精彩的地方与你自己的意见。记笔记不但可以帮助你记忆，而且可以逼你仔细，刺激你思考。”南开大学著名的数学家陈省身教授，生前要求南开大学数学所的每位教师家里都挂一块黑板，以便记录即时的想法。因为他深知，有些发明创造就在一念之间，如果能及时将其捕捉并记录下来，再持续进行研究，就有可能产生意想不到的结果。反之，如果不注意捕捉这些即时的想法，就可能错过许多创造发明的机会。

说到这里，也许有人认为创造发明是科学家的事，写作是作家、教育家、文学家的事，而教师没有必要这样做，只要把书教好就足够了。其实，教师的工作也具有很强的创造性。写作，不仅是现代教育对教师提出的要求，也是促进教师专业化发展的必要补充和动力。一位学者说过：“什么是教师专业化成长与发展？系统读书 + 实践思考 + 勤奋写作 = 教师专业化成长。”从科学的角度讲，写作是思维的强化训练。人的大脑有自动编程的功能，但如果长期不得启用，这种功能就会退化。一些心灵的启示和思想的火花往往稍纵即逝，须及时加以记载，而这些启示与火花通常是构成一篇论文、一本专著的起源。

从一定意义上讲，写作和读书一样，都需要闲适与平静的生活。著名作家贾平凹说：“我写小说的时候，喜欢专门跑到一个没电视、没报纸、没广播，也没朋友的地方，在那里，我可以专心写作。”看来，只有心静下来了，作家的思绪才能飞扬起来。被誉为苏派小说掌门人的著名作家范小青也曾说过：“写作的时候，你的心就会自然地收回来，就会安静，你会把自己很多的情怀、想法、欲望通过文字一一释放出来、传达出来。在这一收一放之间，每个人都会获得无法言说的收获，这种收获能让心灵获得滋养，并伴随我们一生。”马克思·范梅南说，写下来是很重要的，因为只有“写下来”，我们才能清楚地意识到自己知道什么。张民选教授认为，用隐性知识显性化的方法将大大促进教师的专业发展。显然，写作是“显性化”最有效也是重要的途径。经常写作，可以培养人的问题意识，提高发现问题的敏感性。

三、写比读更艰苦

上海作家协会副主席赵丽宏说，文字对他有一种无法抗拒的吸引力，而这种吸引力不只在于读，也在于写。作为读者，我们“如果能够经常用自己的语言记录读书的感想，那将是一件极有意义的事情”。当今中国房地产的领袖人物潘石屹爱读路遥的长篇小说《平凡的世界》，他说，读了书，有了冲动，也写。《我的价值观》一书，就是他的亲笔力作。

因此我认为，真正有效的阅读，应该做到既“得于心”，又“应于手”。周国平先生曾说：“任何有效的阅读不仅是吸收和接受，同时也是投入和创造。”（《不时髦的读书·人与书之间》）如果说“吸收和接受”是“得于心”，那么“投入和创造”就是“应于手”。从一定程度上讲，写作比起阅读来，肯定要艰苦些，尤其是才开始的时候。“万事开头难”，写作亦然。过去称写作叫“爬格子”，虽然有一分耕耘一分收获的美意，其中也包含了写作“手工业”的传奇和辛苦。右手中指的那块老茧，就是握笔所致。

据说，著名作家贾平凹到现在还是手写稿。他在自己的书房里写过一幅字：“书道唯寂寞，文章惊恐成。”在他看来，和书打交道，一定是件寂寞的事，而文章越写越惊恐，觉得这也不对，那也不对。他说年龄大了以后写的这几部长篇，从没有一稿就写成的，都写了三四稿。比如说《老生》，现在成书的只有 22 万字，但实际上他写了 100 多万字，写一遍，觉得不对，推倒重来，就这样写了几遍。改一遍，抄一遍。抄的时候，又感觉不对了，那就又重新来过，就这样写过 4 次。你想 4 次要多少字？这都是用笔一个字一个字写出来的。还有《古炉》60 万字，据他自己说，前后手写的稿子有一麻袋。

退一步说，到了网络时代，“爬格子”已经过时，人们大都使用电脑写作，“笔耕”的形容也渐渐淡出，但写作毕竟是辛苦的脑力劳动，需要不断地积累和思考，需要投入大量的精力和心血。当然，写作有写作的乐趣。有时候，写作似乎比阅读更有成就感。这一点，会写作的人一定体会得到。

需要明白的是，教师写作写什么？我想应该是写自己阅读的思考、体会和收获，还有教学随笔、教育叙事、教材分析、教学设计、教学案例，等等。等到有了一定的学术积累和写作基础，再写一些教学经验、教学论文，乃至课题研究。教师的写作还是要从自己教学实际出发，循序渐进，不要贪大求全，追求高深。记得肖川教授在一篇文章中写道：“教师们，拿起您手中的笔吧，有意识地去创作，把你的感动、你的困惑、你成功的探索、你的希望与梦想变成文字，写成文章。你会发现你的气质、情怀，你的内心世界，慢慢地、慢慢地，变得纯洁、澄明，变得细腻和丰富。我相信，真诚的文字，能够将平淡如水的岁月定格为永恒。”

至于怎样学会写作，也只能是“在写中学会写”。学术研究，说到底，也是一个熟练工。多写是个硬道理。据我的经验，阅读的同时不要忘了做些笔记摘抄。特别是教育方面的书和文章看得多了，就会自然而然地将一些先进的教育理念和教学教法运用到自己的实践中来。运用了之后又获得新的体会和反思，手就发痒了，心得、论文就从笔下潺潺地流淌出来。这样教、学、思、写互动，其中的乐趣和收获是不言而喻的。

因此，我想进一步说的是：阅读与写作之道在于厚积薄发。苏轼云：“博观而约取，厚积而薄发，吾告子止于此矣。”阅读的根基有多厚，写作的高度就有多高。肖川教授曾说：“造就教师的书卷气的有效途径，除了读书，大概就是写作了。写作最能体现一个人的综合素质。”但我在现实中发现，一线教师的写作热情和写作水平并不令人乐观。客观上，是学校没有适时的引领和激励政策，也没有创设足够的有利于教师写作的氛围和条件，主观上主要是教师的认识问题。一些教师总认为写文章是件苦差事，付出多收获少，或有畏难情绪，认为自己不是写作的"料"，或错误地认为写作对工作帮助不大，写不写无所谓，或认为工作忙，没时间，等等。

写作本来是最自由的行为，如果你自己不想写，世上没有人能够强迫你非写不可。俗话说得好："解铃还须系铃人。"我认为，解决以上问题的关键仍在教师本人，其中最重要也是最有效的一种方法是：作为教师，一定要养成读书和写作的习惯。其实，读的书多了，有了一定的文化积淀，自然就会有写作的欲望，有一种"不吐不快"的感觉。现在很多学生，包括一些教师，之所以写起文章来捉襟见肘，关键是读的书不够多，特别是读经典不多。当然，写作还有一个爱好和兴趣的问题。几乎所有的文学大师，所有的优秀作家，在谈到为什么要写作这个问题时都有这样两点感受：第一，写作是他们内心的需要；第二，写作本身使他们感到莫大的愉快。一句话，写作是他们生活的组成部分。所以，我敢肯定，写作这种事情，如果不是真正喜欢，花多少工夫也是练不出来的。真正的写作，是为自己写作，写自己真正感兴趣的东西。只有自己感兴趣的东西，才写得好。我的个人感悟是，教师开始写作不要企图一蹴而就写出长篇大论或课题报告，而应学会研究鲜活的教育案例，写一些教育随笔之类的短文，甚至可以从写教育日记开始。切入口要小，一事一议，以小见大，短小精悍。这样写出来的东西，内容实在，具体可感。一旦"豆腐块"的随笔写好了，"大块头"的教育科研文章也就容易写了。

四、读与写应高度融合

从更深处看，在读书与反思的同时进行写作，可以促进教师专业化发展，从而实现自我人生层次的提升和生命的升华。谁都知道，读书是一种学习，学习的目的是增长知识，扩大眼界。读书的面可以广一些，但档次一定要高。某种程度上，读书的档次对写作有直接影响，大体上决定了写作的档次。当然，还要有自己的思想、人格和认识。只有思想与人格上去了，写作才可能有高度；只有认识深刻，才能写出有深度的文章。为什么鲁迅、老舍、巴金、冰心、茅盾、钱锺书等老一辈作家能够写出好文章、好作品？我想这和他们读书的档次和积累的“厚度”有很大关系。何况教师是天生的职业读书人，活到老学到老，方可为师。

说到这里，我愿再引史学大家钱穆在给自己的孙女回信时说的话：“《论语》之外，须诵《孟子》《大学》《中庸》与《四书章句集注》。《庄子》外，须诵《老子》。四书与老庄外，该读《史记》，仍盼能背诵。”能说出这样一番话的人，读书功夫绝非一般，正是这种功夫，成就了他的《国学概论》《先秦诸子系年》《朱子新学案》等一批被誉为“占领学术制高点”的杰作。尤其是《论语》，古人说“半部《论语》治天下”，“天下”都可以治，教育就更不用说了。

在今天，并不奢望小学教师中有个叶圣陶、中学教师中有个朱自清，只希望我们这些为师者能在繁忙的事务中抛弃浮躁，安定自己的内心世界，排除外界的干扰和诱惑，不被外物所役，不被名利所困，不人云亦云，不随波逐流，坚守精神家园，不断地读书学习和写作，做一个静心求学、潜心修炼的读书人。我不能想象，一个不读书的教师，他在新课程的课堂上还能教书吗？不读书，就意味着没有科研，就意味着非专业状态。因此，我认为，教师不仅要把读书与教书结合起来，还要把读书与写作结合起来。正如叶圣陶先生所说：“教师善读善作，深知甘苦，左右逢源，则为学生引路，可以事半功倍。故教师不断提高其水平，实为要图。”

读书要学以致用

教师的专业发展离不开读书,但只读书不思考,用处不大,而光思考不行动,则空洞无趣。宋儒程颐说得好:“读得一尺,不如行取一寸。”清人张潮也说:“藏书不难,能看为难;看书不难,能读为难;读书不难,能记为难;能记不难,能用为难。”这些话,语言虽简,却道出了读书的根本。当前,我国正处在教育改革发展的关键时期。越是在关键时期,越要加强读书学习。事有所成,必是学有所成;学有所成,必是读有所得。阅读滋养底气,思考带来灵气,实践造就名气。读书不是目的,写作也不是目的,掌握真理、指导实践是最终目的。那么在当下,作为“教书育人”的教师,我们应怎样提高读书的有效性,真正做到“学以致用”呢?

一、读书要学理论,但更要切合实际

读书是为了获得知识,提升理论素养。但是,书不是一切。读书是人生经验中重要的部分,却不是全部。因此,我认同《从文自传》中的一句话:“我读一本小书的同时读一本大书。”作家沈从文所说的“大书”,指的是自然和世界、社会和人生。换言之,既要读书本,又要读宇宙万物、社会人生。

美国首任总统华盛顿有一句话说得好:“读书而不能运用,则所读之书等于废纸。”换句话说,如果我们读书不能联系生活实际,不能运用于实践,就是古人所说的“学而不能行,谓之病”,就是读死书、死读书。用老百姓的话说,就是“书呆子”。孔子曾言“古者言之不出,耻躬之不逮也”(《论语·里仁》),“敏于事而慎于行”(《论语·学而》),都表达了行胜于言的观点。《墨子·修身》则谓:“士虽有学,而行为本焉。”意思是:读书人光有学问还是不够,只有亲身实践,才是做人的根本。《礼记·中庸》将“博学之,审问之,慎思之,明辨之,笃行之”作为立身立业之基,其中“笃行”,不可或缺。

宋代大诗人陆游在《冬夜读书示子聿》诗中说得更为明白:“古人学问无遗力,少壮工夫老始成。纸上得来终觉浅,绝知此事要躬行。”古人尚且知道“理论联系实际”,我们更应该明白“学以致用”的道理。任何时代的学习,都必然带有那个时代的深刻烙印。兴起于宋代、发展于明末、盛行于晚清的经世致用,是中国古代读书人追求的最高境界。日本近代著名启蒙思想家福泽谕吉在1874年写了一部有名的《劝学篇》,号召日本人民舍身卫国,使日本赶上先进国家。该书对文明的进步充满信心,并力言学问不只是读书和空谈理论,而必须与实际生活相结合。

还有一个例子大家也很熟:有一次,古希腊哲学家亚里斯提卜遇见一位爱夸夸其谈,自以为读了许多书的人,忍不住便上前说了这样一番话:“能够摄取必要营养的人要比吃得很多的人更健康,同样地,真正的学者往往不是读了很多书的人,而是读了有用的书的人。”而那位夸夸其谈者听了后,便羞怯地悄悄离去。这个案例从另一个角度告诫我们:读书不在于多,而在于读了有用。

而我们现在最大的问题是,知识与实践脱节。当代社会,传统意义上的书呆子,是越来越少见了。只是,读得书来,口会说,笔会写,脱离生活实际的事,还是时有所闻。中国人知道很多道理,就是不按道理做。中国成绩很差的孩子到美国都能当班长,当数学课代表。我们整个基础教育是非常扎实的，学者也是。大家知道，清朝人读传统文化书籍比我们多，但鸦片战争还是照样打败了，国家照样衰亡。这里原因固然很多，但“知而不行”是其中之一，学的道理不去做。世界上的道理并不多，你抱定一个道理，然后去实践它，你就是一个了不起的人。难怪有人讽刺一些知识分子，称其不是知识分子，只是一个“知道分子”。他从幼儿园小班开始到博士毕业，考试成绩都非常好，别人和他提到的事情，他全知道，但他并不能把这些知识运用到实际生活中。这个问题很值得我们深思，这是中国近两百年来落后的主要原因。对此，我同意刘震云的看法。他说：“我觉得我们中国什么都不缺，我们不缺人，因为中国人最多；我们不缺钱，因为现在世界上很多奢侈品店是靠中国人来支撑的。我们缺的是什么呢？……缺的是见识，是远见。”因为在我看来，读了书，并且有见识和远见，这才是真正的“学以致用”，才是真正的知识分子。

今天到了知识大爆炸的时代，“知而后行”显得更为重要。人们不仅学了以后要去做，还必须根据实际需要来学，也就是说，读书学习要有针对性、实用性。孟子说：“尽信书，不如无书。”我们所学到的知识，只有有效地运用到生活和实践中，才会发挥应有的作用。否则，就失去了读书的意义，成了真正的“百无一用是书生”，成了蒲松龄笔下的“书痴”。

所以，教师要读书，更要实践，用《论语·子张》中的话说，“君子学以致其道”，即“学以致用”。朱熹主张读书要切身体察，“读书穷理，当体之于身”。就是要心领神会，身体力行。法国作家罗曼·罗兰说：“要撒布阳光到别人心里，先得自己心里有阳光。”教师相对于学生而言，是知识的播种者、智慧的促生者、心灵的塑造者、道德的引领者。因此，教师不应该自甘平庸。要做一个好教师，就要结合本职工作认真去读一些书。教师读书的目的是什么？提升自我，成就自我，完善自我。而这一切，都是为了更好地提升学生、成就学生、完善学生。所以，有兴趣的东西，我们要学；没有兴趣的东西，我们也要学。教师读书不能只凭个人的兴趣，还要看需要而定。有人对年轻人提了这样三条建议:第一是读书与思考;第二还是读书与思考;第三不能老是读书与思考。换句话说就是要行动起来。毛泽东同志曾说过:“读书是学习,使用也是学习,而且是更重要的学习。”可见,实践是最重要的,如果不在实践中去使用和检验书中所讲的道理,那就是“本本主义”,就是“读死书”了。

二、读书有消遣,但更多的是使用

从一定意义上讲,书是为人服务的。因此,我们不能读死书,要把书读“活”。人之读书,可以有多种目的,但大略说来包括两类:一类是消遣,读什么书没有固定的标准,凭自己的兴趣,喜欢读什么就读什么;一类是使用,即抱有功利性目的的读书。消遣犹如消费,使用转化为创造。德国学者伊·卡内蒂说,有一种人叫书迷鬼,“书迷鬼看到所有的书,无论什么书都可以,只要读得懂就行”。这是一种爱好兴趣、一种生活方式。他们不愿聊天、不愿打牌、不愿旅行,就是愿意面对书籍,这是非功利的。但对大多数人来说,读书还有功利性的一面,比如古人的“学而优则仕”,读书是为了做官。如今,读书也有许多用处。比如你准备做一个研究,或者搞一个课题,或者想弄明白什么、回答什么问题的时候,目标明确、有方向、有系统地阅读就显得非常重要。

教师是离书本最近的群体,教师读书不仅是涵养自己,还应该把读书与教书结合起来。从一定意义上讲,“读书不难,其用难”。记得陶行知先生曾经说过:“我们应该明白,书只是一种工具,和锯子、锄头是一样的性质,都是给人用的。我们与其说读书,不如说用书。”作为一名教师,最忌讳的是“就知识讲知识”,不会用书,不会创造。如果一个数学老师只会讲解公式,那学生怎么会感兴趣呢?教师应该通过自身的阅读,充分解读公式背后的故事,拓展公式修正的过程,这样更能打开学生的学习视野。语文老师的知识结构更要宽泛,在课堂上能旁征博引,触类旁通。其实,每个教师都应该培养阅读习惯,这样才能提高教学效益。语文特级教师张万祥在《优秀教师的30本案头书》的序言中说:“最优秀最幸福的教师,一辈子只做两件事——读书,教书。读书是利己的,教书是利人的,而教师的幸福正在于,这两者是完全一致的。”由此看来,教师要在讲台上直挺挺地站着,肚子里没有几本书撑着是不行的。教师的书架上没有书,就好像农民秋收后的粮仓里没有种子。当书架上只剩下“教科书和参考书”,当书架成为书香飘走的地方,教师就开始了远离阅读的苦旅。特级教师王栋生曾感慨地说:“教师的个人修养直接作用于学生,不读书的老师怎么教好新时代的学生?”

三、读书为已,但亦利人

教师要在读书中充实自己,发展自己。教师在读了一些书、思考了一些问题、积累了一些知识后,就要注意把这些思考和知识转化到实践中去,大胆尝试,努力改进教学,提高教育质量,引领学生成长。比如,我国古代文学长廊中有许多优美的篇章,它们吸引着人们去阅读欣赏。那优美的词句、铿锵的音节、深厚的内涵,无不陶冶人们的情操,打动读者的心。将古典诗词引入写作或教学中,既可增加文采,又可彰显你的文化内涵。只教书不读书,教书可能成为“教死书”,或是无书可教了;只读书不教书,“躲进小楼成一统”,不去实践,没有实践的检验。没有行动和研究,读再好的书也只能是“纸上谈兵”。大家知道,战国时的赵括“纸上谈兵”,食古不化,以致兵败误国。同样,今天如果我们教师读书不结合实际,不求实效,轻则害己,重则危害学生和教育事业。

因此,教师读书一定要讲求实效,把读书与教书结合起来,在教书的过程中多读书,通过汲取书中的营养以用之于教书。古人说的“读万卷书,行万里路”,也是这个意思。对顾炎武的这句话,人们的一般理解是,一个人做事或做学问，一方面要读书，另一方面也要实践。其实，这句话还有一层意思，“是说读书与实践两者有互动互构的关系。实践越多，体验越多，那么读书才能读懂读透；反过来，读书越多越深，实践就越自觉，收益就越大”（童庆炳）。因此，对于读书来说，除了消遣娱乐，我们总应该有一个目标和追求。只有坚持学以致用、用以促学、学用相长，把读书与工作、事业结合起来，才能真正把学习的收获转化为教师发展的实际本领，并从中获得源源不竭的动力。读以为学，可以增加知识；学以致用，可以把工作干得更好。这样，读书也就有了非同寻常的意义。著名教育专家顾冷沅，曾在上海市青浦县（现为青浦区）任中学教师十余年，边读书边实践，笔记记了 100 本，主持青浦农村教改实验十五年，其研究成果被中国教育学会评价为具有重大的理论价值和实践价值。著名特级教师赵谦翔，他的语文教学之路，发动于读书、升华于读书，他把课外读书与课内教学挂钩，开创了“青春读书课”，语文课堂活水绵绵，生机无限，学生获得了素质提升和决胜高考的“双赢”。可见，对教师来说，读书的最高境界是将需要与兴趣结合起来，头脑中始终装着“教育”两个字。

读书要善于选择

英国作家阿瑟·柯南道尔认为，读书一定要有选择。他曾借用福尔摩斯之口说："人的脑子本像一间空空的小阁楼，应该有选择地把一些家具装进去。只有傻瓜才会把他碰到的破烂杂碎一股脑儿装进去。"他还说："漫无目标，无书不读的人，他们的知识是很难精湛的。"这些话对我们不无启发！

读书要有所选择，在今天看来，显得十分重要。也许有人会说，博览群书是古人所提倡的，现在我们为什么非选择不可？我们知道，西潮东渐以前，中国有的学者曾有"读尽天下可读书"的抱负。但是，今天的博览群书，和古人的博览群书，还是有差别的。古时候书少，很多书是以诗词、文言文的形式写下来的，言简意赅。即便是古代散文，每一篇也不长，博览群书比较容易。而现在这个时代知识大爆炸，书太多，各类图书让人眼花缭乱，各种读本纷涌，长篇巨制铺天盖地，我们大概只能选择自己最想读或必须读的书来读了。

大家知道，当代著名学者钱锺书一生读书无数。有一次，他到美国访问的时候，去参观国会图书馆，图书馆里的人因其藏书量很大而骄傲，同去参观的人也无不为之惊叹，只有钱锺书一个人默不作声。图书馆里的人问他有什么观感，他忍不住笑着说："我也充满了惊奇，惊奇世界上有那么多我所不要看的书！”这话看上去是风趣，客观上却是事实，一个人不可能读完所有的书。19世纪英国作家罗斯金说过，一个人“生命是短暂的，空余时间很少，因此我们不应把一刻空余时间耗费在阅读价值不大的书籍上”。

所以，今天我们既要提倡多读书，同时又要有选择意识，要多读好书。其实，看一个人的气质和学问，最简单的办法，就是看他读过什么书。毛泽东同志是我党历史上爱读书、会读书的领导人，他早年常说：“读书要为天下奇。”他所说的“奇书”，不在择读之量，而在择读的内容和效果。毛泽东的择书，排在前三位的是哲学、马列和文史。尤其是毛泽东到晚年时，仅《红楼梦》便阅读和收藏了二十种不同版本的线装书。当然，那些与他的实践活动关系不大的书籍，他也有选择地阅读。除《红楼梦》之外，我觉得，中国古人的著作，最令人仰慕的要算司马迁的《史记》了，鲁迅称之为“无韵之离骚”。当然，《论语》也是一部十分耐看的书。千百年后，我们读之，孔子和他的弟子们，仍然如闻其声，如在目前。

说到这里，我自然想起了古人的一句话：“开卷有益。”应该说，这句鼓励人们读书的话没有错。但是，这并不等于说读任何一本书都是“有益”的。尤其是自已以前没有看过的“新书”，一定要有所选择。美国哲学家阿尔考特曾说过：“好书使人开卷时会有所求，而闭卷时获有益处。”其实该读什么书、不该读什么书，或者在什么年龄段该读什么书，历史上、现实中都有许多建议，著名的比如“少不读《水浒》，老不读《三国》”。所谓“少不读《水浒》”，因为少年血气方刚，易于冲动，看了《水浒》学里面的暴力英雄，会走上歧途；所谓“老不读《三国》”，或许是因为深谙世故的人读《三国》，洞悉其中的阴谋诡计，尔虞我诈，难免会愈加老谋深算、沟壑满胸，“老读《三国》是为贼”。

我一直认为，书是有等级的，是有好坏之分的。记得王充在《自纪》中评价文章好坏的标准时，说过这样一句话：“为世用者，百篇无害；不为用者，一章无补。”他所著《论衡》一书，便属于“为世用者，百篇无害”的好书，至今仍为人们所珍藏。有人说，书是人类的仓库，但仓库里藏的东西不一定完全是好的，也有霉的、烂的、不合用的。所以，一个人不能随便读书。别林斯基曾说，阅读一本不适合自己阅读的书，比不阅读还要坏。

如此说来，读与不读，粗读与精读，都要有所推敲。何况今天印刷术那么发达，出的书不计其数，版本也很多。比如《论语》一书，就有无数的版本，让读者不知道读哪个好。尤其是一些外国文学作品，不同版本，差别很大，一定要选名社、名翻译家的版本。另外，还有内容、文字等方面，都要有所选择，学会取舍。比如读书破万卷的袁晞，近二十年一直在人民日报社工作，是《人民日报》文艺部的一名高级记者。他的择书标准是“都看一流的”，从不迷信获奖作品。他说，“经典是人类文化积累的优秀成果，是从全世界千百年间浩如烟海的书籍中精选出来的”，而某些获奖的中国小说，仅仅只是从中国的千本书中选出来的，“某些评委还有不公正之嫌，比较而言，读者当然应该读前者”。除经典外，他还主张应该尽量多读一手的原著。

中国有一句老话：“尽信书不如无书。”要做到这一点，我们不仅在面对书海时要学会选择，在面对同一本书时，也要善于对其内容进行选择。现在的一些图书，平庸陈旧的内容比较多，真知灼见比较少，书中的很多话别人其实都说过了，不过是改头换面炒冷饭，如果我们捧着这样的书籍，还一本正经从头读到尾，岂不是浪费时间？

问题是，在阅读过程中，我们该如何选择书籍呢？择书是个技术活，你所选定的书籍在很大程度上代表着你的阅读水平和价值取向。不同品位的读书趣味，不同方向的利益取向，会影响人们的读书选择。2012 年 3 月 19 日，《人民日报》曾刊文《领导干部应该读什么书》，披露贪官的读书菜单与他们的贪腐行为存在相当的关联度。比如，胡长清喜看《肉蒲团》《金瓶梅》，而辽宁沈阳原副市长马向东钟情于《赌术精选》《赌术实战 108 招》。文章称干部读书不仅是爱好问题，更是严肃的价值观问题。其实，读什么书，不光是干部的问题，也是我们每一个人都必须注意的问题。

人生太短，好书太多，对不值得去读的书，那就干脆不要读。那么，什么样的书是值得读的书呢？具体地说，你在书店里，或者在图书馆里，拿起一本书，应该怎么取舍呢？余光中先生在《开卷如芝麻开门》的文章中有一段论述颇为精妙：

> 朱光潜说他拿到一本新书，往往先翻一两页，如果发现文字不好，就不读下去了。我要买书时，也是如此。这种态度，不能斥之形式主义，因为一个人必须想得清楚，才能写得清楚；反之，文字夹杂不清的人，思想也一定混乱。所以文字不好的书，不读也罢。有人立刻会说，文字清楚的书，也有些浅薄得不值一读。当然不错，可是文字既然清楚，浅薄的内容也就一目了然，无可久遁。倒是偶尔有一些书，文字虽然不够清楚，内容却有分量，未可一概抹杀。某些哲学家之言便如此。不过这样的哲学家，我也只能称之为有分量的哲学家，无法称之为清晰动人的哲学家。……一个作家如果在文字表达上不为读者着想，那就有一点“目无读者”，也就不能怪读者可能“目无作家”了。朱光潜的试金法，颇有道理。

这里，我还想补充两句，如果一本书拿起来觉得看不懂，无非有两种原因：一是作者故弄玄虚或词不达意，这种书当然没有读的必要；二是作者写得很好，但你现在的水平还达不到，这种书也不应该读，而应该等你过一段时间水平提高了之后再读。所以，不论哪种原因，对于书籍，只要你读不懂，就不该勉强自己去读。还有一点就是不要人云亦云，别人都说好的东西，并不一定适合你。尤其对于学生的课外阅读来说，更应该如此。真正的智慧都是相通的，智慧也绝不会只集中在哪一本书里或哪一个人手中，少读一本书，少看一个人的著作，天塌不下来。所以，选择书籍有一个很简单易行的办法：你拿起来，随便看五分钟，先看目录，再选读其中的章节。如果它在五分钟之内吸引了你，那就可以买；如果五分钟之内不能吸引你，无论是读不懂、不喜欢还是别的什么原因，就不要买。这个方法难免错过一些好书，但现在市场上书实在太多，不得不快刀斩乱麻，节约出选书的时间来读书。

这样看来，“善选”是阅读的前提。从很大程度上说，一个人的读书品位，是从其择书水准开始的。这种水准的培养不可能一蹴而就，它需要漫长的关注、反复的比较。孔子主张“三人行，必有我师焉，择其善者而从之，其不善者而改之”（《论语·述而》）。一个“择”字，说明了人的学习需要一定的判别能力。而卢梭在《爱弥儿》一书中指出：“问题不在于学到的是什么样的知识，而在于所学的知识要有用处。”金克木先生曾在一篇文章中，将阅读分为以下几种类型：跪着读的书——神圣经典；站着读的书——权威讲话；坐着读的书——为某种目的而进行阅读；躺着读的书——文艺类书籍；走着读的书——能自身与之对照，与之谈话的书。如果说校长更多的是坐着读、走着读，那么教师则更多的就是跪着读、站着读和躺着读。

原则上说，没有哪本书是必须要读的。但事实上，有些书对一个人的精神成长往往具有基本价值，是民族的文化之根。正如《圣经》之于西方人，孔孟、诗骚、李杜、《红楼梦》之于华人，莎士比亚之于英国人，泰戈尔之于印度人，等等，都难以绕过。毫无疑问，这些书对一个人的思想启蒙而言，你读和不读是不一样的。

回想自己的读书生活，我觉得真正“有益”的，往往是重读时的感受。因为在我看来，真正称得上“百读不厌”的书，大都是那些最有价值的古今中外经典名著。于丹说过，阅读经典，真正的目标就是在任何时候，“我们每一个人都能找到自己的人生”。然而，现在有些年轻人常说“我就是我”，“我只愿意做我自己”，但却不知这个“我”，这个“自己”从哪里来。其实，我们从小到大都在不断接受传统文化的教育。在我们从一个自然人成长为一个文化人的过程中，经典阅读无疑起着不可估量的作用。作家巴金说：“我们有一个丰富的文学宝库，那就是多少代作家留下的杰作。它们教育我们，鼓励我们，要我们变得更好，更纯洁，更善良，对别人更有用。”这话说得多好啊！的确,文学的目的就是要使人变得更好,只要你愿意亲近它,你就可以从其中得到好的教育和美的享受。

而具体到中小学教师的工作实际与学习需求,我们当下应该读哪些书呢?在我看来,提升教育理论水平要阅读陶行知、叶圣陶、苏霍姆林斯基、霍华德·加德纳等中外教育名家的教育理论著作,魏书生、于漪、朱永新、李镇西、肖川等一批活跃在教育研究和实践前沿的老中青年实力派教育专家的著述;强化专业素养要读柳斌主编的《中国著名特级教师教学思想录》(分学科卷)以及雷玲主编的《听名师讲课》(分学科卷)、窦桂梅著的《梳理课堂》;拓宽知识和视野的要读一些报刊,如《读者》《新华文摘》等。特别是《新华文摘》,它是知识百科类的刊物,读一本刊物,就像树木扎根在丰沃的土壤里,汲取水分和各种养料。

如果要走向更有深度的阅读生活,站在宇宙的高度看人生,站在人生的高度看教育,我建议教师要多读点教育以外的书。比如,多读一点关于历史和哲学的书。历史是一个民族、一个国家形成、发展及其盛衰兴亡的真实记录,是前人的"百科全书",即前人各种知识、经验和智慧的总汇。毛泽东同志在青年求学时期就曾说过:"读史,是智慧的事。"就是说:你要增加智慧吗?史书是不可不读的。读哲学不仅是为了获得哲学思想,更是为了获得哲学的思维方式。恩格斯早就指出:一个民族要站到科学的最高峰,就一刻也不能没有理论思维,而要发展和锻炼这种理论思维,唯有学习以往的哲学。一个民族是这样,一个人的发展也是这样。著名国画大师傅抱石的小女儿傅益瑶的画特别有深意。友人问她秘诀,她的回答是:我读哲学,哲学使人深刻,使人通达。有一点需要说明,中国的一些著作既是文学书,又是历史和哲学书。我们读的书还要超越各个历史阶段,如唐诗宋词、莎士比亚、西方现代派作品,等等,都可以根据自己的爱好和兴趣去选择。

读书时间是“挤”出来的

说到读书的客观条件，不用解释，我以为当今是有史以来最好的；而从另一个方面讲，其实读书是不需要什么条件的，不读书却有很多借口。小时候听过一首打油诗，其大意是：“春天不是读书天，夏日炎炎正好眠。秋来身乏不堪受，冬雪飘飘等来年。”这一首“不学调”，视读书为畏途，以各种借口逃避读书。今天，对那些在学习上想偷懒，不肯下功夫读书的人来说，仍有一定的现实意义。

人生在世，似乎每一天都不难找到推托的理由，却不知这样的借口越多，人生一事无成的概率就越大，终生碌碌也就无可避免。事实上，无论升学考试，还是结婚生子、评级提干……若要走得顺利、做得好，离开读书是不大可能的。我的意思，不是说不读书就无法生活，不读书固然也可以活下去，但读了书则可以生活得更好。这一点，我想大家都可以认同。

有道是：“读书永远不能等。”这句话有两层意思：一是要趁早，从小养成读书的习惯。儿童时代是记忆的黄金时段，记忆得快，忘得慢，这时多背一些经典，非但不会感到困难，还会有乐在其中的感觉。《学记》有云：“时过然后学，则勤苦而难成。”等到了成人的时候，即使费上大于儿童几倍的时间，也不可能达到儿童背诵的效果。著名作家、学者王蒙曾说过：“读书要趁早。

越是年轻时，读书印象越深。”经验证明，一个人在青少年时期倘若没有养成读好书的习惯，以后再要培养就比较难了；倘若养成了，则必定终身受用。二是要挤出时间去读。民进中央副主席朱永新说：“晚上读书，早起写作，几十年来已经形成了我的生物钟。我的大部分文章都是利用别人休闲娱乐的时间完成的，所以我坚信，阅读、写作的时间挤挤总是有的。”

朱自清在散文《匆匆》里写道：“燕子去了，有再来的时候；杨柳枯了，有再青的时候；桃花谢了，有再开的时候”，但是，我们的日子却一去不复返了。有道是，时间是一个无头无尾的序列，昨天已经逝去，明天还没有到来，可以抓得住的就是今天。所以我常想，补昨天之非，创明天之是，必须通过今天的努力。时间，对每个人都很公平。有没有空儿阅读，不在时间，在人。有句话说：“改变不了环境，可以改变自己。”尤其是在这样一个生活和工作节奏日益加快的时代，已经很难找到西窗高卧的闲暇。如果等有时间才阅读，可能永远都不会有时间。

古今中外，凡是在历史上有所作为的人，无不把时间视如生命般可贵。爱因斯坦在给他的妹妹的一封信中说：“除了读书之乐外，我从不允许自己把一分一秒浪费在娱乐消遣上。”一次有一位老朋友来看望他，当面问爱因斯坦：“现在你想要些什么东西？”爱因斯坦回答说：“我只希望还有若干小时的时间，让我能够把这些稿子整理好。”斯大林也比一般人更懂得时间之可贵，他说：“我是很忙，但无论如何我每天要读500页书……这是我的定额。”鲁迅先生则把别人喝咖啡的时间都用在读书写作上了。散文家、诗人赵丽宏说他从小就喜欢读书，走路读、吃饭读，连上厕所也读，“总觉得如果不抓紧时间，就没有时间读书了”。确实，时光匆匆，今天还来不及回味就已忙不迭地变成了昨天。北宋大文豪欧阳修曾总结读书最佳处所为“枕上、厕上、马上”，被称为“三上读书法”，堪称利用零碎时间的典范。

如此看来，读不读书的关键并非是“有没有时间”啊！只要愿意读，便时时都是读书时。华东师范大学中文系教授陈子善说得好：“阅读是不是你内心的一种需要，这一点至关重要。而只要是内心需要，就会有主动去读的动力，再忙也能挤出时间来。”一个懂得生命价值的人，绝不会把一小时的光阴白白浪费掉。在我们的生活当中，常常有这样的“小时间”，它看起来很不起眼，只有十分钟、五分钟，但日久天长，积累起来将是一个十分可观的数字。林语堂说：“什么叫作真正读书呢？这个问题很简单，兴味到时，拿起书本来读，这叫真正的读书，这才不失读书之本意。”不知大家注意到没有，在北京、上海等地的地铁上，除了手机阅读和看电子书外，还有一些人拿着各种各样的报刊书籍阅读，你能说这不是在读书吗？这是真正的读书，并且是自由幸福的。所以，读书要见缝插针，想读就读；永远不要坐进书房才阅读，任何地方都可以阅读；永远不要有用才读，急功近利、立竿见影是妄想。

其实，真正想读书，什么时候都不嫌晚。如唐代著名诗人陈子昂，少年时豪放任侠，好与乡间博徒交游往来，游猎赌博，是个标准的“富二代”。18岁后，方始读书。“浪子回头金不换”，他一旦立志从学，便“谢绝门客”，发奋苦读，遍览经史百家。三年之后携带个人作品入京，砸琴换名，一时洛阳纸贵，他成为唐诗复古革新运动的一面旗帜。北宋作家苏洵亦27岁才发奋读书，最后名列“唐宋八大家”之一，尤其是他的言传身教，对苏轼、苏辙兄弟的人生与创作都产生了很大的影响。身居海外的当代华文女作家方丽娜，第一次捧读《红楼梦》时，已经三十有五。画家、作家陈丹青说他直到40岁，才在纽约读了《三国志》《水浒传》和《红楼梦》等经典名著。因此，越剧表演艺术家王文娟说：“多读书，读好书，用经典作品充实生活；活到老，学到老，读书永远不嫌太晚。”从某种意义上讲，这话也不无道理。

读书和写作必须“站在巨人的肩上”

一个成功的人需要吸收历史上累积下来的成果，并且与当下的实际联系起来。人生很短，无论一个人多聪明，多有天分，也不可能漠视几千年来人类创造的成果。这是人们了解自然、了解人生、了解人际关系累积下来的经验与智慧，不是一朝一夕所能够成就的，所以一个人通过读书来获得知识是非常必要的。因为，一个人在生活中直接向别人学习的经验是极其有限的，但是通过读书间接向别人学习则是无限的。

通常说，世界名著之所以成为世界名著，除了语言之美，更重要的是能给读者提供一种人生思考和思维的方式。正因为如此，读书治学必须借助前人，按牛顿的说法，就是“站在巨人的肩上”。有人曾批评这句名言，说含有骄傲自得的成分。其实，这正好说明牛顿的博大与谦逊，它旨在告白：自己并没有什么了不起，只是借鉴前人做了一点创新而已。事实上，我国的许多经典著作，若不是经过后人的诠释和发明，不仅不能流传至今，即使流传至今，也不可能引起人们阅读的兴趣。经典之所以不是“死的东西”，是因为它经历了后来学者不断的诠释，并加入他们自己的见解和发明。今天，如果我们不读《十三经注疏》、不读朱熹《四书章句集注》，仅凭个人的知识基础去解读儒学经典是有一定困难的。可见，学术研究需要借助前人的研究成果，并以之为基础“回到原典”。这种善于借鉴、有所创新的经典阅读，才是最有价值和意义的阅读。

从文学创作看，在借鉴基础上创新的例子亦并不少见。如晏几道《临江仙》中“落花人独立，微雨燕双飞”两句，套用了五代翁宏《春残》诗中的句子。原诗云：“又是春残也，如何出翠帷？落花人独立，微雨燕双飞。寓目魂将断，经年梦亦非。那堪向愁夕，萧飒暮蝉辉。”这两句在翁宏诗里并不出奇，可是晏几道将它用入词里却恰到好处，成了传诵千古的名句。这是因为它在翁诗里，意境并不怎么完整，加上下接“寓目魂将断”，又有些点破。而到了晏词中却能和谐融贯，情景交融，与全词浑然一体，不明说春恨，而以境界会意，比之翁诗，显然要出色得多。所以谭献《复堂词话》称之为“名句，千古不能有二”。又如苏轼《水调歌头》开头两句：“明月几时有？把酒问青天。”可能是从李白“青天有月来几时，我欲停杯一问之”(《把酒问天》)的诗句中受到过启发的，所以郑文焯说这首词“发端从太白仙脱化”(《手批东坡乐府》，苏东坡因此得了个“坡仙”的雅号)。所谓“脱化”，就含有创新的意味。前人的诗句，经过苏轼稍加变化，感情变得更加强烈，一开始就把读者带入异常开阔的境界，造成先声夺人的艺术效果。

从一定意义上说，人类社会之所以不断进步，正是由于科学文化知识不断传承和创新的结果，这既需要前辈甘于做“人梯”，更需要后辈勇于不断攀登高峰。这正如田径运动中的接力棒，每人都只能跑完自己那一棒的路程。当然，在学习借鉴前人的同时，对所读之书还有一个消化吸收的过程，用心理学的术语来说，就是一个“内化”的过程，一本书也罢，一个思想也罢，只有经过这个过程才能转化为自己的知识和财富，“内化”为自身的素质。就书籍本身来说，也是这样。如果打开一本书，里面尽是作者一个人的倾吐，丝毫不见对同一话题别人意见的讨论或借鉴，那么，这本书通常是不值得读的。以大家熟悉的马克思为例，他的《资本论》的文献引用就是一个非常系统的经济思想史学习指南。所以吕叔湘先生说：“阅读的本领学会了，自己写文章就不难了。”从一定意义上说，学会写作大都是从模仿开始的。没有大量的阅读、学习、模仿和借鉴，是写不出来优秀作品的。因而，请记住俄国作家列夫·托尔斯泰的一句名言：“吸取你的前辈所做的一切，然后再往前走。”这才是人生的一条正确之路。

读书贵在持之以恒

历史上，对读书，我们有读《易》"韦编三绝"的先贤孔子，有"头悬梁"的孙敬和"锥刺股"的苏秦，有"凿壁借光"的匡衡，有"映雪读书"的孙康……他们以自己的刻苦和坚毅传承着中国文化，也为世代的读书人树立了榜样。

当今的时代，也许我们从书中读不出"黄金屋"，读不出"颜如玉"，但阅读毕竟是一个人终身的事情。况且，我们已进入一个开放的、多元文化激荡的时代，科学技术迅猛发展，每个人都要把读书学习作为日常生活中不可缺少的一部分。但是，读书治学是需要毅力的。

一、没有极大的毅力支撑，是很难将阅读坚持到底的

读书治学是一项艰辛复杂的脑力劳动，坚持读书学习是一件很不容易的事情。读书之法，贵在持之以恒。不能心血来潮，高兴时拼命读，兴头过后就将书丢弃一旁。真要读书，须善耐寂寞，甘守孤独，坐得住冷板凳。古人云："贵有恒，何必三更起五更睡；最无益，只怕一日曝十日寒。"白纸黑字的阅读是个"苦中有乐，乐中有苦"的过程，没有极大的毅力支撑，是很难将阅读坚持到底的，正所谓"一天爱读书容易，一辈子爱读书不易"。

读书治学要有毅力。毅力是有力量的,凭勤奋和毅力可以水滴而石穿。在阅读的时候,我们要耐住寂寞,不怕孤独,专心致志。只要我们持之以恒,坚持不懈,咬定青山不放松,养成一种"板凳甘坐十年冷"的读书习惯,就一定能够达到理想的境界。中国(重庆)有句俗话,叫作"心急吃不得热汤圆";说得稍微文雅一点,就是"一口气吃不成一个胖子";再文雅一点,就是"欲速则不达";再文雅一点,就是荀子所说的"不积跬步,无以至千里;不积小流,无以成江海"(《劝学篇》)。无论表达方式是俗是雅,其意思都是一样的:任何成功或进步都是一点一滴不断努力的结果。例如,被誉为"百家讲坛最佳学术主讲人"的河南大学文学院教授王立群先生,说他以前在一所小学里做代课教师,"文革"开始的时候,学校的图书馆被砸烂,被洗劫一空,唯有一部残破的《史记》被人扔在那里。在那"无书可读"的年代里,王先生捡到这部残破的《史记》,如获至宝,一读就是四十年,终于成为一位著名的《史记》研究专家。

二、读书治学和做人一样,要有持之以恒的精神

战国时期,张仪在各诸侯国从事游说活动,说服各国采纳他的主张,游说数年没有成功,还受到很大侮辱。回到魏国故乡,他的妻子劝说他不要再搞游说术了。张仪对妻子说:"你看看我的舌头还在否?"他的妻子笑着说:"还在。"张仪说:"有舌头在就足够了。"后来张仪自荐成功,担任秦相,说服各国服从秦国,瓦解齐楚联盟夺取楚汉中地,辅秦惠文君称王。惠文君即位后,他回魏国为相。试想,如果他"不锲而舍",那恐怕就不能成就后来的事业了。

知名作家方益松曾写过《蜗牛的壮举》,大意是讲一群蜗牛靠着自己的力量,坚持不懈地爬上了世界著名建筑胡夫金字塔的顶峰。这个故事的真实性如何我们暂且不论,但它给我们的启示是:像蜗牛如此速度的,也能达

到它们理想的顶峰，这世界上的事，靠的就是一个毅力，坚持不懈，你就能成功。

让我们再看一个美国人的人生轨迹：21 岁——生意失败；22 岁——角逐议员落选；23 岁——再度生意失败；26 岁——爱侣去世；34 岁——角逐联邦众议员落选：36 岁——角逐联邦参议员再度落选；47 岁——提名副总统落选；49 岁——角逐联邦参议员落选。这个“大失败者”，就是亚伯拉罕·林肯。无数次的失败，没有让他泄气，反而激发了他强大的信心与敬业热忱，他始终坚持不懈，终于在 52 岁时登上了总统宝座，成了名垂千古的伟人。

人生如此，读书和做学问也是一样，要有坚持不懈的精神。清朝咸丰年间有个武官叫张曜，因苦战有功，被提拔为河南布政使。他是个文盲，常受朝臣歧视，御使刘毓楠说他“目不识丁”，因此改任他为总兵。他受此耻辱，从此立志要好好读书，使自己能文能武。张曜想到自己的妻子很有文化，回到家要求妻子教他念书。妻子说：要教是可以的，不过要有一个条件，就是要行拜师之礼，恭恭敬敬地学。张曜满口应承，马上穿起朝服，让妻子坐在孔子牌位前，对她行三拜九叩之礼。从此以后，凡空余时间，都由妻子教他读经史。每当妻子一摆老师的架子，他就躬身肃立听训，不敢稍有不敬。与此同时，他还请人刻了一方“目不识丁”的印章，经常佩在身上自警。几年之后，张曜终于成为一个很有学问的人。后来，他在山东做巡抚时，又有人参他“目不识丁”。他就上书请皇上面试。面试成绩使皇上和许多大臣都大为惊奇。张曜在山东任上，筑河堤，修道路，开厂局，精制造，做了不少利国利民之事。因为他勤奋好学，死后皇帝谥他为“勤果”。在这方面，现代国学大师陈寅恪更是一个典范。赵元任的夫人杨步伟回忆说：“那时在德国的学生们大多数玩得乱得不得了，只有孟真（傅斯年）和（陈）寅恪两个是‘宁国府门前的一对石狮子’。”意思是说，他们对读书对做学问颇有定力。这种咬定目标、坚持不懈的定力，值得我们学习。

在我们生活中，读书学习应该是每个人一辈子的事情，是终身的“功课”。所谓“活到老，学到老”，主要指的阅读。就个人气质、品位、修养而言，主要取决于人文阅读。一个人，如果没有专业之外的人文阅读，很难说他具有多高的文化修养与品位。

三、读书和写作一样，都是慢功夫

而今是信息时代，是云计算时代，一切都变得“神速快捷”。不过，读书和写作一样都是慢功夫，切忌浮躁。比之于吞咽文化快餐，阅读经典和写作无疑是艰难的、缓慢的，但却是人生修炼与素养提升的必由之路。著名作家贾平凹曾经戏说“作家”就是“坐家”，真是调侃到家了。

举例来说，东汉时期著名思想家、哲学家王充为了写《论衡》，仅收集的资料就堆了一屋子。他运用从书中获得的知识，不辞辛苦闭门潜思，花费了好几年时间和辛勤的汗水，终于完成了一部 30 卷 85 篇的巨著《论衡》。还有大家都熟知的武侠大师金庸。当年，他在香港办报，身为报社老板，每天亲自写千字的小说（连载）和千字的评论，而且一写就是二十年，这不能不说是一种毅力。据说，当年傅斯年在任中研院史语所所长时，定下“三年内不许发表文章”的规矩，即：所有刚进史语所的助理研究员三年内不写文章；即便写了，也不许发表。傅斯年这样做，可谓用心良苦。因为做学问不能着急，要持之以恒，厚积薄发。著名表演艺术家卢燕曾说：“所有传奇的背后是勤奋，是执着，是笨鸟先飞，是努力耕耘。”因此，我赞成一位论者的话：“比知识更重要的是方法，比方法更重要的是方向，比方向更重要的是态度，比态度更重要的是毅力。”

应该说，毅力是一种精神、一种追求、一种力量。从许多优秀教师的成功之路来看，他们的成长和成功都有一个共同的特点，就是在繁重的工作同时，能耐得住寂寞，并且锲而不舍地坚持读书学习。如“十几年来，做过大量的调查，阅读了上千万字的著作，分析过数万个学习个案，统计处理了无数的数据”的特级教师、西南大学教育学院教授龚春燕，“在最初的几年，阅读了 50 多部理论书籍和 2000 多本教育期刊，撰写了 100 多万字的笔记”的特级教师、江苏省苏州工业园区第二实验小学副校长徐斌，“几年来阅读量达 300 万字，记下了 20 多万字的读书笔记”的特级教师、清华附小校长窦桂梅，等等。这也说明了一个道理：有志者事竟成矣！没有毅力，读书治学之成功则无从谈起。毛泽东在谈读书时曾强调，“坚持数年，必有好处”。如果说“坚持数年”是量的积累，那么“必有好处”则是质的提升。

第三辑

人文阅读

国维说:“凡一代有一代之文学。楚之骚,汉之赋,六朝之骈语,唐之诗,宋之词,元之曲,皆所谓一代之文学,后世莫能继焉者也。”(《宋元戏曲考·自序》)除中国古典诗文外,还有戏曲、小说等,都是人文阅读的重要内容。

曾国藩说得好:“唯读书可以改变人的气质。”对教师而言,加强人文阅读,不仅可以改变人的气质,也是实现专业成长的有效方式。因此,教师除学习本体知识外,还要多读一些“无用”的书,以丰富其文化底蕴,提升自身专业能力和教育境界。

读书：提升语文教师文化素养的有效方式

一、问题的提出

对于一个人来说，素养提升是一辈子的事，是多少钱也买不来的。一个人就是一个世界。有的人的世界大得能够包容天下，有的人的世界小得甚至连自己也容不下。为什么有如此大的差距？我认为与他的知识、学养有关。而文化素养，对语文教师的专业成长是至关重要的。

笔者曾在一本书中看到这样一个笑话：中国古代有一个县官，他的官是花钱买来的，文化很低，升堂时看到一个犯人叫"金止未"，他不认识，就喊"全上来"，堂下的犯人全部都上来了。他又看到一个犯人叫"郁卞圭"，又大喊一声"都下去"，所有犯人又都全部退了下去。这样的笑话，在教师中可能不大会有。但有些教师由于学习不够，知识面不广，文化底蕴不深，有时课堂上难免会念错字，说错话，而处于尴尬的境地。

语文教师文化素质的提升有很多途径，但读书学习是其中的一个重要方面。不读狄更斯、拜伦，怎么理解英国？不读罗曼·罗兰、雨果，怎么理解法国？不读托尔斯泰、屠格涅夫、普希金，怎么理解俄国？不读杰克·伦敦、欧·亨利，怎么理解美国？还有中国的《红楼梦》、古典诗词等，都应该系统地学习。

特级教师王栋生曾说:“对一个教师来说,他的时间表的分配应是七分读书三分教书。”可见;作为一名教师,我们首先应该是一个读书人。据说,有个学生在美国读博士,听无机化学课,教授借用莎士比亚《李尔王》中的一句台词来说明一个现象,顺便说起莎士比亚戏剧,一说就止不住了,说了两个小时。来自世界各国的博士生,没有哪个不吃惊,没有人认为他“上课跑题”,而是认为“化学太了不起了”。这个案例告诉我们:教师要有广博的学科知识和深厚的文化素养。尤其是语文老师,不仅自己要多读书,还要善于引导学生阅读。只有教师真正喜欢读书,爱好文学,拿自己的研习积累和心得同学生交流,不人云亦云,才能起到一个很好的“点燃”和“带入”作用。如果在此基础上,教师还能于知识学养的纵横辨析、归纳演绎中化用自己的教学智慧,就不愁吸引不了学生。

南京市北京东路小学校长孙双金认为,要上好课,一要有扎实的功底,二要有精彩的设计,三要有真挚的情感。三位一体,缺一不可。而这扎实的功底,不是立竿见影的东西,是要靠积累的。真正意义上的优秀教师,不但教学水平高,而且还有其“诗外”的功夫。这让我想到苏霍姆林斯基的故事。有－次苏霍姆林斯基去听一位老师的课。听课时他有一个习惯,记下执教老师的教学环节,课后点评。可那节课实在是太吸引人了,直至下课他笔记上也没记下一个字。他问那位老师:“你这堂课花了多长时间?”“直接时间是15分钟,但我一辈子都在备这堂课。”可见,知识是需要积累的,优秀教师的“功夫在课外”。“台上一分钟,台下十年功”,说的是演员,教师又何尝不是如此?

二、学好本体知识

语文特级教师于漪老师在《用精神的成长创造使命的精彩》一文中指

出："而今，我们不少语文课泡沫很多，缺乏扎实的本体知识，缺乏学术含量、文化含量。"

因此，作为中小学教师，我们首先要学好本体知识。本体知识，即特定的学科知识，它是教师的看家本领。经典古诗文是我国文学史上的一颗璀璨的明珠，也是语文教师本体知识的重要组成部分。尤其是诗歌，从第一部诗歌总集《诗经》开始，经过近两千年漫长的发展、演变，到了唐代，无论是体制的完备，还是题材的多样，无论是意境的深邃，还是韵律的精严，无论是揭示生活的深度，还是反映现实的广度，在封建社会，已达到了不可企及的境界。所以，鲁迅先生曾风趣地说："我以为一切好诗，到唐已被做完。以后倘非能翻出如来掌心之'齐天大圣'，大可不必动手。"（《鲁迅书信集》）

上海诗人赵丽宏也说过："我一直有个看法，就是中国的旧体诗在它那个时代到达登峰造极的地步，是不可超越的，写律诗大概超不过唐代，唐代的律诗在形式上、在艺术上已到达极致，写词肯定写不过宋人。"还有宋诗也有自己的特色，用启功先生的话说："唐诗是嚷出来的，宋诗是想出来的。"

唐的文化、宋的文化为什么有厚度？正如蒋勋先生在《"美"的最大敌人是"忙"》中所说："因为它看到大的，也关注小的。杜甫挤在难民里逃难，写出'朱门酒肉臭，路有冻死骨'。如果这十个字变成千古绝唱，我觉得不是诗的技巧，而是诗人心灵上动人的东西：他看到了人。同样那捧白骨，很多人走过都没看到。"

中国台湾诗人余光中曾以别样的眼光打量古典诗词，他说："我们是否可以学学江南可采莲'一诗的抽象构成，'一树碧无情'的抽象感，'北斗阑干南斗斜'的几何趣味……"

要知道，诗和词，在我国古典文学中一直有着举足轻重的地位，从来诗词并称。史上即有评论家对诗词的风格进行了总结，"诗家苍劲古朴"，词"贵香艳清幽"，故形成了"诗庄词媚"之说。

在表现手法上，"诗有赋比兴，词则比兴多于赋"。后来的元曲以"俗"为本色，表现手法则“赋、比多于兴”。

三、多读一点历史

除本体知识外，语文教师要多学一点历史知识。我们的教师，要有各方面的知识、各方面的修养，只有一个方面的知识和修养是不够的。从一定程度上讲，教师不应该只是学科教师，他首先应该是文化人。在教育教学中，一个教师如果没有人类文化大视野的支撑，没有对文、史、哲、法学、经济学和自然科学的了解，而仅仅将自己的目光局限在一个狭小的圈子里，便很难成为一个真正意义上的优秀教师。

历史是最好的教科书。“读史使人明志”，“历史是过去传到将来的回声”，能看到多远的过去，就能看到多远的未来。古代文、史、哲是不分家的。左丘明的《春秋左传》、太史公的《史记》、司马光的《资治通鉴》，都是以“志”著史的典范。尤其是《史记》，是我国第一部纪传体通史，也是我国第一部传记文学，被鲁迅称为“史家之绝唱，无韵之离骚”。还有诗歌，杜甫的诗被称为“诗史”。小说如曹雪芹的《红楼梦》，更是我国历史上最伟大的一部文学著作，它写尽了人世间的辛酸，写尽了一个家族的兴亡盛衰，是整个封建社会的缩影，也是一部清朝封建社会的百科全书。因此，要研究文学，必须要了解历史。人是活在历史中的。有了历史感，生活的深度就不一样了，精神的深度也不一样了。

四、不可不读哲学

哲学之于教师发展，犹如空气之于生命，是不可或缺的。正如冉乃彦先生在《中小学教师如何用哲学》一书中所说：“学哲学和‘用哲学’，是成为一名优秀教师的必由之路。”那么，什么是哲学，它对我们的人生有什么意义呢？有人说，哲学是寻找人之为人的存在根由的一种诘问。作为一个人，我们不得不问："我是从哪里来的，我要到哪里去？"从某种意义上说，"哲学赋予了人们一种'Choice（选择）'的眼光，使得你能够站在制高点上，可以看见别人看不见的东西，在人生的三岔路口更有把握"（俞吾金《哲学导论》）。

实际上，哲学是一种"大智慧"，它不仅包括"科学的世界观"，也包括"人生价值观"，二者是有机统一的。袁贵仁认为："学哲学可能更有意思，它可以融会所有学科，更有高度。"没错，哲学是一种境界。从哲学的角度来研究教育，揭示教育的本质和规律，会给我们带来新的教育思考和价值判断。有人说，看山有三种境界。一曰看山是山，二曰看山非山，三曰看山还是山。这里面的禅意哲思，对教育新常态下教师的理想追求和教育行为不无启发意义。

说到今天的中国教育，积弊深重，乱象丛生，归结到一点，也许正是因为缺少思想的润泽、哲学的思考。尽管我们大学里有一门课程叫教育哲学，但今天的教育，很多时候真的是与哲学渐行渐远。因此，我们要学习列宁的《哲学笔记》，读一读冯友兰的《中国哲学史》，林逢祺、洪仁进主编的《教师不可不学的哲学》等书籍。

在古诗文教学中，文、史、哲是三位一体的。柏拉图说得好："教育，从最高意义上讲就是哲学。"因此，我觉得教师一定要读点哲学，精神要做一点追究终极意义的努力。什么是哲学？哲学的原意是"爱智慧"，也就是说，研究智慧的学问就是哲学。因此，我们通常意义上的经典阅读，读的大都是文史哲与艺术等，也就是文学、哲学、历史及艺术作品。作为中国优秀传统文化的文史哲，当是中国文化的根系所在。其中不但有着智慧，也流动着思想。所以，大凡认真学习经典文化者，多能走进真善美的境界。人们从《论语》中学得智慧的思考，从《史记》中学得严肃的历史精神，从《正气歌》中学得人格的刚烈，从马克思学得人世的激情，从鲁迅学得批判精神，从托尔斯泰学得道德的执着。

近年来,难怪许多企业家和高管热衷于学习历史、文化、哲学和宗教。他们为什么会突然迷上了人文知识?有一个中欧国际工商学院毕业的大企业高管这样说道:“要论管理知识,最尖端的我们都了解了、掌握了。但到我们这个层次,发现要进一步提升,必须有大智慧。而大智慧,在管理学里面是没有的,都在文、史、哲里面。”企业家都认识到了这一点,何况我们教师?

五、不能没有美学知识

除文、史、哲之外,语文教师还要学习美学知识,培养学生的审美能力。郭沫若说过:“人的根本改造应从儿童的感情教育、美的教育着手。”美的力量,绝不亚于思想的力量。一个再深刻的思想都可能变为常识,只有一样东西是永不衰老的,那就是美。经典古诗文中蕴含着极为丰富的美学范例,具有极强的审美价值和教育价值,能否敏锐地感受到这一点,取决于欣赏者的美学素养和认识水平。如描写自然美的,有“大漠孤烟直,长河落日圆”(王维《使至塞上》);抒写人情美的,有“桃花潭水深千尺,不及汪伦送我情”(李白《赠汪伦》);蕴含哲理美的,有“不识庐山真面目,只缘身在此山中”(苏轼《题西林壁》);反映生活美的,有“儿童急走追黄蝶,飞入菜花无处寻”(杨万里《宿新市徐公店》)等。这些富有美学意蕴的诗句,需要我们认真去品读和体味。

了解和掌握一定的美学知识,不仅是教师职业的需要,而且是我们生活的需要,也是我们学会“诗意地栖居”的需要。因此,我们要读一些美学著作,如朱光潜的《谈美书简》、李泽厚的《美的历程》、宗白华的《美学散步》等。在阅读的同时,教师还要有一双发现美的眼睛。因为美不仅蕴含在文学作品里,更存在于生活中。正如伟大的艺术家罗丹所说:“美是到处都有的。对于我们的眼睛,不是缺少美,而是缺少发现。”其实,对于美的发现,更多的不是靠眼睛,而是在心灵的层面。教师只有让美学素养渗透到自己的骨子里，体现在日常学习生活中，才能使自己的语文课堂充满魅力，使学生受到多方面美的感染与熏陶。由此，我又想到爱尔兰著名诗人奥斯卡·王尔德的一句名言："美的追求是生命的真正秘密。"

六、要有国际视野

中国古代有一句话，叫作"不谋全局者，不足以谋一域"，《孙子兵法》考虑所有问题都出于系统性、全局性。战争是这样，教育也是如此。我们现在的教育是在做中国教育，你完全不看外面的东西，不看外国对中国的研究，肯定是不行的，因为你是"身在此山中"。中国超越百岁的文化巨匠、思想大家周有光有一句名言："要从世界看中国"。但是，你如果只在外面看，里面的风景怎样你同样看不到。所以，你要把内和外结合起来，做到既有中国立场，又有世界眼光。

我国著名学者费孝通曾提出一个非常好的方针与口号，叫作"各美其美，美人之美，美美与共，天下大同"。每个人都可以认定自己美好的东西，同时也要看到别人美好的东西，虽然不一样，美的东西我们可以共享。只有这样，"不忘本来，吸收外来，面向未来"，既读中国的书，又读外国的书，既读教育的书，又读教育之外的书，甚至是高层次的书，教师才能视野大开，才能走进苏东坡诗中所说的那种境界："横看成岭侧成峰，远近高低各不同。"

总之，在教育转型发展的新常态下，语文教师要提升自己的文化素养，就必须加强读书学习。读书学习是提升教师文化素养的有效方式。教师有了广博的学识底蕴，才能提高自己的教学能力和教育境界，才能成为一名被学生喜欢的、让党和人民满意的好老师。

珍视传统文化教育的价值

习近平总书记指出："要深入挖掘和阐发中华优秀传统文化讲仁爱、重民本、守诚信、崇正义、尚和合、求大同的时代价值，使中华优秀传统文化成为涵养社会主义核心价值观的重要源泉。"我认为，中华传统文化，对于我们每个中国人而言，都有着重要的影响和无尽的滋养。因此，在社会转型发展和教育改革创新的新常态下，我们要珍视中华传统文化教育的价值，努力提升广大青少年的爱国情怀和文化素养。

一、文化的作用在于优化心灵

关于"中国传统文化"的内涵，一向有不同的意见。早在20世纪80年代，庞朴先生就文化学、文化史、文化传统与现代化诸问题，数十次发表演说、撰写文章，阐述其对文化的各种思想认识，从而推动了文化研究的不断深入。根据庞朴先生的一系列重要观点，可将其"文化"的内涵归纳为"一二三"："一"就是一个定义，文化就是人化；"二"就是认为文化有民族性和时代性两个属性；"三"就是文化有物质的、精神的和制度的三个层面。

"文化在哪里？"曾有人问莫言。莫言回答说："文化就在生活中。"其实，文化经典只是一种载体，真正的文化精神是在“活人”的身上，是通过人们的言谈举止体现出来的。

那么，什么是“中国传统文化”呢？一般来说，传统是人类过往经验的总和，有一定的地域和时间界限。从这个意义上说，中国传统文化是指从远古至清晚期这漫长历史中形成和发展起来的古典文化，具体而言，是指1840年鸦片战争以前的中国古典文化，它是我们可以不断重返、永不衰败的故乡，是我们的精神之根。

现在一提到中华传统文化，我们就会想到一个新的名词“国学”。近年来，在中小学，甚至早教班出现“国学”大热。在各种读经班、学堂上，总角小儿摇晃着脑袋念着《弟子规》、背着《三字经》，几成一景；放学路上，一大一小唐诗接句，并非鲜见。“国学热”的出现，媒体起的作用特别大。记得2014年10月，王蒙先生在《话题与歧义》一文中指出：“今年9月，暑期开学的时候，有好多小学生都穿上了古代服装，以念《三字经》来参加开学典礼，新华社发了有紫阳小学，还有南京的夫子庙小学。紫阳小学的穿衣接近清朝，夫子庙小学我没弄清楚，这整个有一点像天主教。还有成都有的小学，因为成都很热，9月1号开学，非常热，有的小学，在太阳底下，学生们都穿上古代服装，热得一身汗，好多家长都心疼得不得了。”

2014年11月网上流传的一组北京凤凰岭书院开学典礼上学员跪拜老师的照片，还有2015年1月上海某民办学校举办“孝敬文化节”，800多名学生集体在父母面前下拜磕头，在父母的头上拔下一根白头发的“感人场面”，也引发了很大争议。

由此我认为，中国传统文化的教育不能搞表面化和形式主义，更不能追名逐利。泰戈尔有一句诗说得好：“荣誉在嘲笑我，因为我在暗中追逐着他。”

传统文化的作用在于化人。如果靠传统文化就能立刻解决房子问题、就业问题、婚姻问题，那是不可能的。但是传统文化确实在优化我们的心灵，在教我们怎么样做人、怎么样做事。

二、国学是中华传统文化的重要组成部分

“国学”，无疑是传统文化里面非常重要的内容。何谓“国学”？《词源》上只解释是国家办的学，这是古代的解释；《辞海》上有两个解释，一个是国家办的学，一个是中国固有的文化。据考察，“国学”一词在不同时代有不同含义。西周时期国学指“国都之学”，后来“国学”泛指“京师官学”；晚清以降，“国学”引申为“中国传统学术”；由梁启超等倡导并于胡适在“五四”新文化运动之后被阐释为“国故学”，指“中国固有之学术”。

值得注意的是，现在一般讲国学都讲先秦诸子的，研究《红楼梦》的人没有人说他是国学家，研究唐诗的人也没有人说他是国学家。冯至先生是研究杜甫的，是写《杜甫传》的，从来没有人当他是国学家。如果是讲“四书五经”、孔子、孟子、老子的，有可能就是国学家。严格来讲，国学应有广义和狭义之分。广义的国学是国魂之学，也就是大的国学，是我们重建民族传统文化的宏大设计，其研究对象是优秀传统文化。而狭义的国学则是学科之学，是对文、史、哲学科体制的补充和完善。而作为学科的“国学”，也可称为“中国古典学”。根据这一定义，国学除经、史、子、集四部之学外，还应包括唐诗、宋词、元曲、明清小说等各种样式的历代文学。

我们提倡弘扬中华传统文化，并不是一味循古。世纪老人杨敏如先生说：“我们的教材就选经典，其实那些经典就够了，不是越古越好。”据回忆，她“在南开中学教高二国文，课本是纯文学。所谓纯文学就是从《诗经》起，《楚辞》选的《九歌》，然后是《古诗十九首》，唐诗、宋词、元曲这么一路下来”。

三、国学经典的价值与魅力

如果说国学是传统文化的一顶皇冠，那么经典就是皇冠上的明珠。正如一切历史都是当代史，一切文学经典也都是当代经典。中国五千年文明，国学经典浩如烟海、汗牛充栋，究竟哪些符合青少年的学习特点？经典的魅力之光，如何能超越时空，照进现实？这是值得文学研究者、语文教育专家和语文老师研究的。

记得我上小学、中学的时候，语文课本中古诗文所占的比重还是比较大的，有些篇章我至今仍可背诵。可我们现在的中小学生，经典古诗文学得太少，而且学得不系统，对中国古典文学形不成完整的印象，古文基础比较差。国学大师南怀瑾先生指出："一个国家一个民族亡国不可怕，最可怕的是一个国家和民族自己的根本文化亡掉了，这就会万劫不复，永远不会翻身。"这不是危言耸听，事实正是这样。中国科学院杨叔子院士说，没有现代科学，没有现代技术，一个国家一个民族一打就垮。但是，如果没有人文精神，没有民族文化传统，一个国家一个民族不打就垮。他问道："如果我们培养一个人出来，外语好，数学好，业务好，懂美元英镑，会打经济小算盘，但不了解长江黄河，对民族历史知之甚少，不了解《史记》《四书》，将来会不会为中国服务？算不算中国人？"山东大学终身教授庞朴也说过："一个民族如果没有自己的文化，你这个民族就蒸发掉了，或者就淹没在人群当中了。"

实际上，外国亦如此。英国政治家丘吉尔有句名言："我宁可失去一个印度，也不愿失去一位莎士比亚。"作为英国首相，丘吉尔并非真的愿意放弃英国当年的殖民地印度，而是借莎翁强调对英国文化的珍惜。"宁愿失去国土，也不能失去莎士比亚"，这是英国人的共识。

在传统文化教育方面，台湾同胞就做得比我们好。台湾的教材是"一纲多本"，即教育主管部门定大纲，民间出版社编印，学校自行选用。例如，作为台北历史最悠久的小学之一，位于孔庙附近的大龙小学以传统经典文化教学独树一帜。这里的孩子每年都参加祭孔大典的演出，在儒学方面受到特殊的教育，他们一、二年级要学习《弟子规》，三、四年级要学习《三字经》，五、六年级要学习《论语》。对此，台湾家长多数非常认同，不少家庭让小朋友从幼儿园就开始接受古诗。在台湾，学习经典诗词可以说蔚然成风。台湾考语文试题以古文和国学知识为主，占作文以外分数的九成以上，大陆大概只有它的一半。据了解，1954年开始，台湾高中课程就安排有必修科目《中国文化基本教材》，内容选自《论语》《孟子》《大学》和《中庸》。

据了解，日本、韩国和东南亚国家都很重视对中国古典诗文的学习，这对我们是重要的启示。我们没有理由不重视它。何况，中国古代诗文是人类文化的结晶，内容相当丰富。比如，《诗经》抒发人之感情，《礼记》阐述人之社会性，《春秋》叙述人之历史，《易经》表示人生追求之永恒，《尚书》说明人之政治需求。从一定意义上说，一个民族对文学的亲近程度，决定着这个民族整体素质的高低。由此看来，人是离不开文化的，尤其是传统文化的教育和文学的熏陶，是每个人成长过程中不可或缺的。

在古诗文学习中感受人生的价值与意义

习近平总书记于 2014 年 9 月 9 日到北京师范大学考察，翻开老师参与编写的课本时指出："我很不赞成把古代经典的诗词和散文从课文中去掉，加入一堆西方的东西，我觉得'去中国化'是很悲哀的。应该把这些经典嵌在学生的脑子里，成为中华民族的文化基因。"总书记关于古诗文学习的话语不多，但含义深远，对当前教材编写、课程改革和中华优秀文化的弘扬都有重要的指导意义。

中国古代的诗文，尤其是古典诗词，较之外国和中国现代的诗歌经典，更具有一种直觉的、自然的美感。中国的方块字是中国语言文字中所独有的，它能够达到的美的境界也是西方字母文字所无法达到的，因而也是一种不可替代的美。

为了加强中华传统文化的教育，提高中小学生的文化素养和母语水平，我们必须找回古诗文之美，在诗性中寻求教育的真谛。

今天，我们读古诗文究竟有什么用？中国古典诗词研究大家叶嘉莹先生一言以蔽之：诗，让我们的心灵不死。"诸位小朋友，我相信你们都是喜欢多结交一些好朋友的，我现在就要给你们介绍一位非常可爱的好朋友，那就是中国的古诗……"叶嘉莹在《与古诗交朋友》一书中如是说。以"朋友"喻古诗，她对母语的亲近，对传统文化的珍惜，对古典的礼赞，尽在其中矣。

在中国传统文化中，老师和家长从小就会教授“修身、齐家、治国、平天下”（《礼记·大学》）的思想。“穷则独善其身，达则兼济天下”（《孟子·尽心章句上》）、“先天下之忧而忧，后天下之乐而乐”（范仲淹《岳阳楼记》）等古代经典诗文，则使得历代知识分子把报国为民作为最高理想。“路漫漫其修远兮，吾将上下而求索”（屈原《离骚》），追求人生的价值，实现人生的理想，要的就是这种求索精神。“安得广厦千万间，大庇天下寒士俱欢颜”（杜甫《茅屋为秋风所破歌》）的广阔胸怀，“苟利国家生死以，岂因祸福避趋之”（林则徐《赴戍登程口占示家人》）的勇敢担当，深深烙下先辈们胸怀天下的精神品格。

古往今来，无论历代教育制度发生怎样变化，也无论时光如何飞逝，传统文化的脉都不应该断了，这是维系教育的根本。而中国传统文化最重要的载体就是经典古诗文，如果不能认真研读，如何渡过传统之河，达到现代化的彼岸呢？

就古典文学而言，中国太伟大了，生来就是诗的国度。诗文，诗文，诗是在前面的。诗歌是和心灵非常接近的一个文体。《诗经》是我国最早的诗歌总集。“关关雎鸠，在河之洲。窈窕淑女，君子好逑。”这是《诗经》开宗明义的第一首。读起来，好像前言不搭后语。前两句和后两句有什么关系？可它就是中国人心里有关爱情的好诗。人遭遇了爱情，自然语无伦次。心里想的，变成语言，怎么说，总觉得没说好、没说对。再变成文字，自然不知如何是好了。而这是最真切和最具真情的。这就是诗，中国人血液里的文字。从某种意义上说，爱是没有道理的，也是讲不清楚的。不管多么理性的人物，碰到美女的时候，理性就比较少了。不是有首歌唱道：“这就是爱啊，说也说不清楚，这就是爱啊，糊里又糊涂……”当然，《诗经》的内容很丰富，不只是写爱情。“后皇嘉树，橘徕服兮。受命不迁，生南国兮”，屈原一首《橘颂》，开楚辞之新天地。其后逾千年，古典诗词不断凝聚民族思想与文化精神。赋兴于汉、诗兴于唐、词盛于宋、曲盛于元，古典诗词一脉相承，成为中国乃至世界的文化长城，见证并构建了人类文明的重要一阙，对日本、韩国以及世界上许多国家的文化演进、文明进步都有直接而深远的影响。

中国传统文化，就是由历代读书人对经典不断地背诵、涵咏、贯通而发展传承下来的。过去读书人都有记诵经典的“童子功”。人的记忆有一个规律：年龄越小，记得越快，忘记得越慢；年龄越大，记得越慢，忘得越快。

综观中国的大师级人物，几乎没有一个不是小时候就大量背诵经典者。曹雪芹对各种诗词典故的运用信手拈来、天衣无缝；苏东坡晚年依然能背诵《汉书》；苏步青能背《左传》；陈寅恪更是可以全文背诵《十三经》。有这样“童子功”的人，学习能力特别强，并因此受用终身。

其实，记诵、创作古典诗词是一项陶冶性情的审美活动，并不只是为了“用”。复旦大学文学院张新颖教授在《无能文学的力量》一书中写道：“某种意义上，文学、文学研究是‘无能’的，又是有‘力量’的，而这种‘力量’又正与这种‘无能’紧密相连……”可见，文学的作用就在于它的“无能”的力量，在于它的“无用之用”。经典古诗文的魅力与作用，不仅存在于过去，而且指向现今与未来。中国古典诗词的活力还在与时俱进、不断展现，永远感染着读者，给人启迪。

今天，包括习近平总书记在内的中国领导人，在外交活动中常常信手拈来古诗文佳句，既凝练又贴切，世界因此叹服于中国文化之博大、民族精神之儒雅。目前，美国、英国以及一些北欧国家的不少汉学家正在潜心研究中国古典诗词。还有为数众多的外国青年对中国古典诗词如痴如醉。可以预见，未来中国古典诗词作为中国特色文化名片、世界伟大文明成果的地位将得到进一步确立和提升。

如果一个德国人遭遇了挫折，我想他首先想到的应该是音乐，正如恩格斯所说，在音乐中德国是“一切民族之王”。而一个中国古代书生要是科场失意，他往往用诗歌来排困解忧。事实上，在我国，古典诗词已经融入人们的血液和生命之中。孔子说:“不学诗,无以言;不学礼,无以立。”正如于丹在《重温最美古诗词》一书中所说:“每个中国人,都是在诗歌里不知不觉中完成了自己生命的成长。”

不过我觉得,中国的古典诗歌在一千多年前基本上已经抵达了伟大的高峰,如李杜元白的作品是唐诗的高峰,苏辛、李清照的名篇是宋词的高峰,关汉卿、马致远的佳作是元曲的高峰,但是新诗远远没有写完,新诗才刚刚开始。尤其在今天这个网络非常发达的时代,诗比小说更有前途。正如云南大学文学院于坚教授在《诗就像火柴的那一点点火》一文中所说:“小说可能被电视取代,一个镜头就可以看清楚这个人,但是诗的最基本的功能,在语言的流动里,瞬间颤动你的灵魂,这是无可替代的。”

我一直认为,一个人不一定要成为诗人,但一定要有诗性,应该做到像海德格尔所说的那样“诗意地栖居”。思与诗,是两个非常重要的东西。我们在工作、学习和写作中要有所提高,就要有思想的起点,最后要诗性地表达。在生活中我们发现,拥有文学是一件美丽的事情,拥有诗人之心的人,精神一定很富足。尤其是在如今物欲横流、人心躁动的社会里,阅读古典诗文,不仅可以净化或矫正我们的欣赏能力,还可以让我们远离喧嚣,回归宁静,保持一种超然的心态。

在语文教学中领略古诗文之美

近年来,古代文化经典越来越受到重视,古代蒙学读物重新走进学校,“国学热”有日渐扩大之势。在此背景下,我以为要弘扬中华优秀传统文化,首先应考虑增加中小学古汉语及古典文学课时量。同时改革高考制度,增加语文科目中作文的分数权重。其次,在汉语与外语学习的关系上,找到一个平衡点。

不仅如此,要让学生乐意接受国学知识,而不是一怕文言文,二怕鲁迅,还需要在“教”上下功夫。语文课本中古诗文数量的增多,并不意味着经典教育的品质提升。再好的文章,也得想办法让孩子喜欢、想读。古典诗文,尤其是诗词,语言精练典雅,表情达意讲究情景交融、情寓景中,言外常含不尽之意,故而含蓄蕴藉,意味深长。这就给理解古诗词内容和情感带来了一定的难度。这就需要找到适合孩子学习古诗文的方法。在读法上,强调“亲近”,而非强制或灌输。用叶嘉莹先生的讲法:“最好的方法,就是把背诵古诗的教学,当作一门唱歌的课程来教,要孩子像唱歌一样吟诵古诗。”其实,只要掌握了有效方法,就如同有了开启艺术迷宫的钥匙,就能登堂入室,感悟作者丰富的情感世界,领略古诗文的艺术魅力。

一、诵读原文，通晓大意

语文包括两个方面的含义：一个是知识层面的，要对民族语言做到全面的堂握和出色的使用；一个是文化层面的，关乎民族的发展和健全的人格培养。因此，叶圣陶先生曾说过："文艺鉴赏还得从透彻地了解语言文字入手，这件事看起来似乎浅近，但确是最基本的。"现代的读者受时间、空间的限制，对古诗文中的语言现象、用词习惯的理解倍感艰辛，要让文化积淀不深的学生脱离今天的语言生活习惯，准确理解古诗文的含义，不符合实际。所以，现在的古诗文教学中首先让学生熟读原文，依照当今的语言习惯大致了解诗文中的意思，或让学生通过查字典、联系上下文相互讨论等办法寻找答案，各抒已见，教师再适当加以点拨。

其次，在古诗文教学中，应少一点繁琐的分析，多一点背诵。需要指出的是：诗词欣赏，最难得的是"赏"，而不是"析"。换言之，最可贵的是欣赏者的艺术直觉，而不是他的结构分析。过去，教师在古诗教学时，一般从字、词着手，逐词逐句讲解，往往会把一首完整的古诗弄得支离破碎，使学生对学习失去了新鲜感，失去了学习的主动探索性。因此，激发学生的学习兴趣，启发学生的思维，教师应深入钻研教材，精心安排教学过程，从全篇着手，整体把握古诗文的内容、手法和意境。鉴于古诗文语言简洁工整、易于成诵的特征，可以让学生在一知半解的情况下熟读成诵，乃至背诵，至于准确深刻的认识可以随着他们将来的知识扩展、阅历丰富去逐渐获得。例如，像"床前明月光"（李白《静夜思》）这样的诗，只要多读几遍，至少有一个"月亮"，给少儿留下深刻的印象，另外一个"思故乡"，牢牢地扎根在儿童的心中。现在讲爱国，讲爱国主义教育，其实爱国应该从爱家乡做起，有了浓烈的爱家乡的感情，才会逐步地上升到爱祖国的高度。再说，人文和科学不一样，科学是很准确的，而人文阅读是靠感悟的，掺杂着主观色彩。

诗是用来“读”的。和“看”不同，“读”是声音的仪表，是心灵的容颜，是一种爱情式的表白。读多了，有些诗句也就记住了。著名作家巴金说过：我不懂什么是文章的作法，就是滚瓜烂熟地记下了几百篇经典文章，然后自然而然地就会写文章了。巴老简单明了的一句话，让我们懂得“熟读唐诗三百首，不会作诗也会吟”的规律了。作家梁衡也特别强调背诵。他说：“语文学习最基本最简便的方法就是背诵。要背下来，才能将众多的资源转化为自身的营养。小时候是记忆的黄金期，在这个时候不多背一些东西可惜了，只会‘失之东隅’。先背下来，不理解的可以慢慢反刍，就是一个发酵的过程。”他又称“写作‘三部曲’，背书是功底”，学习语文非背诵不可。的确如此，古诗文是有调子的，吟诵多了，背诵多了，就自然容易把握它的韵律美。中国古代的文论，有一种说法叫“文气说”。文章的气，要的是通畅，吟诵就是一种文气的训练，对文章感觉的训练，这种训练的功夫到家了，写文章没有不通顺的。这，或许是吟诵的一种更为切实的功用。这种功夫，是要从小开始训练的。

在教学生诵读时，一定要让学生读出节奏，感受古诗词的音韵美。什么叫诵？按古人的说法，是“以声节之”，也就是要有一个节拍和调子。诗歌，尤其是中国古典诗歌节奏鲜明，表现出各种不同的式样。如“四言诗”语句多为“二二节拍”，如曹操的《步出夏门行·龟虽寿》中的“老骥伏枥，志在千里；烈士暮年，壮心不已”，是传诵千古的名句。而“五言诗”的节拍则是多变式，或“二一二拍”（如“只是／近／黄昏”），或“一二二拍”（如“前／不见／古人，后／不见／来者；念／天地／之／悠悠，独／怆然／而／涕下”）。诗歌句内有节拍，篇内也要注意节奏，时而上挑，时而下降，要么短时停顿，要么长时停顿。

在按节奏来读的同时，还要读出韵律。诗词语句的平仄、高低本身就具有一定的韵律，诵读时只要多加以体会就可感觉到。“一去／二三／里，烟村／四五／家。亭台／六七／座，八九／十枝／花。”（邵雍《山村咏怀》）边摇边背诵，是多么有趣，古诗的音韵就被他们在摇晃中读了出来。诗人把十个数字嵌进诗里，让我们看到了数学和诗词的关联。著名数学家丘成桐院士曾说："我深受中国古典文学影响，从《诗经》中，看到了比兴方法对于寻找数学方向的重要性；吟诵《楚辞》，激起我对数学的热情。"又如李白的《静夜思》："床前明月光，疑是地上霜。举头望明月，低头思故乡。"我们读时可按节奏来读，同时应把诗文的韵脚"光""霜""乡"重读的同时稍拖点长音，这时诗文的音韵美学生在瞬间便可触摸到。读王之涣的《登鹳雀楼》时，要注意平声字"山""黄河""穷千""层"字音的拖长："白日/依山/尽，黄河/入海/流。欲穷/千里/目，更上/一层/楼。"龚自珍的《己亥杂诗》"九州生气恃风雷，万马齐喑究可哀。我劝天公重抖擞，不拘一格降人才"，则整首押"ai"韵，全诗一气呵成，是一首节奏感很强的诗，读来朗朗上口，极富音乐美。

在古诗词中，叠字可造成一种缠绵悱恻、凄凉幽怨的特殊效果。如李清照《声声慢》词中的"寻寻觅觅，冷冷清清，凄凄惨惨戚戚……"，反复吟诵，一股清冷之气彻人心骨。

其实，从"诗词"的来源看，它本身就具有音乐性，富有音韵美。因此，鉴赏诗词的音韵美，要注意形成诗歌的音韵美的一些因素，如押韵、叠字、反复、对偶、复沓、节奏、音节等。

二、知人论世，深化理解

每个人都不是孤立、静止的，要真正读懂一首诗，就要探秘作者的现在和过去。借古人的话说，叫作"知人论世"。所谓"知人"，就是在阅读诗歌时必须了解作者的身世、经历、性格、志趣、思想倾向、风格流派及创作动机等；所谓"论世"，就是指要联系与该诗有关的时代背景去考察作品的内容。何况，在古诗文中，作者的抒情往往不是情感的直接流露，也不是思想的直接灌输，尤其是诗词常常言在此意在彼，写景则借景抒情，咏物则托物言志。

因此，在古诗文的教学中，教师要有目的地让学生了解作者的身世遭遇、写作的时代背景、作者的政治思想和文学主张，以加深学生对古诗文的认识。如李白、杜甫的诗歌，倘若对写作时的社会背景、作者的人生遭遇理解不够，李白诗“豪放不羁”与杜甫诗“沉郁顿挫”的诗歌风格就很难把握。同样，要鉴赏李清照的词，就需要了解她不幸的人生经历，知道国破家亡给人民带来的深重的灾难，知道人民的命运其实与国家的命运是息息相关的，才能理解李清照前后期诗词的不同内容、不同风格，才会理解“生当作人杰，死亦为鬼雄”所包含的对济世英雄渴求和期盼的情怀。

如果诗词没有注明背景，也不清楚作者的身世遭遇，教师在教学中应抓住诗词的意象，借助对意象的分析，进而把握诗词的含义。

语文课本是一门最生动、最充满创造性、最洋溢活力的课程。学生喜欢语文课，本是理所当然的。我至今记得，我高中时的语文老师讲《子路、曾皙、冉有、公西华侍坐》的情景。老师站在讲台上字斟句酌地解释课文中的关键字词，讲着讲着，就放下课本，走下讲台，介绍起课文中的人物来。渐渐地，我感受到课文中的人物活了起来。我甚至觉得，我眼前的这位老师很有孔夫子的风度，好像他带给了我孔夫子教学的那种课堂氛围感。老师之所以能把课文中的人物讲活，是因为他从小就读《论语》，他是在用早已内化在心里的思想和精神感染我们，而不是仅仅解释文言字词和句子。

三、采取有效手段，创设情境

入选中小学语文教材的好多古诗文都富有浓郁的生活气息，是中小学生喜闻乐见的题材。在教授这些古诗文时，不妨让学生自己来表演诗中的人物动作，使学生在开开心心演小品的过程中，体会诗文中所描写的内容，增加对文眼诗意的理解。

一般来说，古诗文，特别是名篇，都具有声韵和谐、意境优美、诗中有画的特点。教师可以抓住“诗中有画”这一特点，引导学生在诵读中再现画面，感受形象之美。如教叶绍翁的《游园不值》时，教师可以运用简笔画来辅助教学。在教学过程中，可以老师作画，可以引导学生作画，也可以师生同画。通过作画，让学生逐步加深对字词、诗句的理解，同时学生因为既动脑又动手，兴趣也会更浓，积极性也会更高。

随着教学手段的现代化，多媒体也可以渗透到古诗教学中来，努力还原诗词的情境，再现历史的现场感，营造愉悦的学习氛围。比如，教师上《诗经》课，可选择情意浓浓的《蒹葭》和《关雎》。伴随着多媒体中唯美的画面，教师的吟诵把孩子带进了"蒹葭苍苍，白露为霜。所谓伊人，在水一方"的意境。通过多媒体，学生可以从屏幕上了解李白《望庐山瀑布》中的"飞流直下三千尺"，也可以在音响中感受孟浩然《春晓》中的"处处闻啼鸟"。有可能的话，还可以带高年级学生走访诗人的故居。孩子们边走，边观赏，边诵读他们的诗文。

古诗的语言极其讲究，它不但句式整齐，而且韵味十足，读起来朗朗上口，本身就有一种韵律美。因此，进行古诗教学时，教师把配乐朗诵引入课堂，会收到很好的效果。例如，在学习王维的《送元二使安西》这首诗时，在学生基本理解了诗意的基础上，朗诵时配上古筝那古朴、典雅的乐曲，不但创设了一种充满韵律的课堂节奏，而且进一步渲染了诗的意境。

值得注意的是，教学设计一定要得当。记得有一次听语文课，老师讲的是伟大诗人李白的"床前明月光"，那是一首明白如话的诗作，内涵挖掘需要凭借学生的想象。可是，老师却要部分同学体验一把躺在床上的感觉，让接近一半的同学爬到课桌上躺下，本来充满诗情画意的课堂，变得滑稽可笑。这个案例告诉我们：教学环境的创设，要选择合适的学习方式，并与教学内容相匹配。

四、善于比较，敢于质疑

古诗文虽然篇章繁杂，但在学习过程中只要善于比较，敢于质疑，就会有新的发现和收获。例如，依照作者生活的时代、文学主张及流派、文章的体裁特征，多去联系，善于比较，就可以增强学生学习的兴趣，减轻学习难度。比如中小学语文课本中所选的刘禹锡、柳宗元的诗文较多，为了便于理解，可以让学生了解“永贞革新”的历史及“永贞八司马”的坎坷遭遇。

在教叶绍翁《游园不值》“应怜屐齿印苍苔，小扣柴扉久不开。春色满园关不住，一枝红杏出墙来”时，可以给学生补充讲解范成大的《春日田园杂兴》：“土膏欲动雨频催，万草千花一饷开。舍后荒畦犹绿秀，邻家鞭笋过墙来。”一个是红杏出墙来，一个是鞭笋过墙来，无论是空中，还是地下，春天的生机就是那么蓬勃。如果仅就《游园不值》来讲《游园不值》，肯定不会有“以诗解诗”触类旁通的效果好。

在古诗文教学中，除了教师广泛地阅读，充分了解相关背景知识，善于联系比较之外，更重要的一点就是提倡质疑。

莫言说：“文学的魅力，就在于它能被误读。”（见《丰乳肥臀》代序言：《捍卫长篇小说的尊严》）可是我们在语文课上，总是一再告诉学生：要正确理解，不要误读。其实，“诗无达诂”（董仲舒《春秋繁露》），“一千个读者就有一千个哈姆雷特”。不同的学生，不同的经历，不同的情趣，对古诗文的理解也不尽相同，因此在解读作品时，教师不要一味求同，而要鼓励学生大胆质疑，将自己个性化的理解感悟表达出来，从而拓展学生的个性思维空间，养成他们勇于探究、独立思考的阅读习惯，逐步提高学生对古诗文的鉴赏力。

著名特级教师贾志敏说过：“通过适当批评、不断鼓励，可以激发学生的积极性，让学生从不敢说到敢说，再到爱说，由浅入深，由理解到运用，锻炼说和写的能力，这是语文课应该完成的任务。”

这一点，我们要向外国学习。在美国的一所私立小学，能够得到全校表扬的学生，是一个敢于在课堂上质疑的孩子。一个 8 岁的孩子在课堂上举手对老师说：“你黑板上的字拼错了。”老师说：“真的拼错了吗？让我查一下字典。”孩子马上说：“不必查字典，我保证你出错了。”其实，课堂就应该允许这种自然的“针锋相对”。

作为教师，我们不仅要鼓励学生质疑，自己也要有问题意识。德国哲学家黑格尔说过：“熟知非真知。”也就是说，你熟悉的东西并不一定就是你真正知道的东西。所以，我们在生活上、专业上要学会批判性地进行思考。

五、掌握技巧，感知意境

古诗文创作离不开各种艺术技巧。就诗歌而言，归纳起来主要有以下几类：

1. 多用抒情手法，如直抒胸臆、借景抒情、融情于景、借古讽今、托物言志等。如王昌龄的《芙蓉楼送辛渐》：

寒雨连江夜入吴，平明送客楚山孤。
洛阳亲友如相问，一片冰心在玉壶。

诗中一个“孤”字，是借山言人，犹如江上孤山，朋友走了，只剩下孤零零的诗人，但更主要的是就心境而言。全诗流露出一种孤寂的心情。又如杜甫的《江南逢李龟年》《曲江对酒》等，则是以乐景写哀情。

2. 多用修辞手法，如比喻、拟人、对比、夸张、象征、双关、互文、倒装等。如王昌龄《出塞》中的“秦时明月汉时关”，用“秦时明月”与“汉时关”的互文见义的特殊句法，显示关塞由来已久，烽火至今不熄。全句的意思是：现在的边塞，还是秦汉时的明月，还是秦汉时的关山。但这寥寥七字，却展示了从秦汉至唐一千年间边塞战争的历史画卷，其内涵之丰厚、用语之精练，实在令人叹服！

3. 多用描写手法，如铺陈、渲染、烘托、虚实结合、动静结合、以小见大等。如杜甫《登高》诗中的前四句写景：

> 风急天高猿啸哀，渚清沙白鸟飞回。
> 无边落木萧萧下，不尽长江滚滚来。

渲染出深秋江边的萧条、冷落的气氛，与诗人悲凉、伤感的人生感慨相吻合。

再如王维的《鸟鸣涧》：

> 人闲桂花落，夜静春山空。
> 月出惊山鸟，时鸣春涧中。

以动衬静、以动写静是此诗的一大特色。

如此幽美如画的意境，让我想起了谷建芬的《读唐诗》："床前的月光窗外的雪，高飞的白鹭浮水的鹅。唐诗里有画，唐诗里有歌，唐诗像清泉流进我的心窝。相思的红豆巫山的雪，边塞的战士回乡的客。唐诗里有乐，唐诗里有苦，唐诗是祖先在向我诉说。"如果和孩子们一起吟诵这篇《读唐诗》，当优美的旋律流淌在教室里，我们可以跟孩子们说，爱祖国可以有很多个理由，让我选择一个最浪漫的理由"爱唐诗"吧。

在我来看，语文的学习过程有三种境界，做到字、词、句的积累只是浅层次的学习，此为第一境界；能准确、得体、有感情地表达（口头与书面）是较高层次的，此为第二境界；学习过程中学生能把"自己"融入学习的内容（课文),能与作者一起欣赏美景,与作者一起同悲同乐,能“穿越时空隧道”实现自己与作者、时代的对接与共鸣,这才是学习语文的最高境界。

语文教育专家商友敬先生在离世前一个月,留下了《我有一个梦想》的演讲:“我梦想所有的语文教师,都能给孩子打开一片语言的空间……他们能用母语营建自己的精神家园,在这里唱歌、跳舞、吟诵、思考、对话和交流……孩子长大了,到了中年、老年,他会想起那个点亮他灯的小学语文老师。这就是我们最高的荣誉和最大的收获。”果真如此,语文教师便可回到语文教学的正道,语文课也必将成为学生最喜欢的一门课程。

读先秦文学

中华民族是一个具有光荣革命传统和优秀历史遗产的伟大民族。我们勤劳智慧的祖先，创造了灿烂的古代文化。古代文学就是其中一个重要的组成部分。而先秦文学，则处于古代文学发生发展的最初阶段，它包括我国原始社会、奴隶社会和秦朝以前的封建社会几个大的历史阶段的文学。如果把我国文学比作一座高楼大厦，那么这一时期的文学正是它的基石，即基础。因此，了解和研究这一时期的文学，对于认识我国文学优良传统的形成，审美意识的历史起源，以及我国文学民族形式和民族风格的发生和发展，都具有重要的意义。

大约数万年以前，我国逐渐地进入了原始社会。到了传说的五帝时代，可能就进入了原始社会的末期。产生于原始社会的上古神话是我国文学的起点。它以丰富的想象表现了原始人同自然做斗争的进取精神，概括了中华民族的伟大性格。远古神话是人们的口头创作，由于当时无文字记载，亡失颇多。但今天在《山海经》《庄子》《淮南子》等古籍中，我们仍然看到某些精彩的片段。现存比较完整的神话故事有《女娲补天》《鲧禹治水》《后羿射日》《黄帝战蚩尤》《精卫填海》等。在艺术表现上，这些神话明显具有幻想的特点。它成为我国文学浪漫主义的源头，对后代文学的发展有深远的影响。

原始的诗歌基本上没有被记录下来。《吴越春秋》中《勾践阴谋外传》所载的《弹歌》:"断竹,续竹,飞土,逐实。"被认为是比较原始的猎歌,但这也仅仅是猜测。

春秋时编成的《诗经》才是可靠的文献资料,为我国最早的一部诗歌总集,共收入自西周初年至春秋中叶大约五百多年的诗歌305篇,另有6篇"笙诗"有目无辞。最早只称为《诗》或《诗三百》,到了汉代,儒家把它奉为经典,才称作《诗经》。《诗经》按照音乐曲调的不同分为风、雅、颂三个部分。"风"是地方乐调,有十五国风,共160篇,绝大部分是民间作品。"雅"是朝廷正声,是周王朝京都地区的乐歌。"雅"分"大雅""小雅",共105篇,多数是贵族文人的作品。其中有一些政治讽喻诗揭露了社会的黑暗和政治的腐朽。"颂"是用于宗庙祭祀的乐歌,分别为《周颂》《鲁颂》《商颂》,共40篇,基本上是歌功颂德之作。《诗经》是我国文学的光辉起点。它的出现,以及它的进步思想和艺术成就,是我国文学成熟的标志。因而,在我国乃至世界文化史上,都占有很高的地位,它奠定了我国古代诗歌现实主义传统的基础。

战国时代以屈原为代表的《楚辞》骚体诗,标志着中国诗歌从民间集体歌唱到诗人独立创作的更高发展阶段的出现。"屈宋诸骚,皆书楚语,作楚声,纪楚地,名楚物,故可谓之'楚辞'。"(黄伯思《校定楚辞序》)这种由诗人创作、带有鲜明楚地文化色彩的新诗体,将中国诗歌向前推进了一大步。

《楚辞》的艺术成就很高,它根植于楚国的社会生活,又具有极丰富的想象,体现了现实主义与浪漫主义创作方法的完美结合。传统的"比兴"手法,在《楚辞》中也得到了极大的发展,它不仅表现在个别事物的比喻上,而且有象征的性质。在形式上,它由《诗经》简单的四言句发展为长言句,句式参差不齐,形式比较自由。它对后世的影响,"甚或在三百篇以上"(鲁迅《汉文学史纲要》)。

散文的出现晚于诗歌，是在文字发明以后才产生的。从现有的材料看，中国的文字记事，大约是从商代开始的。这时不仅有了甲骨刻辞，而且有了铜器铭文。它们是古代散文的源头。第一部散文集是《尚书》，汇集了历代帝王的誓词、政府文诰和贵族的劝诫之辞，文字古奥难读。现在最早的编年史是《春秋》，它简要记载了鲁国二百四十二年间的历史大事。现今流传的《春秋》是孔子修订过的。

到春秋战国之际，散文的发展进入了一个黄金时代。这一时期的散文，概括地说可以分为两大类，一是以议论、说理为主的论说散文，又称诸子散文，如《论语》《墨子》《庄子》《孟子》《荀子》《韩非子》等；一是以记述历史人物思想、活动、历史事件为主的历史散文，如《左传》《国语》《战国策》等。从性质上讲，无论是这时的诸子散文或历史散文，还都属学术著作，但由于这些著作者们在记事和说理时，往往注意语言技巧，故事生动，形象鲜明，因而具有了一定的文学价值。

综上所述，先秦时代是我国古代文学发生发展，并取得辉煌成就的时代。它以四五千年前的远古文化为开端，而结束于公元前 221 年秦统一以前。先秦文学为我国文学的繁荣发展奠定了坚实的基础，成为我国文学优良传统的光辉开端；其中一些重要的作家作品，还矗立于世界文学之林，和古代欧洲的希腊、罗马文学相辉映，是中华民族文化的骄傲。

读秦汉文学

秦汉文学（公元前221年—公元189年）是我国古代文学发展的第二个重要阶段。秦汉文学包括秦代文学和汉代文学。其实，秦代文学没有太多的内容。其中值得一提的只有李斯（？—公元前208年），其代表作是一篇向秦王陈述他的政治主张的奏议——《谏逐客书》。所谓秦汉文学，主要是指两汉文学。

公元前221年，秦始皇统一中国，建立了我国历史上第一个中央集权的封建专制国家。在短短十几年中，秦王朝采取了一些有利于统一大业的措施，促进了社会的发展。但由于秦统治者的残暴与压榨，引起了农民的反抗。秦二世元年（公元前209年），爆发了以陈胜、吴广为首的我国历史上第一次大规模的农民起义，推翻了秦王朝的统治。经过几年的楚汉战争，刘邦战胜了项羽，于公元前202年建立了西汉王朝，定都长安，中国复归于统一。

西汉初期，统治者吸取了秦王朝短期覆灭的教训，在一定程度上减轻了剥削，采取了一系列休养生息的措施，阶级矛盾暂时缓和，生产得到恢复和发展。到汉武帝时，政治、经济空前繁荣，汉代封建社会发展到了一个鼎盛时期。与此相适应，在思想文化方面，罢黜百家，独尊儒术，从而结束了汉初以来学术上的黄老、刑名、儒学并存的局面。西汉末年，由于土地兼并的加剧和广大农民的贫困化，又爆发了绿林、赤眉起义，结束了西汉王朝的统治。公元 25 年，刘秀（光武帝）在洛阳重建刘汉王朝，史称东汉。

东汉初期也采取了一些休养生息、缓和阶级矛盾的措施，经济逐渐得到恢复和发展。但统治阶级又开始对外扩张，加上豪强地主和大商人的残酷剥削，大批农民又失去土地，沦为豪强的奴婢。东汉后期政治空前黑暗，宦官外戚争权，卖官鬻爵，土地兼并更加严重，加上灾荒遍地，使得人民无法生活下去，公元 148 年终于爆发了声势浩大的黄巾起义。起义军虽然不久便被地主阶级的军队击溃，但随之而来的是封建军阀的割据，东汉王朝也就名存实亡了。

汉代文学在先秦文学的基础上发展起来，深刻而广泛地反映了汉代社会生活的各个方面，具有鲜明的时代特色。

从文体上看，两汉文学主要有散文、赋和诗歌三类。汉代的散文内容丰富，主要有政论文、记事散文、哲理散文和史传散文。西汉的政论文，主要指书、疏，著名的有贾谊的《过秦论》《陈政事疏》《论积贮疏》，晁错的《言兵事疏》《守边劝农疏》，邹阳的《谏吴王书》《狱中上梁王书》，司马相如的《上书谏猎》《难蜀父老》，以及司马迁的《报任少卿书》，等等。其中以贾谊和晁错的文章影响最大，可视为汉代政论文之冠。东汉的政论文，著名的有桓宽的《盐铁论》，王符的《潜夫论》，仲长统的《昌言》等，都有较深刻的现实意义。记事散文以西汉末刘向的《说苑》《新序》《列女传》为代表，它们具有许多小说的因素，在小说发展史上有重要地位。哲理散文以东汉前期王充的《论衡》（85 篇）最有成就，他高举"疾虚妄"的旗帜，批判了当时统治者提倡的天道神权迷信思想，并对传统的思想提出了大胆的怀疑。

史传散文以司马迁的《史记》和班固的《汉书》为代表。《史记》一百三十篇，由本纪十二篇、表十篇、书八篇、世家三十篇、列传七十篇组成。全书记载了自黄帝至汉武帝时三千多年的历史，书中以人物为记叙中心，不仅是我国第一部纪传体通史，同时也开创了我国正史的写作体例。

《汉书》的体制虽承袭《史记》，但它是我国第一部纪传体断代史，全书有纪十二篇、表八篇、志十篇、传七十篇，共一百篇，记载了汉高祖元年（公元前206年）至王莽地皇四年（公元23年）共二百二十九年的断代历史，是继《史记》之后的又一创造和发展，对后代史学和文学都产生了重大影响。长期以来，史学界均以班马、史汉并称。

赋是汉代最流行的文体。在两汉四百年间，一般文人多致力于这种文体的写作，因而盛极一时，后世往往把它看成是汉代文学的代表，故有汉赋之称。

汉赋可分成汉大赋、述志言情赋和散文赋三类，而以汉大赋为主体。

汉赋的内容大都描写帝王贵族的游猎之乐、宫苑的富丽、都城的繁华等。其代表作家与作品有司马相如《子虚赋》《上林赋》，杨雄《甘泉赋》《羽猎赋》，班固《两都赋》，张衡《二京赋》等。这些大赋的基本特点是：

1. 往往采取虚设的人物对话形式结构成篇，人物夸说所赋事物的大段独白构成赋文的主要内容。如《子虚赋》和《上林赋》。

2. 以体物为基本倾向，重点在张扬物色，力求对所赋事物做详尽的铺排描写。如《子虚赋》。

3. 就作赋用意说，仍在进行讽喻。所以一般在赋的末尾总是归之于正。如《上林赋》归结到汉天子悔悟了“此太奢侈”，“乃解酒罢猎”，并转尚于仁义诗书，而楚、齐之子虚、乌有先生也都拜受“以诸侯之细，而乐万乘之侈”的批评。但由于赋文绝大部分是铺陈豪侈，所以篇末的讽刺往往成为无足轻重的尾巴，与全文不甚协调，故有“劝百讽一”之讥。

由于散体大赋反映生活的局限性，从东汉中后期开始出现抒情小赋，如张衡的《归田赋》、赵壹的《刺世疾邪赋》等，其中也有用楚辞体句式的，抒情小赋又更多向诗靠拢了。

汉代诗歌，最有成就的是乐府民歌。汉代乐府民歌直接继承了《诗经》

中民歌的现实主义传统，以叙事为基本特色（这同《诗经》民歌以抒情为主不同），广泛真实地反映了当时社会生活的现实和人民的思想感情。其优秀作品如《孤儿行》写孤儿受兄嫂虐待的悲惨遭遇，《妇病行》写一个穷苦的男子在病妻去世以后无法养育孤儿的悲剧，《东门行》写贫夫被迫走向反抗道路，《十五从军行》写老兵服役回家后的孤苦，《上山采蘼芜》写男子喜新厌旧，都生动而深刻地反映了下层人民的痛苦和反抗。而《陌上桑》正面歌颂罗敷对太守调戏的反抗，揭露了统治者丑恶的嘴脸；《鸡鸣》《相逢行》等则直接写统治者骄奢淫逸的生活。另外还有一些反映劳动和爱情生活的诗，前者如《江南》，后者如《上邪》《有所思》等。东汉乐府最杰出的作品便是长篇叙事诗《孔雀东南飞》，它通过焦仲卿和刘兰芝爱情婚姻的悲剧，对封建礼教、封建家长制揭露得非常深刻。

文人诗歌在两汉不很发达。西汉基本上模拟四言和骚体的创作。值得一提的有汉初高祖刘邦的骚体《大风歌》、韦孟的四言《讽谏诗》等。相传为枚乘、李陵、苏武等人所作的五言古诗，都不可靠。

但是到东汉，情况就有所改变。早期作家班固写的《咏史》，“质木无文”（《诗品序》），而采用的都是五言形式。后来张衡作《同声歌》、秦嘉作《留郡赠妇诗》，在五言诗的技巧上更有进步。而七言诗处于酝酿阶段，一般以为张衡的《四愁诗》为最早，然未脱尽骚体影响。在班固、张衡的倡导下，东汉文人开始模仿汉乐府写起五言诗来，使之在艺术上愈益成熟。其中受乐府民歌影响最显著的是辛延年的《羽林郎》和宋子侯的《董娇娆》。特别是无名氏的《古诗十九首》，可以说是东汉末年文人五言诗的代表。其艺术成就，直接开启了建安以后文人五言诗发展的道路。

读魏晋南北朝文学

魏晋南北朝时期（公元190年—589年），起于汉末大乱，讫于隋朝统一之前，前后共约四百年。在这四百年的时间里，除西晋有过短暂统一外，其余时间均处于分裂状态。由于长期的动乱，战祸连绵，致使社会生产力遭到极大破坏，人口锐减，农业衰败，经济发展相当缓慢。但这一时期的思想领域却较为自由。汉末大动乱，适应现实的需要，名、法、兵、纵横诸家思想兴起，打破了自汉武帝以来儒家独尊的局面。魏晋以后，以道家为核心的玄学发展成为思想学术的主流，同时佛教也开始盛行，思想界呈现出自由解放的局面并充满了尖锐复杂的斗争。儒学虽然失去了统治力量，但没有中断，并与其他各种思想互相影响。这种情况在文学领域也有深刻的反映。因此，这一时期的文学，无论是在内容上、形式上还是文学观念和作家的创作思想上都有很多大变化。

从建安时期开始，文学的发展已经进入一个比较自觉的阶段。从这时起，人们开始认识到文学有它自身的价值、独立的地位，不再把它看作经学的附庸、教化的工具。建安文学的成就是多方面的，无论诗歌还是辞赋、散文，都获得长足的进步。尤其是在诗歌方面，出现了以“三曹”（曹操、曹丕和曹植）和“建安七子”（孔融、王粲、陈琳、徐干、阮瑀、应玚、刘桢）为代表的一大批优秀诗人，他们一方面继承和发扬汉乐府诗的传统，抒写社会动乱和民生疾苦，一方面抒发建功立业的抱负，形成了"慷慨任气"的时代风格。这就是为后世称道的"建安风骨"。这一时期，久已沉寂的四言诗在曹操手里出现了中兴景象，如《步出夏门行》《短歌行》等，都是《诗经》以来少见的四言佳作。五言诗在建安年间进入了全盛时期，技巧上也比东汉有长足的进步。是当时诗人们采用得最多的体裁，其中尤以曹植的作品最为纯熟，其代表作有《赠白马王彪》、《杂诗》六首、《送应氏》等。曹丕的《燕歌行》则开创了七言的新体制。

魏末正始时期的主要作家是阮籍和嵇康。当时正是司马氏与曹氏为争夺政权而进行激烈斗争的年代，政治情势十分险恶，大批名士被杀，许多诗人作家接受老庄思想的影响，或热衷于玄学清谈，借以逃避现实，保全性命；或任性放达，用曲折的方式来反抗黑暗现实。特别是阮籍，他的《咏怀诗》八十二首"志在讥刺"，却写得曲折隐晦，言多比兴，以至"厥旨渊放，归趣难求"（钟嵘《诗品》）。这与他比较软弱的政治态度是一致的。以阮籍、嵇康为代表的正始诗歌，虽然不如建安诗歌那样富有强烈的现实性，但它的主要倾向还是对黑暗现实的不满与批判，基本上继承了建安诗歌的优良传统。

西晋太康中，有以三张（张载、张协、张亢）、二陆（陆机、陆云）、两潘（潘岳、潘尼）、一左（左思）为代表的一批作家。其中陆机在当时最负盛名。但他的诗歌较少反映社会现实，而追求形式的华美，开了中国诗歌史上雕琢堆砌的风气。太康诗人中成就较高的是左思，他因家世低微，政治上始终遭受压抑。他的《咏史》八首，借古抒怀，表现了对门阀制度的不满与抗争，其情调之高亢，笔力之矫健，在当时是不多见的，所以传统上称之为"左思风力"。太康之后，永嘉之际的著名诗人有刘琨、郭璞。刘琨现存诗歌虽只有三首，但都洋溢着深厚的爱国感情。其中以《扶风歌》最有名。郭璞的代表作是《游仙诗》十四首。诗的风格近似阮籍的《咏怀》。诗中把游仙与豪门世族对比，表现了对现实的不满。

西晋后期和东晋，随着社会的南北分裂，老庄玄学更为盛行，影响到文学，就是玄言诗的极大发展。玄言诗作者有孙绰、许询等。他们诗的内容多为玄理的述说，艺术上则“理过其辞，淡乎寡味”（钟嵘《诗品》），成就不高。

到东晋末期，出现了伟大诗人陶渊明，使诗坛大放异彩。陶渊明今存诗歌 125 首，绝大部分是五言诗。按其内容大致可分为咏怀、田园、哲理三类，而以田园诗成就最高。他以平淡质朴的笔墨描绘优美宁静的田园风光，同污浊的封建官场决裂，表现出一种淡泊的情怀和意志。他是东晋时代杰出的诗人，也是整个魏晋南北朝时期最有成就的诗人。

东晋之后，历史进入了南北朝对峙阶段，从此传统文学的中心转向南朝。南朝文学，指宋、齐、梁、陈四代的文学。这一时期文人诗坛大致经历了三个阶段：刘宋的山水诗，齐代的永明体，梁陈的宫体诗。

刘宋诗坛出现了所谓元嘉（宋文帝年号）三大家，他们是谢灵运、颜延之和鲍照。其中重要的是谢灵运和鲍照。

谢灵运是我国诗歌史上第一个大力写作山水诗的人。他开创的山水诗派，全力刻画自然山水，完成了玄言诗到山水诗的转变。稍后于谢灵运的诗人鲍照，一部分写景诗接近于谢灵运，但有时流于险仄，不如谢诗自然。他主要的成就在乐府诗和拟古诗方面，这些诗大抵都以古朴和活泼见长，能正视社会现实，对下层人民的疾苦有所反映。特别是七言诗和杂言诗的创作，更富于创造性，对唐代李白、高适、岑参等大诗人有很大影响。

齐永明（齐武帝年号）年间，周颙发现汉字有平、上、去、入四种声调，始著《四声切韵》。同时著名诗人沈约、谢朓、王融等人，根据四声和双声叠韵来研究诗句中的声、韵、调的配合，自觉地运用声律来写诗，于是“声律说”大盛，形成了所谓“永明体”。“永明体”这种新体诗，是古体诗到近体诗的过渡。从事新体诗创作的是依附于齐竟陵王的所谓“竟陵八友”（王融、谢朓、任昉、沈约、陆垂、范云、萧琛、萧衍），其中除谢朓写的一些山水诗外，其他都是一些片面追求形式、内容贫乏的东西，成就不高。谢朓的山水诗往往结合自己的从宦经历来写，带有较多感情色彩，与谢灵运的游览式山水诗不同。他的诗语言精警工丽，格调清新流畅，不像谢灵运山水诗那样典重晦涩，杂有玄理，对山水诗的发展做出了贡献。

南朝文人诗坛发展到梁陈时代，出现了以萧纲（梁简文帝）、萧绎（梁元帝）为代表的“宫体诗”。以徐摛、徐陵和庾肩吾、庾信（早期）为代表的“徐庾体”，基本格调也与之类似。宫体诗以描写女色为主，或美化宫廷贵族的享乐生活，辞藻浮华，风格柔弱，没有什么思想价值，但在诗歌艺术形式上却把沈约永明体进一步推向格律化了，这是应该注意到的。这个时期还有梁代的江淹、吴均、何逊，陈代的阴铿等诗人。他们诗的内容比较健康。阴铿和何逊均以善写行旅送别和水上风光见长，历来被人合称“阴何”，但就总体而言，阴铿的成就不如何逊。

北朝文人诗歌数量少，也没有特色，由南入北的庾信却是集南北文学之大成的作家。他原为梁代宫体诗人，诗风轻艳，后期被迫留在北朝做官，诗歌的内容和风格都发生了变化，充满了深沉的故国乡关之思，风格沉郁悲凉。其代表作《拟咏怀》二十七首尤为突出。所以杜甫曾说：“庾信文章老更成，凌云健笔意纵横。”（《戏为六绝句》）这种变化是与作者的生活经历和遭遇分不开的。除庾信之外，还有王褒。他诗的成就虽不能和庾信相比，但也有少数名篇，如《渡河北》《关山月》等。

继汉乐府民歌之后，南北朝又出现了一批乐府民歌。这些乐府民歌主要保存在宋人郭茂倩所编的《乐府诗集》里。南朝民歌今存四百多首，绝大多数归入《清商曲辞》中的“吴声歌曲”和“西曲歌”两个部分。此外，《杂曲歌辞》和《杂歌谣辞》中也各有少数几首。吴声歌曲产生于建业（今江苏南京）一带，大体包括东晋与刘宋两代。西曲歌产生于荆州（今湖北江陵）一带，时代略晚，包括宋、齐、梁三代。现存南朝民歌内容比较单纯，大都是描写男女恋情的情歌，但写来千姿百态，抒情真挚缠绵，语言清丽婉转，收入“杂曲歌辞”中的《西洲曲》是其艺术形式最为成熟的作品。

北朝乐府现存的有六十多首，大都收入在《乐府诗集》所载的《梁鼓角横吹曲》里。此外有少数收入《杂曲歌辞》和《杂歌谣辞》。北朝民歌气质刚健，风格爽朗，反映社会生活相当广泛，同南朝民歌迥异。在北朝民歌中，以歌颂代父从军的英雄女性的《木兰诗》为最杰出的代表。

赋在魏晋南北朝时有新的发展。汉赋大都描写宫苑、游猎、京邑，而至魏晋，赋的发展明显出现两种趋势。在内容方面，咏物赋激增，大多取材于"草区禽族"，而在此外的一些作品中抒情成分增多；在形式方面则以篇幅短小的赋为主体，大赋已降到从属地位。这一时期的优秀作品有曹植的《洛神赋》、王粲的《登楼赋》、向秀的《思旧赋》以及陶渊明的《归去来兮辞》等。南北朝时期盛行一时的骈文极大地影响了辞赋的写作，使赋家更加追求形式技巧的新奇完美。这一时期的赋称为骈赋或俳赋。鲍照、庾信的作品，代表了骈赋的最高成就。

散文在这个时期不很发达。在六朝诗风的影响下，散文逐渐为骈文所代替。骈文可以说是我国文学史上这一阶段特有的珍品，它脱胎于汉赋，形成于魏晋，到南北朝时进入全盛时期。鲍照的《芜城赋》、孔稚珪的《北山移文》、江淹的《别赋》、徐陵的《玉台新咏序》、庾信的《哀江南赋》等都是骈文的名篇佳作。不过，这个时期的文坛也并非骈体文一统天下，从郦道元《水经注》、杨衒《洛阳伽蓝记》和颜之推《颜氏家训》等书可以看出，散文仍继续存在并发展着。

小说在魏晋南北朝时已初具规模，出现了大量的志怪小说和逸事小说。志怪小说主要是记述神仙方术、鬼魅妖怪以及佛法灵异等，其中充满了宗教迷信思想，但也保存了一些具有进步意义的民间故事和传说。其中东晋干宝的《搜神记》成就最高，为这类小说的代表。志怪小说对唐代传奇的创作产生了直接的影响。逸事小说，主要是记述人物的逸闻琐事，以南朝宋刘义庆的《世说新语》为代表。此书"记言则玄远冷峻，记行则高简瑰奇"（鲁迅），善于通过富有特征的细节刻画人物，对后代的小说和戏曲创作都有重要影响。

魏晋南北朝时期是中国古代文论发展史上一个重要的阶段。在这一时期,出现了一些对后世影响巨大的理论批评著作,如曹丕的《典论·论文》、陆机的《文赋》、刘勰的《文心雕龙》、钟嵘的《诗品》等。特别是《文心雕龙》一书,体大思精,内容繁复,自成体系,在我国文学批评史上占有非常突出的地位。

总之,魏晋南北朝的文学,无论在诗歌、小说、文学批评等各个方面,都取得了突出的成就,给唐代文学,特别是唐代诗歌的高度繁荣奠定了坚实的基础。

读唐诗

一个又一个时代远去了，留给我们的是一个又一个背影。每次回望唐朝，总能见到一群诗人的背影。其实，唐朝本来就是一个属于诗人的朝代，正如台湾美学家蒋勋所说："仿佛是一种历史的宿命，那么多诗人就像彼此约定一样同时诞生。"（《蒋勋说唐诗》）

可以说，唐朝是诗的王朝、诗的国度，迄今为止还没有任何国度能够与之比肩，难怪闻一多先生称它为"诗唐"，即诗的唐朝。

唐王朝（公元618年—906年）是中国封建社会的鼎盛时期，在它将近三个世纪的历史进程中，文学也得到了高度的发展，出现了空前未有的繁盛景象。

唐代文学繁盛的重要标志是诗歌。

我国古典诗歌源远流长，如果说《诗经》、《楚辞》、汉魏乐府是源源不断的长河，那么到了唐代则泛滥渟滀而为广阔的诗的海洋。唐诗的高度发展和空前繁荣，使唐朝素有诗歌"黄金时代"之称。它是我国古典文学艺术宝库中一份最为灿烂、最为珍贵的文学遗产，千年来一直为我国人民以及世界人民所喜爱和珍视，在国内外享有崇高的声誉。

一

唐诗的繁荣，首先表现在作家作品之多。如清代康熙年间编成的《全唐诗》，共九百卷，收录作品 48900 余首，有名可查的诗人 2200 余人。今人王重民所编的《补全唐诗》，又新补出 104 首，诗人 19 人。由王重民、孙望、童养辑录的《全唐诗外编》（中华书局本）又收诗 1800 来首，其中有不少作者也是《全唐诗》中未收录的。另外，现存巴黎图书馆的敦煌伯 2555 号卷子抄录的唐人诗作 190 首，除 16 首外，余皆不载于《全唐诗》。

其实，这五万多首唐诗尚不能反映唐诗的全貌。如王维的诗"开元中，诗百千篇，天宝之后，十不存一"（《旧唐书·本传》），后经其弟王缙（代宗时宰相）多方搜集，才得 400 余篇。又如令狐楚有诗集 120 卷，但至今只存诗几十首；李贺的诗，据说有 3000 多首，今存仅 241 首；白居易是唐代写诗最多的诗人，共写诗 3600 余首，今存仅 2800 首。由于种种原因，唐诗散逸的的确不少，就《全唐诗》所录的诗也远远不是全部的唐诗。陈尚君辑校的《全唐诗补编》（中华书局出版，全三册），也增补了不少。《全唐诗》加《全唐诗补编》基本上可以反映唐代诗歌的大体面貌。由此可以想见唐诗之盛况。

唐诗的繁荣不仅表现在数量上，更重要的是表现在质量上。在唐代诗坛上，不仅产生了李白、杜甫、白居易那样享有世界声誉的伟大诗人（杜甫曾被评为 1962 年度世界文化名人，李白、白居易的诗作，当时就流传到我国少数民族地区及日本、朝鲜、越南等国），而且还出现了像王维、李贺、李商隐、杜牧等在文学史上占有重要地位的著名诗人，给我们留下了大量的优秀诗篇。真可谓名家辈出，佳作如林。

唐诗的繁荣，还表现在风格流派的争奇斗艳，形式的完备和多样化。《全唐诗序》说："诗盈数万，格调各殊。"诗人在自己所处的特定的历史条件下，以独特的艺术彩笔"笼天地于形内，挫万物于笔端"（陆机《文赋》）、"精思独悟，不屑为苟同”（《全唐诗·序》），从而形成唐诗在风格上的多样化。

就李白、杜甫、白居易三大诗人看，他们的风格就各不相同：李白是“笔落惊风雨，诗成泣鬼神”（杜甫《寄李十二白二十韵》）；杜甫是沉郁顿挫，苍凉悲壮，“规缕格律，尽工尽善”（白居易《与元九书》）；白居易则语言通俗，浅切坦夷，“言浅而思深，意微而词显”（薛雪《一瓢诗话》）。

从诗歌流派看，不仅出现了以王（维）、孟（浩然）为代表的山水田园诗派和以高（适）、岑（参）为代表的边塞诗派，而且还有“元和体”、韩（愈）孟（郊）并称等。

在形式上，凡是过去产生的诗歌样式，如四言、五言、七言古诗，长短句乐府，都由唐代诗人们继承了下来，而五、七言绝句，五、七言律诗，以至排律等形式都是在唐代臻于成熟的，同时还开创了因事命题的新乐府，真可谓诗体大备矣！

另外，诗歌的普及程度也能反映唐诗的兴盛情况：在唐代，作家所代表的社会阶层极为广泛，爱好诗歌成了普遍的风气。翻开《全唐诗》，我们可以看到唐诗不只是文入的作品，还有帝王、将相、朝士、工匠、商人、婢妾歌妓、僧道尼姑，以及农民起义领袖（黄巢）的诗作。此外，还有少数民族诗人，如维吾尔族的坎曼尔（1959 年在新疆若羌县楼兰古城遗址发现他用汉文手抄的《卖炭翁》全文，以及他自己用汉文写的三首诗，其一为《诉豺狼》）。唐代小说也有不少引用了诗歌。人们利用诗歌写景抒情、咏物言志、赐别送行、贺喜吊丧。有的用诗为人代写书信，骆宾王《艳情代郭氏答卢照邻》《代女道士王灵妃赠道士李荣》两首长篇七古，谈情说爱。此外，还流传着高适、王昌龄、王之涣在旗亭听歌妓唱诗的故事以及白居易的诗传诵于“王公、妾妇、牛童、马走之口”的史实。可见，在唐代，诗歌这种文学样式已经从贵族文人的垄断之中初步解放出来，为社会各个阶层所广泛采用，出现了诗歌大普及的盛况。

总之，古典诗歌，从第一部诗歌总集《诗经》开始，经过近两千年漫长的发展演变，到了唐代，无论是体制的完备还是题材的多样，无论是意境的深邃还是韵律的精严，无论是揭示生活的深度还是反映现实的广度，在封建社会，已达到了顶峰。

所以，鲁迅先生曾风趣地说："我以为一切好诗，到唐已被做完。以后倘非能翻出如来掌心之'齐天大圣'，大可不必动手。"(《鲁迅书信集》)可见，唐诗在我国诗歌发展史上的确达到了空前未有的高度。

二

唐代为什么会出现诗歌空前繁荣的局面呢？主要原因有以下几个方面：

1. 唐代社会经济的高度繁荣给唐诗的发展奠定了有利的物质基础。众所周知，唐代统治者是依靠农民起义的力量取得政权的。建国初期的几个统治者如太宗李世民等，他们慑于隋末农民起义的威力，吸取了前代王朝覆灭的历史教训，不得不对农民做了某些让步，采取了一系列缓和阶级矛盾、有利于发展生产的比较开明的措施。如实行了"均田制"（主要是指按人口的不同情况分给田地）、"租庸调"（主要是指赋役法），按其实际情况，尽量平均一些征税；在农业上，大修水利，大量开荒，扩大农田，为了提高农民的劳动兴趣，奖励农垦，从而发展了农业生产，安定了人民的生活。从贞观到开元这一百多年间，农业经济得到迅速的发展，社会财富有比较丰富的积累。据《新唐书·食货志》记载，当时的物价，"斗米之价钱十三，青、齐间才三钱"。杜甫在《忆昔》一诗里对当时的盛况做了描述：

忆昔开元全盛日，小邑犹藏万家室。
稻米流脂粟米白，公私仓廪俱丰实。
九州道路无豺虎，远行不劳吉日出。

齐纨鲁缟车班班，男耕女桑不相失。

这就是历史上所谓的“贞观之治”和“开元盛世”。宋代王安石在《河北民》诗中曾叹息宋代人民没有赶上贞观那个“斗粟数钱无兵戎”的好年代。

唐代的城市也空前繁华，当时的京城长安，周长约35公里，雄伟壮观，规模宏大，真可谓“自古帝京，未之有也”（《长安志》）。除长安外，洛阳、扬州、广州、成都、凉州等城市也极其繁华富庶。

唐初还不断开拓疆土，使我国版图大大扩展，成为当时世界上最大的封建帝国。可以说，唐帝国是我国历代封建王朝中最为强盛的一个朝代，也是当时世界上最强大的封建国家之一。

社会经济的大发展，国力的空前强盛，社会秩序的相对安定，增强了民族的自信心、自豪感，促进了手工业、商业等各行各业的发展和市民阶层的兴起，这样，才会有更多的人从事诗歌创作，更多的人欣赏、吟唱诗歌。

随着经济的高度发展，又促进了国内外交通的畅达和对外贸易的繁荣，促进了南北（包括少数民族）、中外文化的交流，从而推动各种文学艺术的蓬勃发展；而交通的便利，既为诗人游览、扩大生活视野提供了方便，又为诗歌的迅速传播提供了有利的条件。

经济的繁荣，国力的强盛，促使许多诗人到边疆建功立业，边疆的奇异风光、风土人情、战斗生活为诗人提供了创作的新素材，从而写出了大量的边塞诗。

经济的高度繁荣，促进了精神文化生活的高涨，书法、绘画、音乐、雕塑、舞蹈都各有风格，为诗歌创作开阔了新的领域。唐代有不少描写音乐、舞蹈、美术、书法的诗篇，如白居易的《琵琶行》、李贺的《李凭箜篌引》都是描摹乐曲的名篇。

但是，诗歌的创作与经济的繁荣并不完全成正比（经济基础并不能直接与文学创作发生关系）。安史之乱后，政治动乱，经济衰败，战乱频繁，中晚唐社会日趋黑暗，人民苦难不堪，这又为诗人改革社会、揭露黑暗提供了大量的题材，使他们写出了大量现实主义的优秀诗篇。

2. 思想活跃，开拓了人们的视野，促进了诗歌创作的活跃和题材风格的多样化。

在长期南北分裂以后建立起来的唐帝国，对各种思想和对各族文化一样，采取了兼容并包的态度。如儒、释、道三家并存，给当时的知识分子带来宽慰。还有一些有文化的高僧进行讲座，白居易晚年好佛，也讲座，号“香山居士”。

唐代文禁少，不搞“文字狱”。作家、诗人敢于表达自己的真实感情，言行较少拘束。宋洪迈《容斋续笔》卷二说：“唐诗无讳避。”人们可以从各种文化思想和各种文艺形式中吸取创作养料，进行写作，大大丰富了诗歌的内容。唐代有不少诗人明显地受三教的影响，如李白、杜甫、白居易等。

3. 以诗赋取士的科举制度，对唐诗的繁荣起到了积极的促进作用。

《沧浪诗话》的作者严羽曾说：“或问唐诗何以胜我朝？唐以诗取士，故多专门之学。我朝之诗所以不及也。”可见，唐代的科举考试是以诗为主要内容（科目）的。因此，当时许多中下层知识分子为了谋求政治上的出路，就必须从事诗歌创作，重视对诗歌技巧的训练和对诗歌形式的掌握。一般文人为了争取地方官推荐，在考试前，到处周游，把自己的诗文献给当时有名望的人看，以求在考试时能够被录取。这样一来，就必然使广大知识分子去研习诗文。可以说“重诗重文”是有唐一代普遍的社会风气。这无疑对唐诗的繁荣起到了积极的推动作用。在唐诗作者中，绝大部分参加过科举考试，大都是进士出身，如张籍、王建、白居易等。在唐代中进士称为“登龙门”，就取得做官的资格，但进士及第后，还要通过吏部量才，才能正式做官。开元年间，每年到京师应试的士子超千人。

关于何时开始“以诗赋取士”，有不同记载：五代王定保《唐摭言》卷一：“进士科始于隋大业中，盛于贞观、永徽（高宗即位时年号，即公元650年）之际。”明代胡震亨《唐音癸签》认为始于调露(唐高宗年号,公元679年—680年)中。《全唐诗序》《唐会要》认为始于初唐。徐松《登科记者》说是始于开元年间,完成于天宝之际,较为可信。据《文苑英华》,应不会晚于开元年间。据范文澜《中国通史》,唐取士制度,大体沿袭隋制。唐玄宗时改由礼部考试。明经主要考帖经,进士主要考诗赋。

4. 统治者的爱好、提倡和奖励,也可视作刺激人们创作诗歌的因素之一。

据说唐代帝王自太宗以下,大都喜爱诗歌,并会作诗,常与朝臣、嫔妃赋诗唱和。南宋计有功《唐诗纪事》曾以两卷多的篇幅收录了唐代帝王的诗作。

据《旧唐书·贺知章传》记载,贺知章因病上表,告老还乡(绍兴),明皇许之,并亲自作有《送贺知章》一诗,以表赠别。沈德潜《唐诗别裁集》卷九收录了此诗。

白居易去世,唐宣宗李忱亲自作诗吊唁,其中有句云:“童子解吟《长恨曲》,胡儿能唱《琵琶篇》。文章已满行人耳,一度思卿一怆然。”

另外,武后宴集群臣,宋之问赋诗最佳,武后十分高兴,赐给他锦袍。

王维死后,代宗还关心过他诗集的编纂工作。他曾对王缙(王维之弟)说:“卿之伯(指王维),天宝中,诗名冠代,朕尝于诸王座闻其乐章,今有多少文集,可进来。”王缙说王维诗自“天宝事后,十不存一”,便集诗文共为十卷。代宗优诏褒赏,追赠王维为秘书监。

5. 除社会原因外,唐诗的繁荣还取决于它本身的发展规律,即内在因素。

从先秦到汉魏六朝,文学经历了漫长的历史过程,诗歌、散文、小说等方面都积累了丰富的遗产,其中有值得学习的经验,也有不少深刻的教训。唐代文学家善于批判地继承前代的传统,从而形成自己的风格。

尤其是诗歌,从第一部诗歌总集《诗经》到唐代,积累已相当丰富。唐代诗人继承和发展了《诗经》《楚辞》以来诗歌的优良传统（如《诗经》、汉乐府的现实主义传统，《楚辞》的浪漫主义传统，以及唐以前历代诗人从创作方法、艺术风格到表现手法方面所积累的经验），在与齐梁以来形式主义的浮靡诗风的斗争中，创作了大量的优秀诗篇，促进了唐诗的繁荣兴盛。

在形式上，唐人继承和发展了前代诗歌的主要形式，并吸收了南朝齐永明末年沈约创立的"四声八病"的声律说（"四声"，即指平、上、去、入，和现代汉语的四声不同，这是中古时期的语调。"八病"，是指作诗时避忌的八种毛病，即"平头、上尾、蜂腰、鹤膝、大韵、小韵、旁纽、正纽"），加以大胆创作，创造出新的诗歌形式——近体诗（即格律诗），使唐诗在形式上臻于完备，呈现出多样化的特点。明人胡震亨在《唐音癸签》卷一《体凡》中说："诗自风雅颂以降，一变有离骚，再变为西汉五言诗，三变有歌行杂体，四变为唐之律诗。诗之至唐，体大备矣。"

乐府诗在汉代已经取得了可观的成就，经建安诗人的努力又有了新发展，到唐代，诗人既继承了用旧题写时事的传统，又创立了"即事名篇"的新乐府。

诗歌形式的完备和多样化，为诗人创作提供了方便。人们可以根据不同的题材内容、不同的要求，自由选择最为恰当的诗歌形式，或叙事状物，或写景抒情，或咏史言志，创作出各种类型、各种形式的诗篇。可以说，唐诗是集古典诗歌之大成！

各种类型、各种形式的诗歌的大量产生，为唐代的诗歌园地带来了万紫千红、争奇斗艳的繁荣景象。

需要指出的是，唐诗作为一种主要的文学样式，它的繁荣和发展具有多方面的原因和有利条件，我们绝不能孤立地强调某一方面，而应当把唐代特定的社会背景（政治、经济、文化艺术等方面的因素）同诗歌本身的发展规律综合加以考察，否则就不足以说明问题。

三

从唐诗的演变过程看，可以分成四个时期。首先给唐诗全面分期的是南宋的严羽，他在写《沧浪诗话》的时候，将唐诗分为"唐初""盛唐""大历""元和"和"晚唐"五体。后来明代高棅在《唐诗品汇》中，承袭严羽之意而加以调整，将唐诗分为初、盛、中、晚四个时期，并且把各个时期的界限大致划定了一下。按照这个分法，初唐不包括高祖时代，中唐又太短，所以还不够严密。到明末，沈骐在《诗体明辨·序》中将唐诗分为"四大宗"，修正了高棅的不足之处，并重新划定各期起讫的年限。这种分法比较切合实际，因而得到大多数人的赞同而沿用至今，具体时间界限大约是这样的：

初唐：从高祖武德元年（公元618年）到玄宗开元初年（公元713年），大约一百年。

盛唐：从玄宗开元元年（公元713年）到代宗大历初年（公元766年），大约五十年。

中唐：从代宗大历元年（公元766年）到文宗太和九年（公元835年），大约七十年。

晚唐：从文宗开成元年（公元836年）到昭宗天祐三年（公元906年），大约七十年。

下面，分别介绍一下各个时期的主要特点和作家作品的大致情况：

1. 初唐（公元618—713年）

这一时期是唐诗繁荣的酝酿与准备阶段，或者说是由齐梁形式主义诗风向盛唐健康诗风的过渡时期。

初唐前期（约三十余年），在诗歌上主要沿袭齐梁以来那种"俪采百字之偶，价争一句之奇"（刘勰《文心雕龙》）的形式主义和唯美主义的浮艳诗风，贵族、御用文人的宫体诗（专写宫廷生活、贵族妇女）、应制诗（奉皇帝之命而作）左右诗坛，无成就可言。这些诗没有什么重大的思想内容，在形式上也没有很大的突破。宫体诗的代表作家是上官仪，所作之诗内容空泛，苍白无力。不过，他把六朝以来的对仗手法加以程式化，提出了所谓"六对""八对"（如"正名对"：天对地；同类对："花叶"对"草芽"等）之说，对唐代律诗的形成和发展多少也起了一点作用。

还有沈佺期和宋之问，并称"沈宋"，都做过宫廷的侍臣，写的大部分是"应制"之作，粉饰现实、点缀升平，内容贫乏，也无可取。他两人都曾被贬谪，遭到流放，在此之后，也写出一些语言自然流畅，具有生活气息的诗歌。如宋之问的《题大庾岭北驿》写自己流放中的思想感情，因物感发，寄情于景，写得一唱三叹，感伤悲凉，完全发自肺腑。沈宋的主要贡献，是在继承六朝以来在诗律上由沈约所提出的一些创作经验，发展为比较完整的五、七律，因而对近体诗的形成和发展也是起到一定作用的。和沈宋差不多同时，在武则天朝廷上的御用文人，还有所谓"文章四友"，即李峤、崔融、苏味道和杜审言。其中以杜审言较为有名，他是杜甫的祖父，其诗以五律成就为高。

在唐初，值得一提的是王绩。他的诗歌以田园闲适生活为主要题材，并突破了当时的浮艳诗风，给诗歌带来了生气，代表作是《野望》。但是对唐诗的发展做出重要贡献的还要推"初唐四杰"（王勃、杨炯、卢照邻、骆宾王）和稍后的陈子昂。初唐四杰的诗篇和陈子昂悲怆慷慨的登临之作，代表了初唐诗坛的最高成就。

初唐四杰，位下名高，才华洋溢。他们出身较低，遭遇坎坷，结局大都很悲惨，如王勃渡海落水受惊而死；卢照邻晚年因染风疾，手足残废，痛苦不堪，自投颍水而死；骆宾王因参加徐敬业反对武则天的斗争，失败后不知所踪；只有杨炯终其天年。但在诗歌创作上，初唐四杰初步摆脱了齐梁绮靡柔弱诗风的影响，在内容上有所开拓，题材比较广阔，风格较为活泼刚健，如王勃的五律《送杜少府之任蜀川》：

城阙辅三秦，风烟望五津。
与君离别意，同是宦游人。
海内存知己，天涯若比邻。
无为在歧路，儿女共沾巾。

这首诗一反赠别诗的俗套，写得颇为壮健，不仅抒发了对友人的深厚情谊，而且表现出诗人旷达朗爽的胸襟和积极进取的乐观精神。

从形式上看，他们的作品大都对仗工整，讲究音律，但未能完全摆脱六朝余习。比较而言，王勃、杨炯的近体诗（五、七律及五绝）成就较大。王勃除《送杜少府之任蜀川》外，还有《别薛华》等。杨炯的《从军行》等写得都比较工整：

烽火照西京，心中自不平。
牙璋辞凤阙，铁骑绕龙城。
雪暗凋旗画，风多杂鼓声。
宁为百夫长，胜作一书生。

卢照邻、骆宾王的歌行体成就较高。如卢照邻的代表作《长安古意》是一首长篇七言歌行，诗以纵横奔放、富丽铺陈的笔法揭露了上层权贵骄奢淫逸的腐朽生活。

骆宾王的《帝京篇》（五、七杂言）笔调利落，被誉为"绝唱"。五律《在狱咏蝉》以蝉自比，抒发自己的高洁之志及无辜受害的冤屈。五绝《于易水送人》咏史怀古。还有两首长篇的七言古诗《艳情代郭氏答卢照邻》《代女道士王灵妃赠道士李荣》，前者写得婉转而哀切，语言精练而动人；后者"一气到底而又缠绵往复"（闻一多语）。

总之，初唐四杰的崛起，使唐诗开始呈现出新的面貌。后来杜甫在《戏为六绝句》中给予很高的评价：

王杨卢骆当时体，轻薄为文哂未休。
尔曹身与名俱灭，不废江河万古流。

继“四杰”之后，陈子昂提出复古革新的主张，标举“风雅兴寄”和“汉魏风骨”，鄙弃齐梁形式诗风，强调诗歌要有充实的现实内容，并从创作中实践了这种革新主张，为唐诗的健康发展开一代新风，成为盛唐诗风的揭幕人，其诗歌主张见于《脩竹篇序》。

陈子昂的代表作有《感遇》三十八首、《登幽州台歌》，前者内容充实，风格刚健质朴；后者以苍凉悲雄的声调，抒发了自己怀才不遇、报国无门的悲愤心情：

前不见古人，后不见来者。
念天地之悠悠，独怆然而涕下。

除陈子昂外，这个时期的著名诗人还有刘希夷、张若虚等人。

刘希夷的《代悲白头翁》虽然还未脱尽六朝铅华，但比卢照邻的《长安古意》更为自然流畅。如：“洛阳城东桃李花，飞来飞去落谁家？……今年花落颜色改，明年花开复谁在？……古人无复洛城东，今人还对落花风。年年岁岁花相似，岁岁年年人不同。”

刘希夷是宋之问的外甥，传说宋之问非常喜欢这首诗，而且知道他没传于别人，于是恳求刘希夷把这首诗让给他，刘希夷不同意。宋之问非常恼恨，便叫仆人用土囊把他压杀在房间里。这个传说，见于辛文房的《唐才子传》，真假虚实很难证实。不过，刘希夷在作《代悲白头翁》后不到一年就被人所杀的事，大概是可靠的，他死时还不到30岁。

张若虚稍晚于刘希夷，是初唐后期的一个著名诗人，玄宗开元初年与贺知章、张旭、包融号称“吴中四士”。他的诗仅存两首，《春江花月夜》是极负盛名的一首，曾被前人誉为“孤篇盖全唐”的杰作，闻一多先生在《唐诗杂论·宫体诗的自赎》中也称它为“诗中的诗，顶峰上的顶峰”。另一首题为《代答闺梦还》。

总的来看，初唐诗歌未能完全摆脱齐梁以来的形式主义的浮靡诗风，但经过“四杰”和陈子昂他们的努力，诗歌的题材扩大了，内容充实了，诗歌的形式也基本成熟。这一切，预示着唐代诗歌高潮行将到来。

2. 盛唐（公元713年—766年）

如果说唐诗是中国古典诗歌的高峰，那么盛唐诗歌便是这座高峰的顶点。

这个时期，整个诗坛闪耀着奇光异彩，不仅升起了李白和杜甫这标志着唐诗浪漫主义和现实主义的“双子星座”，而且涌现出孟浩然、王维、高适、岑参、王昌龄、李颀这样一些著名的诗人，产生了多种多样的风格流派。这种景象正如李白所描写的：

群才属休明，乘运共跃鳞。
文质相炳焕，众星罗秋旻。

——《古风》其一

孟浩然、王维、常建、储光羲、祖咏、裴迪等以田园山水诗见长，人们习惯称之为“田园山水诗派”。他们的作品极为成功地描写了幽静的景色，借以反映其宁谧的心境。如王维的《山居秋暝》描写了一个宁静秀美的山村的雨后秋景，表达了对大自然的向往之情。宋代苏轼曾称赞他“诗中有画”“画中有诗”。孟浩然的《秋登万山寄张五》《过故人庄》也别有特色。

以“边塞诗”著称的高（适）、岑（参）诗派，包括王昌龄、王之涣、李颀、王翰等人。他们的作品以丰富的想象、磅礴的气势、精粹的语言，生动地描绘了边塞瑰奇多彩的风光和激烈的战斗场面。如高适的《燕歌行》，岑参的《走马川行奉送封大夫出师西征》《白雪歌送武判官归京》等七言歌行，都写得很出色。

王昌龄的《从军行》七首其四：“青海长云暗雪山，孤城遥望玉门关。黄沙百战穿金甲，不破楼兰终不还。”《出塞》二首之一：“秦时明月汉时关，万里长征人未还。但使龙城飞将在，不教胡马度阴山。”可谓唐人七绝的压卷之作。

另外，还有李颀的《古意》《古从军行》，王之涣的《登鹳雀楼》《凉州词》，以及崔颢的《黄鹤楼》等，都称得上传世佳作。

盛唐诗歌的特点，主要表现在以下两个方面：

第一，题材内容极为广泛，各种诗体完全成熟，律、绝二体被广泛运用，特别是五、七绝运用最广，成就极高。古体诗（五古、七古及乐府歌行）同样受到人们重视，并为李、杜等大家所喜用，同样取得极大成就。

第二，作品的主要倾向：思想乐观、开朗，感情奔放激昂，语言清新流畅，反映出所谓的“盛唐气象”。不少暴露社会黑暗、控诉人间不平以及反映战离之苦的诗作，也大都表现为激昂悲壮，敢怒敢言，不显得哀怨、绝望。

安史之乱前以李白为代表的浪漫主义和乱后以杜甫为代表的现实主义双峰对峙，在诗歌创作方面，达到了繁荣的顶峰。

3. 中唐（公元 766 年—835 年）

“安史之乱”是唐王朝由盛转衰的标志。中唐时期与安史之乱期间相比，虽然得到相对的稳定，但各种矛盾继续发展，藩镇割据，宦官专权，朋党之争，社会日益衰落。反映在文学上，出现了许多反映现实的诗篇，进步的作家自觉地起来揭露、鞭挞社会现实。

中唐前期，元结、顾况、戎昱等一批作家，继承了杜甫的批判精神，写了一些反映人民苦难、讽喻时政的诗作。如元结的《春陵行》《贼退示官吏》，顾况的《囝》《公子行》，戎昱的《苦哉行》等，都是具有现实意义的佳作。他们是杜甫到白居易之间的桥梁，是新乐府运动的先驱。

刘长卿、韦应物等人继承了盛唐王、孟诗派的传统，以山水诗见称。刘长卿以"五言长城"自负，善于"以画入诗"，所咏多羁旅愁怀，境界孤清。韦应物以描写景物和隐逸生活著称，在艺术上效法陶渊明，也受王维的影响。如其七绝《滁州西涧》写得优美如画：

独怜幽草涧边生，上有黄鹂深树鸣。
春潮带雨晚来急，野渡无人舟自横。

这一时期还有"大历十才子"。所谓"十才子"，指的是卢纶、吉中孚、韩翃、钱起、司空曙、苗发、崔峒、耿湋、夏侯审和李端十人。他们的作品很少反映社会的动乱和人民的苦难，而极尽歌功颂德之能事，唐李肇《国史补》说"大历之风尚浮，贞元之风尚荡"，可见他们得到的评价是不高的。他们十人中，钱起的成就较高。他的写景诗注重立意造境，讲究遣词炼字，所以往往出现佳句。如他在应试时写的一首《省试湘灵鼓瑟》诗，最后两句比较有名，可说是神来之笔："曲终人不见，江上数峰青。"说的是湘水的女神在弹瑟，音乐结束了，可是看不到鼓瑟的湘灵，只能见到江上青翠的山峰。据说，当时主考官李暐看了这首诗赞叹不已，击节咏叹者久之"。钱起因此被擢为高第。

"十才子"中的卢纶所作《和张仆射塞下曲》六首也比较著名，其三说：

月黑雁飞高，单于夜遁逃。
欲将轻骑逐，大雪满弓刀

诗写将军的勇敢善战，十分生动传神。

此外，李益受盛唐李白和边塞诗人王昌龄的影响，写了一些比较出色的边塞诗。如《塞下曲》：

伏波惟愿裹尸还，定远何须生入关？
莫遣只轮归海窟，仍留一箭定天山。

这首小诗借用历史事件，抒发他热望沙场歼敌、以身报国的豪情壮志。全诗对仗精巧工稳，用典贴切自然，难怪明代胡应麟评唐人绝句时，以李益为盛唐以下第一人，认为"可以和太白、龙标（王昌龄）竞爽"。

宪宗元和（公元 806 年）以后，出现了白居易领导的新乐府运动，继杜甫、元结之后，把诗歌的现实主义创作推到一个新的高峰，使唐诗经过一度衰落之后又重振旗鼓，出现所谓"中兴"气象。

新乐府运动的参加者，比白居易略早的，有出身寒门的张籍、穷困一生的王建，以及第一个有意识地写作《新题乐府》二十首的李绅。张、王乐府成就较高（李绅《新题乐府》二十首，早已失传）。李绅的《悯农诗》二首颇负盛名：

春种一粒粟，秋收万颗子。
四海无闲田，农夫犹饿死。（其一）
锄禾日当午，汗滴禾下土。
谁知盘中餐，粒粒皆辛苦。（其二）

白居易和元稹（世称"元白"）则是新乐府运动的倡导者。白居易在《与元九书》中明确提出"文章合为时而著，歌诗合为事而作"的主张，并写下了大量揭露当时各种弊政和反映民间疾苦的现实主义诗篇，其中《新乐府》五十首、《秦中吟》十首，内容比较深刻，战斗性很强，所以那些达官贵人们看到他的诗歌，或“变色”，或“扼腕”，或“切齿”。他是继杜甫之后一位杰出的现实主义诗人。

元稹是白居易的好友，也是新乐府运动的倡导者之一。他早年写了一些《新题乐府》和所谓《乐府古题》，反映现实都有一定深度，只是艺术性差一些。《田家词》和《连昌宫词》是他的代表作品，前者完全是农民激愤的话，反映了人民的情绪，是他作品中最优秀的一首乐府诗；后者是一首著名的长篇叙事诗，通过连昌宫的兴废变迁，含蓄地揭露了玄宗及皇亲骄奢淫逸的生活和外戚的飞扬跋扈，前人认为它“有监戒规讽之意”。

与新乐府运动同时并存，作风却完全不同的诗人，还有韩愈、孟郊、贾岛等人，他们是中唐另一流派的著名诗人，有“韩孟诗派”之称。

韩愈首开“以散文入诗”的先河，主张别出心裁，其诗雄健、壮丽和散文化，喜用怪字，造拗句，不少诗写得生僻、晦涩，呈现出一种奇崛险怪的风格，但也有较清新的诗作，如《山石》《八月十五夜赠张功曹》等。

孟郊与贾岛都是以“苦吟”著称。苏轼称之为“郊寒岛瘦”（“瘦”，即“僻苦”之意）。他们很注意在遣词造句上下功夫，刻意求新求奇。孟郊在《夜感自遣》中说：“夜学晓未休，苦吟神鬼愁。”贾岛说：“两句三年得，一吟双泪流。”（《送无可上人》诗下自注）孟郊的《寒地百姓吟》《织妇辞》《长安早春》等诗，反映人民疾苦，揭示阶级矛盾，都比较深刻。贾岛的《剑客》诗也很有特色：

> 十年磨一剑，霜刃未曾试。
> 今日把示君，谁有不平事？

传说贾岛在长安时，有一次去访问一个隐居的朋友，即景发兴，作了一首《题李凝幽居》，其中有“鸟宿池边树，僧推月下门”两句，想把“推”字换为

“敲”字，但又拿不定主意，正在苦思冥想，不觉撞到京兆尹韩愈的车骑，韩愈得知情况后，赞成他用“敲”字比“推”字好。后来“推敲”二字便成了反复考虑问题的专用词。

韩孟诗派，走上了一条“横空盘（旋）硬语”（韩愈《荐士》）的“奇崛险怪”道路，后来的卢仝、马异、樊宗师等人的诗更是向怪僻诗风恶性发展，简直莫名其妙，不知所云。这种在诗歌创作中，追求奇险，搜罗奇字、生僻字，而走向极端，使诗歌失去内容上的积极意义，可以说是“一种雕肝呕肺的文字游戏”。

除元、白和韩、孟两派之外，刘禹锡、柳宗元也是这一时期有成就的诗人。刘禹锡的诗简练而沉着，其讽刺时政之作比较有名，如《元和十年自朗州至京，戏赠看花诸君子》：

紫陌红尘拂面来，无人不道看花回。
玄都观里桃千树，尽是刘郎去后栽。

含蓄而又辛辣地讽刺了当朝的统治者，风格刚健有力。他还学习屈原写《九歌》的精神，创作了组词《竹枝词》，其中有一首是这样写的：

杨柳青青江水平，闻郎江上踏歌声。
东边日出西边雨，道是无晴却有晴。

这是用一个女子的口吻唱出来的一首情歌。诗人用阴晴的“晴”和爱情的“情”谐音双关，含蓄、巧妙地表现了农村女子健康的爱情，清新自然，具有民歌风味。

柳宗元和韩愈一样是散文大家，在诗歌创作上也有成就。柳宗元以写山水诗出名，如《江雪》一诗：

千山鸟飞绝，万径人踪灭。

孤舟蓑笠翁，独钓寒江雪。

短短四句诗，写得简洁细致，生动逼真，犹如一幅优美的图画。

在中唐诗坛上，还有一位独树一帜、放射异彩的青年诗人李贺。他终身抑郁不得志，只活了27岁，但在这短暂的一生中却写下了大量新奇瑰丽、具有浪漫主义气息的诗篇，为唐代百花争艳的诗坛增添了奇葩异卉，有《李凭箜篌引》《金铜仙人辞汉歌》《老夫采玉歌》《雁门太守行》等名篇。李贺诗的名句很多，如"黑云压城城欲摧"（《雁门太守行》）、"天若有情天亦老"（《金铜仙人辞汉歌》）等，所以毛泽东主席说："李贺诗很值得一读。"

虽然李贺诗具有想象丰富、构思精巧、比喻新颖的独特风格，但另一方面，由于他生活面的窄狭，体验不深，有的诗流于隐晦荒诞，不易理解，有唯美主义的倾向。

总的来说，中唐作家多（约五百七十多人），诗歌流派层出，风格多样，作品丰富（约一万九千余首诗），在整个唐代文学史上占有重要的地位。

4. 晚唐（公元836年-906年）

晚唐时期，社会更加动荡，国势每况愈下，各种矛盾纷至沓来。到公元875年，终于发生黄巢起义。反映在诗歌创作上，揭露现实的深度比中唐似乎更深一些，但随着唐王朝的日趋衰亡，唐诗的发展已进入尾声，作品大多染上了一层凄凉感伤的色彩。

晚唐前期的代表作家要推杜牧和李商隐，并称"小李杜"。

杜牧的诗往往流露出理想与现实相矛盾的苦闷，某些作品表现了一定的爱国忧民的思想感情。他的《过华清宫绝句》《江南春》《赤壁》《泊秦淮》《山行》等七绝，风格俊爽别致，词采清丽，意境新颖，历来为人所传诵。

李商隐则尤长于七律、七绝，继承了李白、杜甫的优秀传统，又兼取以前各家之长，注重格律、辞采，讲究使事用典，形成独特的风格。他的政治诗如

《隋师东》《有感》《重有感》等，是当时一些重大政治事件的实录。他还写了许多借古讽今的咏史诗，如《贾生》：

宣室求贤访逐臣，贾生才调更无伦。
可怜夜半虚前席，不问苍生问鬼神。

借咏史寄托自己怀才不遇的感慨。

他的爱情诗，具有缠绵、典雅的特点，其中有“春蚕到死丝方尽，蜡炬成灰泪始干”“身无彩凤双飞翼，心有灵犀一点通”这样一些为人传诵的名句。有人称李商隐是写爱情诗的能手。他是晚唐有特色的诗人，在诗歌发展史上具有特殊的艺术成就。但他的诗也有缺点，用典有时过多，晦涩难懂。

到黄巢起义前后，皮日休、聂夷中、杜荀鹤等在诗歌创作上，继承了元、白“新乐府”的优良传统，写了一些反映现实、同情人民疾苦的诗篇，但在艺术上却不及中唐新乐府诗人，缺乏艺术上的独创。

皮日休的《橡媪叹》、聂夷中的《咏田家》、杜荀鹤的《山中寡妇》等，写得都比较深刻。

还有陆龟蒙的《筑城词》《新沙》，罗隐的《雪》《金钱花》等，讽刺性也很强。罗隐的《金钱花》是这样写的：

占得佳名绕树芳，依依相伴向秋光。
若教此物堪收贮，应被豪门尽剧将。

这是一首咏物寄意的诗，通过咏金钱花，把豪门地主拼命搜刮钱财的丑恶嘴脸和贪求无已的卑鄙心理揭露出来，讽刺尖锐，形象鲜明。

唐末农民起义领袖黄巢有两首“菊花”诗，其思想、艺术都很有特色：

题菊花

飒飒西风满院栽，蕊寒香冷蝶难来。
他年我若为青帝，报与桃花一处开。

菊花

待到秋来九月八，我花开后百花杀。
冲天香阵透长安，满城尽带黄金甲。

前一首大概是他早期的作品，借物言志。后一首是落第后所作，语意双关，暗寓打破唐王朝的腐朽统治之意，气魄雄大，风格刚劲。

此外，还有一些以凄婉轻艳的风格伤悼离乱的诗人，如司空图、吴融、韩偓、韦庄等，其诗内容比较单薄，少数在艺术上较有成就。如韦庄《台城》：

江雨霏霏江草齐，六朝如梦鸟空啼。
无情最是台城柳，依旧烟笼十里堤。

写得形象如画，情致婉转，但情调低沉，似含有对唐帝国衰亡的感伤。

总之，唐诗以丰富的内容、深远的意境、多样的风格、优美的韵律而成为中国文学史上一颗光辉灿烂的明星。

读唐宋词

一、唐五代词

从广义上说，词也是诗，是一种格律化、有固定字数的、句式长短不齐的古代抒情诗样式。

关于词体的起源和形成，历来说法不一。根据宋王灼《碧鸡漫志》和张炎《词源》上的说法，词最早产生于隋代。但词的正式兴起是在唐代。

同其他文学形式的产生一样，词也起源于民间。现存最早的唐代民间词是敦煌曲子词，共160多首，其中也有少量文人词。

中唐时期，由于民间词的广泛流传，一些文人学习民间词，创作了一些优秀作品。如张志和的《渔歌子·西塞山前白鹭飞》描写水乡风光，借理想化的渔人自道隐居江湖之乐，寄托了自己爱自然、慕自由的情趣。在格调上似七绝，而第三句字数略加变化。韦应物《调笑令·胡马》描写草原风光，也很出色。至于白居易、刘禹锡“依曲拍为句”作《忆江南》等词，则是词体宣告成立的一个突出标志。

晚唐时期，写词的人渐多，其中要数温庭筠写词最多，对后世影响也最大。《花间词》录温词六十首，是花间词的鼻祖。文人词的传统，严格来讲，是从温庭筠开始的。他与韦庄齐名，并称“温韦”，然温浓而韦淡，各尽其妙。

在花间词之外还有南唐词，主要指冯延巳、李璟和李煜三人的作品。冯延巳“著乐章百余阕”（马令《南唐书·党与传》），超过温韦，是唐五代词人中作词最多的。李璟是南唐中主，作词不多。李煜是南唐后主，其词比之《花间集》中的温韦词及冯延巳《阳春录》，皆为短少，但艺术造诣很高，感染力很强，对词的发展所做的贡献很大。王国维《人间词话》评说：“词至李后主而眼界始大，感慨遂深，遂变伶工之词为士大夫之词。”在令词发展史上，李煜的词确是到了登峰造极的地步，随之而来的即是宋词的兴盛景象。

二、宋词兴盛的原因

词兴起于隋唐，至两宋而极盛。在当时，词的数量是相当可观的。作者不仅有士人，而且遍及社会各阶层，上至帝王将相、高官贵人，下至伶工妓女、尼姑和尚，莫不竞作“新声”。就现存的宋词总集《全宋词》看，作品有一万九千九百余首，作家达一千三百三十余人。以词调而论，清人万树《词律》所收词调六百六十调，词体一千一百余体，大多来自两宋。就质量而言，无论是思想内容的丰富还是艺术形式的完美，宋词都达到了极高的境界。其名家之多，作品流行之广，更是唐五代词所不能比拟的。在我国诗歌发展史上，宋词以它百花争妍、万紫千红的姿态，与唐诗、元曲相互辉映，成为一代文学的代表。

词在宋代盛极一时，与当时的政治、经济条件有着密切的联系。北宋王朝的建立，结束了唐五代以来的分裂局面。国家统一之后，社会生产力得到迅速恢复与发展，城市经济日趋繁荣。特别是在汴京等一些人口集中的都市里，秦楼楚馆，竞睹新声，歌词的创作，随着市民生活的需要而兴盛起来。一时间出现了大批词家，如晏殊、欧阳修、柳永、苏轼等，给我们留下了许多脍炙人口的词篇。

南宋时期，国破家亡，民族矛盾异常尖锐，统治阶级不但不图恢复中原，反而进一步向金人屈膝求和，以求换取东南半壁河山的苟安。这种耻辱激起了无数爱国志士的正义呼声，于是产生了一大批优秀的爱国词人和词篇，成为南宋词的主流。当南宋偏安已定，朝廷上下又文恬武嬉，继续过着“山外青山楼外楼，西湖歌舞几时休”（林升《题临安邸》）的腐化糜烂生活。这种社会环境又造成了艳词的发达。

除上述特殊的历史条件外，宋词的兴盛又是为文学本身发展的规律所决定的。王国维《人间词话》云：“四言敝而有《楚辞》，《梦辞》敝而有五言，五言敝而有七言，古诗敝而有律绝，律绝敝而有词。盖文体通行既久，染指遂多，自成习套。豪杰之士，亦难于其中自出新意，故遁而作他体，以自解脱。”这就告诉我们：任何一种文学体裁的产生、发展、繁荣和衰落，都有着自身的规律。唐朝盛兴的律绝，至晚唐已盛极难继，故人们遁而改作曲子词以解脱。从现存的词集来看，词在中晚唐和五代已经成长起来。宋人王灼说：“盖隋以来，今之所谓曲子者渐兴，至唐稍盛。”（《碧鸡漫志》卷一）宋词就是在晚唐五代词人的影响下，在“变旧声、作新声”（李清照《词论》）的基础上发展起来的。如果没有唐五代词的“稍盛”，宋词也难以形成大盛的局面。

君主之提倡，也是促使宋词兴盛的原因之一。宋代统治者鉴于晚唐五代战祸频仍，因此竭力争取边境和平，限制武功，提倡文治，最高统治者如太宗赵光义、仁宗赵祯，《宋史·乐志》上都说他们“洞晓音律”，还亲自度曲制词。由于君主的提倡，一时朝野上下均以能词为荣。有人因能词得到奖励和提拔。如宋祁作《鹧鸪天》，仁宋以宫人赐之；俞国宝以《风入松》词得高宗赞赏，即日得官。风气形成，于是本来已经有了相当声势的词，这时就由诗的附庸而蔚为大观了。

三、北宋词坛

宋初的词，基本上是晚唐五代绮靡婉约词风的余绪。作者多是达官贵人，如晏氏父子、宋祁、欧阳修等。他们的词以小令为主，内容不外是男欢女爱、借春伤别、歌舞升平，格调不高。但在艺术风格上却多少摆脱了花间词的华丽秾腻，显得比较清新、淡雅、婉转，近似南唐词风。晏殊和欧阳修的词虽同承冯延巳，但前者得其俊，后者得其深；晏几道虽与其父晏殊并称二晏，但因家境衰落，情调感伤，词风更接近于李后主。这一时期除婉约词人外，值得注意的词人还有范仲淹和王安石。他们留下来的词作虽不多，但在内容和形式上却有新的开拓，气魄较大，对后代豪放词的兴起有很大影响。

北宋词风的改变，是从柳永开始的。柳永是一位以词为主要创作体裁的著名词人，他对词的发展做出了卓越的贡献。柳永词除写男女恋情、相思离别外，还有大量描写城市风光和倡优歌妓的生活情态以及个人羁旅行役方面的内容，使词呈现出较为宽阔的生活画面，扩大了词的题材范围。他大量创制慢词，发展了长调的体制，使词在形式上步入了一个新的阶段；他善于铺叙，长于白描，且以大量俚词俗语入词，使词由雅向俗转化，深受市民阶层的欢迎，“凡有井水饮处，即能歌柳词”（《避暑录话》卷三）。

但是，尽管柳永在词的体裁、情味、语言上对词的发展起了很大影响，但词的婉约的风格并没有起根本性的变化。抒写儿女之情，列入侧艳之科，仍然作为词的本色而与诗有别。

真正指出向上一路，开一代词风，给宋词带来“质”的变化的，是杰出词人苏轼。他把诗文革新运动扩大到词的领域，无论在题材内容、表现方法、语言运用、风格特色等各个方面，都有了新的突破，成功地创作出了数量较多、题材广阔、“如诗如文”（刘辰翁《辛稼轩词序》）的作品，提高了词表情达志的功能，且词风放纵遒劲，感情豪迈激荡，开创了与传统婉约词派并行的豪放词派，为南宋以辛弃疾为首的悲歌慷慨的爱国词派开了先路。如他的《江城子·密州出猎》《念奴娇·赤壁怀古》等词，无论在风格还是情调上都大异于婉约者流，令人耳目一新。在音律上，苏轼不受传统声律束缚，所谓“豪放不喜裁剪以就声律”（陆游语），使词摆脱了作为乐曲歌词而存在的附庸状态，成为一种独立的新诗体。

苏轼虽然是豪放派词的开创者，但他的词在豪放的风格以外，也有不少清新婉丽的篇章。实际上，苏轼的词是兼具豪放与婉约两种风格的。

北宋后期，在词坛上占主要地位的是秦观、贺铸和周邦彦等。当词的发展已经因苏轼的出现而扬起一个“诗化”之高峰的时候，作为“苏门四学士”之一的秦观，在词的创作上却很少受苏轼的影响，而是继承了温庭筠、柳永的婉约格调，成为宋词中婉约派的代表词人之一。贺铸词以深婉密丽见长，但也有悲壮慷慨之作。如其《六州歌头·少年侠气》，写一豪侠少年，豪迈不羁，一心报国，结果身任卑职，无路请缨，只能“恨登山临水，手寄七弦桐，目送归鸿”。词风苍凉沉郁，对南宋辛弃疾、刘过等人的词风有开启作用。周邦彦则是北宋婉约词的集大成者。他熟谙音律，曾在朝廷音乐机构大晟府供职，在乐曲的整理和创制上做了不少工作。他的词继承柳永而有所变化，市井气少而宫廷气多。言情咏物也比前人更为工巧，开创了用长调咏物的风气。同时他的词在音乐格律上特别精审，对词的结构、布局、遣词造句都十分讲究，语言典雅庄重，结构缜密工稳，对词的规范化起了一定作用。

四、南宋词坛

词至南宋，又出现了新的局面。南宋初期，由于金人入侵，中原沦陷，人民爱国热情高涨，于是词坛柔靡婉约的词风为之一变，一批充满豪气的爱国词作便应运而生。首先是一些抗战的将领和竭力主张抗战的有为之士，纷纷发出激昂悲壮的求战呼声：“燕然即须平扫，拥精兵十万，横行沙漠，奉迎天表。”（李纲《苏武令》）“试问乡关何处是，水云浩荡迷南北。但一抹寒青有无中，遥山色。”（赵鼎《满江红》）而抗金名将岳飞的《满江红》，更是一首“壮怀激烈”的战歌，“千载下读之，凛凛有生气焉”（陈廷焯《白雨斋词话》）。围绕着朝廷内部主战派和主和派的斗争，张元干、胡铨、张孝祥等人，也都以词参加斗争，表现出对投降和议政策的强烈不满。他们在由苏轼到辛弃疾的发展进程中，起着桥梁和先行者的作用，其历史地位是不容忽视的。

在时代风云的激荡下，一些在北宋后期开始创作生活的词人，此时词风亦为之一变。早年词“甚婉丽”的叶梦得，晚年词风转为“简淡中见雄杰”（《题石林词》）。前期常写艳情风物的向子湮，后来却多伤时忧国之作，自己把词分为“江北旧词”和“江南新词”。生活在北宋末年并跨入南宋的李清照，是我国词史上著名的女词人。她前期的词多写闺情相思，风格清丽明快而饶有韵味；而南渡以后，词风有明显改变，表现出一种深沉哀怨的情调，有向豪放派接近的倾向。她所作《永遇乐》，使刘辰翁“为之涕下”，“每闻此词，辄不自堪”，可见感染力之强。李清照不仅在词的创作上取得了重大成就，而且在词学理论上亦有建树。她的《词论》提出词“别是一家”之说，严格区分词与诗的界限，重视词自身的艺术特点，在词论史上有重要地位。但这种主张也在一定程度上限制了她词的成就。

南宋爱国词，至辛弃疾出而达到高峰。他继承了北宋苏轼的豪放词风和南宋初期爱国词人的传统，用词这种形式来表达抗金爱国的愿望，抒发壮志蹉跎的悲愤，批判南宋朝廷的苟且偷安和投降派的误国，使词的内容更为深广，境界更为阔大。辛词的风格，虽以苍凉、雄奇、沉郁为主调，但也有秾丽、清新、婉媚之作。特别是他能摧刚为柔，在一首词里造成内外两种不同的意境，如《摸鱼儿·更能消几番风雨》就是这方面的代表作。再者，苏轼的文学活动主要是在散文和古近体诗上，词只是他的“余事”；而辛弃疾的文学成就主要在于词，现今留传下来的词计有600余首，在宋代词人中数量最多。他运用语言能力特别高明，苏轼“以诗入词”，到辛弃疾则不仅融化了诗文，而且不论经、史、古典古事、民间口语都能纳入词中，从而大大开拓了词的表现天地。就辛词所取得的成就看，清人陈廷焯称他为"词中之龙"，是一点也不过分的。

在辛弃疾的影响下，与他同时的陆游、韩元吉、陈亮、杨炎正、刘过和稍后的刘克庄、陈人杰、刘辰翁等，词作也多豪迈的爱国之音，后人称之为"辛派词人"。

南宋后期，宋金对峙的局面比较稳定，词坛上爱国主义的呼声日渐微弱，代之而起的是姜夔、史达祖、吴文英等风雅派和格律派词人。他们在国家民族危亡的时候，没有勇气面对现实，因而词作内容比较空洞，缺乏社会意义。不过这时婉约派的词风已不同于晚唐五代和北宋初期那样以轻艳绮丽为特色，以男女恋情为主要内容，而更多地表现为寄情山水，风格也比较雅洁高远。尤其是他们承袭周邦彦的词风，刻意追求形式，讲究词法，雕琢字句，推敲声韵，在艺术上有一定的成就。

南宋末年，在词坛上占主要地位的有王沂孙、周密、张炎等人，他们仍然是姜夔的继承者，词风与之大体相类。不过，由于他们处于家国败亡之际，亲身经历了亡国的痛苦，所以发而为词者，大多是那种"哀音似诉"的"亡国之音"。从这些词人身上，我们既看到南宋王朝最终覆灭的过程，又看到了宋代词坛在它结束之时所发出的最后一点如萤火般的微光。

读 宋 诗

宋诗是继唐诗之后,我国诗歌发展史上又一座艺术高峰,虽然它没有唐诗那样的辉煌和光彩,但仍以其鲜明的时代特色和独创的艺术风格,开辟了诗歌创作的新天地,其总体成就是元、明、清三代诗歌所难以超越的。

在唐诗的光辉榜样映照下,在两宋特定的时代精神和文化氛围的熏染下,宋代的诗歌创作又有很大的发展,为中国诗坛带来了“再盛”的局面,也堪称一代大观。先就作家作品数量说,仅清人厉鹗《宋诗纪事》一书所录,宋代诗人即有三千八百余家,已超出《全唐诗》所载唐代诗人两千三百余家之数,而据北京大学古文献研究所所编《全宋诗》的统计,诗人已达八千九百余名,诗篇数量也较唐代多出数倍,譬如陆游一人的创作就多达近万首,这在唐宋诗歌发展史上是绝无仅有的。再就名家看,有王禹偁、苏舜钦、梅尧臣、欧阳修、王安石、苏轼、黄庭坚、陈师道、陈与义、陆游、杨万里、范成大、刘克庄、文天祥等。再看诗歌流派,北宋有西昆体、江西派,南宋有江湖派、四灵派等。

宋代诗歌的成就和价值,不仅表现在作者众多、作品数量巨大以及名家辈出、众派纷呈上,还表现在诗歌特质的“新变”上。在唐诗取得辉煌而丰富的成就之后,宋代诗人面临的一个尖锐问题是如何别开生面,闯出一条自己的路。吴之振在《宋诗钞·序》中说:“宋人之诗,变化于唐,而出其所自得,皮毛落尽,而精神独存。”这就指出了宋诗有其“变化”和“自得”的特点。宋人在继承唐诗的基础上,又努力别辟蹊径,另谋发展,终于形成了宋诗自己的面目,形成了与“唐音”迥然不同的“宋调”。

说到宋诗的特色,人们自然要提到“以文字为诗,以议论为诗,以才学为诗”(严羽《沧浪诗话》)。其实,这只是宋诗在艺术表现上的特色。宋诗的特征,是以唐诗为参照系的。诗史研究上的唐宋诗之争,从南宋延续到近代,人们几乎无法离开唐诗来单独评价宋诗。尽管有的争论也触及了宋诗的一些特点,但都还停留在表面层次。就唐宋诗之别而言,则以钱锺书、缪钺的论述最为公允精辟。如钱锺书先生在《谈艺录》中指出:“唐诗、宋诗,亦非仅朝代之别,乃体格性分之殊。天下有两种人,斯分两种诗。唐诗多以丰神情韵擅长,宋诗多以筋骨思理见胜。”缪钺先生的论述更为具体细致。他在《论宋诗》一文中说:“唐诗以韵胜,故浑雅,而贵蕴藉空灵;宋诗以意胜,故精能,而贵深折透辟。唐诗之美在情辞,故丰腴;宋诗之美在气骨,故瘦劲。唐诗如芍药海棠,秾华繁采;宋诗如寒梅秋菊,幽韵冷香。唐诗如啖荔枝,一颗入口,则甘芳盈颊;宋诗如食橄榄,初觉生涩,而回味隽永。”关于宋诗的利弊功过问题,虽然至今还存在着争议,但钱、缪两位前辈学者的看法,却已大致得到公认。因此,我们不宜简单地去评论二者的优劣,更不可一概尊唐轻宋。

关于宋诗的发展演变过程,由于篇幅所限,我们只能勾勒出一个大致的轮廓。

北宋初期,诗坛上流行的主要是三个诗歌流派,即白体诗派、晚唐体诗派、西昆体诗派。“白体”诗人主要有李昉、徐铉、王禹偁等,尤以王禹偁为其突出代表。这派诗人主张学习和继承杜甫、白居易的现实主义传统,写下了一些揭示民生疾苦、暴露社会弊端的诗篇,而且风格比较朴质清新,为宋诗的发展开辟了一条健康的道路。如王禹再的《对雪》《感流亡》等诗,都是与白居易的"讽喻诗"精神相通的。

大约与王禹偁同时的另一批诗人以学习贾岛、姚合为生，其诗被称为晚唐体。这派诗人有"九僧"和林逋、魏野、寇准、潘阆诸人。其中除了寇准是高官外，大都是隐逸山林的处士和僧人，因而诗的题材狭小，不能反映现实生活，影响不大。

比白体、晚唐体的流行稍后一点的一个重要支派是西昆体。这一诗派的形成以《西昆酬唱集》为标志，正如欧阳修在《六一诗话》中所说："盖自杨、刘唱和，《西昆集》行，后进学者争效之，风雅一变，谓之昆体。"《西昆酬唱集》共收杨亿、刘筠、钱惟演、李宗谔、陈越、李维、丁谓等十七人相互酬唱的近体诗二百五十首，其中杨、刘、钱的诗占全集的五分之四以上，因而三人被推为西昆体的领袖人物和代表作家。他们刻意学习晚唐诗人李商隐，注重音节铿锵，专以典故与辞藻装点律诗，作品雍容典雅，精整工切，颇有矫正诗界平弱浅露之习的作用，然而雕采过甚，失之浮艳，又因忽视了在内容上的开拓，使作品失去活力。由于杨亿、刘筠等人的位高名显，西昆体诗风笼罩诗坛数十年，稍后的晏殊、宋祁等人，都属此派。

北宋中期，随着社会政治危机的日益加深，统治阶级内部一些有识之士纷纷提出政治改革的要求，导致了仁宗朝的庆历新政。与此相应，在文学上也掀起了一个声势浩大的诗文革新运动，欧阳修是这场运动的领袖人物，在他周围聚集了梅尧臣、苏舜钦、石延年等一批作家。他们不满于诗坛上流行的西昆体诗风，主张文学应当反映现实，"务为有补于世"，从理论到创作上为宋诗的发展开辟了道路。接着王安石和苏轼等北宋诗的大家，在广泛而深入地反映现实生活方面，在诗的表现艺术方面都做出了杰出的贡献，进一步巩固了诗人革新运动的成果，创造了文学史上又一个繁盛时期。尤其是苏轼，他的诗、词、散文三种作品，在宋代无疑都是一流的。

北宋后期的作家几乎无不直接或间接地受到苏轼的文学影响。如黄庭坚、晁补之、秦观、张来，号称"苏门四学士"，再加上陈师道、李廌，合称"苏门六君子”。此外如苏轼之弟苏辙，与苏氏兄弟并称为“二苏三孔”的孔文仲、孔武仲、孔平仲三兄弟，以及苏轼的小同乡、人称“眉山先生”的唐庚等，皆受其熏染。在苏门人物中，成就最高、影响最大的是黄庭坚。他虽说是“苏门四学士”之一，却又与苏轼并称“苏黄”，成为宋代最大诗派的开山领袖。北宋末吕本中作《江西诗社宗派图》，尊黄庭坚为诗派之祖，下列陈师道等二十五人为法嗣，于是“江西诗派”这个名称正式出现，江西诗派正式产生了。在吕本中之后，也有人把吕本中归到江西诗派中去。至宋末元初，方回在《瀛奎律髓》中又提出了“一祖三宗”之说，以杜甫为江西诗派之“祖”，黄庭坚、陈师道、陈与义为江西派的“三宗”，这便确立了江西派的整体概念。尽管吕本中所列举的诗人，理论主张和创作实践并不完全一致，但作为一个诗歌流派，他们的作品鲜明地体现了宋诗的某些特色，对当时和后世许多诗人都产生过重要的影响，其流风余韵广被南渡前后的诗坛。宋诗发展到“苏黄”，才真正出现了继唐诗之后又一个新的诗歌高峰。

“靖康之变”是宋代社会最大的历史转折点，北宋王朝的沦亡，徽、钦二帝的被掳，广大人民遭受的深重灾难，无不给爱国的士大夫以极大的刺激。这一巨变也反映到了诗歌领域。南宋之初的诗坛，一些受江西派影响的诗人，如吕本中、陈与义、曾几等，开始面向现实，写出了不少反映时事、抒发感愤的作品。而当时诗坛更为重要的方面和走向，当属因“靖康之变”引起的强烈的爱国诗潮。其时一批著名的抗金英雄，如岳飞、宗泽、李纲等，以他们慷慨悲歌、壮怀激烈的爱国之作，使宋诗闪耀出前所未有的光彩。

稍后，号称“中兴四大诗人”的尤袤、杨万里、范成大、陆游等步入诗坛，形成了宋诗的第二个高峰。陆游是宋代最伟大的爱国诗人，集中存诗九千三百多首，除写山村风光与日常生活外，大多以恢复中原、抗敌御侮为主题，唱出了那个时代的最强音。范成大在爱国诗作之外还有一些描写田园风物的诗，因融入了中唐新乐府精神，“使脱离现实的田园诗有了泥土和血汗的气息”（钱锺书《宋诗选注》）。杨万里的诗思想内容方面不及陆、范深刻，而他那以描写自然景物见长的“诚斋体”，却写得活泼轻巧，幽默诙谐，令人耳目一新。

南宋后期，宋金对峙的局面比较稳定，诗坛上爱国主义呼声日渐微弱，代之而起的是所谓“永嘉四灵”（翁卷、赵师秀、徐玑、徐照）和“江湖派”（姜夔、刘克庄、戴复古等）。这两派诗人在创作上的一个共同倾向为扬弃“江西”，复归唐风，富有革新之意味，但由于他们或刻意雕琢、取径太晚，或嘲弄风月、气格纤弱，大多成就不高。

南宋灭亡前后，在抗战的斗争中又涌现出一批爱国诗人，著名的有文天祥、汪元量、林景熙、郑思肖等。文天祥是抗战将领，伟大的民族英雄，曾奉使被拘，后兵败被俘，始终不屈，从容就义。他的许多诗歌都是战斗生活的真实记录，表现出坚贞的民族气节和昂扬的斗争精神。特别是他的《正气歌》，就是一首用生命和热血谱写的“浩然正气”的颂歌，千百年来不知感动过多少读者。汪元量曾以亡国俘虏的身份随三宫北上，他把沿途所见的情况写成诗篇，有“宋亡之诗史”之称。谢翱、林景熙等人，追随文天祥之后，以其各种样式的激动人心的爱国诗篇，为宋代诗歌史画上一个光辉的句号。

《窦娥冤》的悲剧艺术特色

《窦娥冤》全名为《感天动地窦娥冤》,是关汉卿公案剧中最杰出的作品,也是元杂剧中最著名的悲剧。关汉卿在这部不朽剧作中,不仅为我们提供了一幅封建社会强梁横行、良善受欺、官府黑暗的生动图画,在艺术上也给我们留下了许多值得揣摩和借鉴的可贵经验。

关汉卿以描写人物性格见长,《窦娥冤》的成功,首先就在于成功地塑造了窦娥这个悲剧典型。她3岁丧母,7岁又与唯一的亲人——自己的父亲分离,被送到靠放高利贷过活的蔡婆家做童养媳。她结婚不到两年,又死了丈夫。虽然她怀疑自己的悲惨遭遇可能是由于"前世里烧香不到头,今也波生招祸尤",然而她对生活并没有失去信念,她发誓"将这婆侍养","将这孝服守"。但是,在那样的社会制度下,即使是这最起码的生活要求,老百姓也是难以做到的。泼皮流氓张驴儿父子突然闯入她们的生活,于是更大的不幸便降临到了她的身上。

在同黑暗势力和腐朽官府的斗争中,窦娥的反抗精神和斗争性格得到了充分的展现。她不仅批评婆婆的软弱,严词拒绝了张驴儿一次又一次的威逼,同他展开了正面的斗争,而且勇敢地同他走上公堂。在公堂之上,她慷慨陈词,据理力争。即使最后被无辜问成死罪,她依然表示要"争到头,竞到底”，丝毫也不妥协。临刑前，她痛斥天地的昏暗和衙门、地痞的罪恶，并发下了三桩誓愿，表现了她至死不屈的顽强斗争精神。

在展示窦娥反抗性格的同时，关汉卿还着力描绘了她的温情和善良。在描写她与社会恶势力的正面冲突之前，剧作家先竭力渲染了她对婆婆的百般孝顺。公堂之上，酷刑并没有使她屈服，但为了免使年迈婆婆受刑，她却宁愿屈招而断送自己年轻的生命。已经到了赴刑场的途中，她仍惦记着婆婆，设法要走后街而不肯走前街，免得让婆婆见了为之伤心。直至死后，她的鬼魂还反复叮咛自己的父亲，要把婆婆接到家中供养。当然这中间交织着一些封建孝道的因素，但剧作家更主要的显然是为了突出窦娥性格的善良。而剧作愈写出她的善良，就愈显得她的冤屈，她的斗争也就使人分外感到同情。整个剧作正是通过步步紧逼的戏剧冲突、相反相成的辩证手法，真实而深刻地写出了窦娥性格的特点——善良、刚强，而这性格中的两个方面都有了深化并最终形成悲剧主人公的完整形象，因此显得格外真切动人。

关汉卿是一位伟大的现实主义作家。在《窦娥冤》中，作者也追求忠实地反映生活，注意在典型环境中塑造典型性格。然而，作者在这个戏里又出色地运用了浪漫主义的手法，诸如三桩誓愿的一一实现、鬼魂告状惩恶除奸等情节都是现实生活中不可能存在的，确实出于作者的大胆想象和夸张，然而我们读来却又感到十分可信。这是因为这种浪漫主义是在现实的基础上生发的。这种现实主义和浪漫主义结合运用的手法，在很大程度上增强了悲剧的气氛。

《窦娥冤》的结构艺术也是值得重视的。剧作是以元代最流行的杂剧形式演出的，一本四折，演一个首尾完整的故事。这种形式由于限制过严，容易使戏剧结构不是迫促就是松懈，或是公式化。然而关汉卿作为一个富有舞台经验的杰出作家，却能匠心独具，运用自如。剧中对窦娥的成长过程写得极为简略，一笔带过。而剧中与主题有关的内容，作者却用墨如泼。比如写窦娥与张驴儿的冲突，写窦娥在公堂上的斗争，都是既有正面描写，又有侧面烘托，写得详尽细致、层次分明。特别是对第三折的安排，更可见剧作家的匠心。按照一般人的设想，公堂一场，很可能安排在第三折之中。然而关汉卿却把张驴儿的告状、窦娥的受冤都放在第二折里，把所有的事件经过都在前两折里统统交代清楚了，在第三折里他再空出笔来，单写窦娥对这不公平的世界的愤怒控告，从而把窦娥的反抗性格写得淋漓尽致、绘声绘色。整个戏详略得当，跌宕多姿，艺术结构严谨而完整，体现了关汉卿戏剧的独特功力。

清代戏曲理论家李渔指出，写戏要“语求肖似”，“说一人，肖一人”。也就是说语言要性格化。《窦娥冤》在这方面也很突出。窦娥与蔡婆的语言，固然绝不会混淆，张驴儿和赛卢医同为恶棍，但他们的语言也各不相同。即使同一个窦天章，落魄时是一种语言，发迹时又是一种语言，前后同样迥然有别。就以那个楚州太守桃杌来说，作者花的笔墨并不多，但剧作家就用“但来告状的，就是我衣食父母”和“人是贱虫，不打不招。左右，与我选大棍子打着”这样几句极简练却又很传神的台词，把一个贪赃枉法、昏庸糊涂、凶残狠毒、草菅人命的封建官吏的形象，刻画得栩栩如生、惟妙惟肖。

《窦娥冤》在艺术上的这些成就，充分显示了关汉卿卓越的艺术才能。他的优秀剧作都具有这样的特点。田汉创作的话剧《关汉卿》，把关汉卿创作演出《窦娥冤》作为情节的主干来铺陈，这是很有见地的。郭沫若在《蔡文姬·序》中说：“蔡文姬就是我。”我们完全可以说，窦娥就是关汉卿，窦娥的控诉，饱含着关汉卿的愤懑不平。窦娥这一形象，表现了封建社会中进步作家不屈不挠的斗争精神。《窦娥冤》在明代曾被改编为传奇，到清代还有演出，直至今天，窦娥的形象还活跃在京剧和地方戏曲以及外国戏剧的舞台上，可见这一悲剧具有多么巨大的思想力量和永久的艺术魅力。王国维说《窦娥冤》“列之于世界大悲剧中，亦无愧色”（《宋元戏曲考》），并非过誉之词。

《单刀会》的艺术独创性

《单刀会》，全名《关大王独赴单刀会》，是我国元代伟大剧作家关汉卿的著名历史剧。剧本通过蜀汉大将关羽接受东吴鲁肃邀请单刀赴会，于杀机四伏中制伏鲁肃、胜利而归的情节，歌颂了关羽的智勇双全。在民族压迫深重的元蒙时代，剧本的倾向性和现实意义是很明显的。特别是在艺术上，此剧有许多独到之处。

《单刀会》的艺术独创性，首先表现在它的结构安排上。元人杂剧在安排戏剧冲突上的通例，一本四折的，一般都把全剧的高潮放在第三折。《窦娥冤》《救风尘》《望江亭》，都是这样的。当然那三本杂剧的第四折，也都各自构成自己的高潮。但就一般杂剧而言，最后一折都是为了解决全剧的矛盾，因而常常收场仓促，在艺术处理上也较草率，对此明代人常有"强弩之末"之评。但是，《单刀会》的戏剧高潮放在最后一折，在这里才真正展开全剧的主要冲突。前面的三折戏，全是为第四折的主要冲突进行铺排和渲染，"引而不发，跃如也"，铺排和渲染得越充分，也就越能激起第四折的高潮，戏剧性也就越强烈。另外，剧中主要人物关羽迟至第三折才出场，这在元杂剧中是绝无仅有的，在中国传统剧目中也很少见。作者在结构上做这样的安排，既不是故弄玄虚，也不会不知编剧技巧。作者之所以做这样的安排，完全是从人物形象的塑造考虑的。这种不同于一般剧本的大胆处理，在中国古典戏剧的创作上是一个勇敢的独特创造。

《单刀会》的艺术独特性，还表现在它运用对比的方法刻画英雄形象。鲁肃本是气壮如牛，设计要关羽上钩，但听了司马徽对关羽杀人烈性的描绘，"也怕上来了"。黄文到荆州向关羽下书，一见关羽"像个神道"，吓得"替鲁子敬愁里"。关羽之子关平，开始怕父误入罗网，劝父不要赴会，后来为父亲的英雄气概所感召，满怀必胜信心，率领三军接应关羽。周仓、关兴也个个志气凌云，满怀豪情，毫无惧色。这些人物从反、正两方面烘托关羽的英雄形象，使其更为鲜明突出。

第三，《单刀会》和一般元杂剧不同，它没有很多插科打诨，它的风格比较严肃。这种风格适宜于塑造英雄形象。《单刀会》写的虽然是历史题材，但在关羽这个勇敢的英雄人物身上，无疑凝结着人民群众的理想。人民群众在现实斗争中，需要那种勇敢、刚毅、叱咤风云的气概，于是便把自己的理想集中体现在关羽这个典型形象身上。《单刀会》固然是戏剧，但更像是一首英雄的颂歌。关汉卿歌颂这个英雄，在当时无疑可以起到鼓舞人民斗争的作用。

第四，以诗笔写剧，这在元人杂剧中也是别具一格的。如第四折的《新水令》《驻马听》两支曲子，是关羽赴会时的唱词，就隐括了苏轼《念奴娇·大江东去》的词意。

总之，关汉卿的《单刀会》杂剧是一部富有独创性的艺术珍品。"独创性的作品是，而且应当是人们所喜爱的，因为它是人们的大恩人。它们扩大了文艺之国，给它的版图添加了新的省份。"（英国诗人杨格语）关汉卿在我国戏剧史上之所以能卓然自命，傲睨千古，正在于他的独创性。蒋星煜先生认为关汉卿的代表作是《单刀会》，可能也是从这个意义上说的。

《汉宫秋》和《桃花扇》在处理历史真实和艺术真实的关系上的异同

元代马致远的《汉宫秋》和清代孔尚任的《桃花扇》都是我国戏剧史上著名的历史剧。它们皆借用历史题材，为时而作，但在处理历史真实和艺术真实的关系上却不尽相同。

《汉宫秋》写王昭君出塞的故事。然而，剧本并不拘泥于史实，它是在长期流传的昭君故事的基础上，经过加工再创作而成的。故事内容有很大变动。第一，历史上的王昭君本是汉元帝的宫女，当时匈奴王呼韩邪单于来汉朝求婚，王昭君因不满汉宫生活，自愿请行。西汉元帝竟宁元年（公元前33年）昭君出塞，入匈奴后，与呼韩邪单于生一子；呼韩邪单于死后，根据当时匈奴习俗，她又嫁给新立的单于（呼韩邪单于前妻大阏氏的儿子），又生二女。而在《汉宫秋》中，作者对这一史实却做了较大的改变。剧作突出了昭君出塞是在匈奴武力胁迫下进行的，把王昭君和汉元帝写成爱情关系，并改变了故事的结局，写王昭君因不愿嫁给匈奴人而于番汉交界之处投江自尽，从而表现出昭君对祖国深沉的感情。

第二，将画工毛延寿的身份改为中大夫，并增写了他献图叛国的可耻行径和卖国求荣的可憎结局。把毛延寿与昭君故事联系起来的记载，最早见于《西京杂记》。葛洪在《西京杂记》中只说毛延寿是当时被杀的画工之一，但并没有明确说明向昭君索贿的就是毛延寿，更没有说到他将昭君的图像献给匈奴单于，唆使匈奴攻汉。《汉宫秋》把矛头指向毛延寿和不能保卫国家的文臣武将，从当时的现实看，正是对金、南宋亡国之臣的批判。

第三《汉宫秋》是一个末本戏，主角是汉元帝。但剧中的汉元帝已经不是历史上那个封建帝王汉元帝了。在《汉宫秋》中，汉元帝主要是作为民族的象征而出现在观众面前的。他多情善良，爱憎分明。他和昭君的关系，既包含封建帝王的爱情，也是中国人民要求和平安定生活的生动反映。

马致远这样改，固然是受到汉以来关于昭君出塞的传说以及诗、词、小说等文艺作品的影响，更是马致远所处的南宋灭亡、元代蒙古贵族残酷掳掠的现实所使然。《汉宫秋》所宣扬的民族气节，在当时是具有一定现实意义的。

《桃花扇》是一部写南明王朝兴亡的历史剧。南明兴亡，时间虽短，但也头绪万端，如果在舞台上一味罗列史迹，势必如断烂朝报，使观者味同嚼蜡。在孔尚任以前，有些剧作家对历史剧的创作，已做过一些探索。例如，明代梁辰鱼的《浣纱记》、清初吴伟业的《秣陵春》、比《桃花扇》稍早几年的《长生殿》，都是通过男女主角的悲欢离合，串演出一代兴亡的历史故事。孔尚任吸取了前人的艺术经验，达到了新的艺术高度。他的《桃花扇》是"借离合之情，写兴亡之感"，把爱情描写和政治斗争结合得更紧密。孔尚任在《桃花扇凡例》中说："朝政得失，文人聚散，皆确考时地，全无假借。至于儿女钟情，宾客解嘲，虽稍有点染，亦非乌有子虚之比。"原书有《考据》一篇，列举传奇中许多重要历史事实所依据的材料。这种忠于客观史实的精神，在明清传奇中，除《清忠谱》外，是没有可以和它相比的。

在严格忠于历史事实的同时，作者又通过精心的艺术创造，如排场的起伏转折、情节的前后照应等等，使《桃花扇》成为一部达到历史真实与艺术真实较好结合的传奇作品。

通过以上的分析可以看出，《汉宫秋》和《桃花扇》作为优秀的历史剧，在处理历史真实和艺术真实的关系上都是很成功的。比较而言,《汉宫秋》对正史所载的史实改变较大,有的甚至来了个颠倒,如把王昭君出塞的背景改写成匈奴强大、汉朝衰弱等。然而,《桃花扇》反映短命的弘光王朝的兴亡始末,从其建立的历史背景、在派系斗争中福王被拥立的过程、小王朝建立后各种力量的矛盾和内部的混乱,以及其间得势者马士英、阮大铖之流结党营私、倒行逆施,作为江南屏障的江北四镇跋扈不驯、互相倾轧,拥重兵踞长江上游的左良玉采取敌对态度,到史可法孤掌难鸣,无力回天,小王朝迅速覆灭的悲剧,基本上都是真实的。

另外需要说明的是,马致远的《汉宫秋》虽然在重大事件上改变了史实,但绝不能说是违背历史事件。因为作者不是要表现汉代的历史,只是借用其历史事件来表现元代的现实。以元代的现实来衡量,《汉宫秋》却是反映了历史的本质真实。

从戏剧冲突看《牡丹亭》对《西厢记》的继承发展

在中国文学史上，爱情文学源远流长。早在两三千年之前，我国第一部诗集《诗经》中就有异常优美的爱情诗。而后的汉乐府民歌、南北朝乐府民歌、唐传奇、唐宋诗词、元杂剧、明清传奇和小说中都有许多写爱情题材的佳作。特别是在灿若云霞的元明清文学中，《西厢记》《牡丹亭》《红楼梦》被并誉为中国爱情文学的三块丰碑。

在这三部作品中，《牡丹亭》是承上启下之作。就戏剧冲突而言，它与在前的《西厢记》更为接近些。因为它们同为戏剧作品，而《红楼梦》则是小说。这里从戏剧冲突的角度来看看《牡丹亭》对《西厢记》的继承发展。

汤显祖在创作《牡丹亭》时，面对《西厢记》之高峰，怎样更上一层楼，这是摆在他面前的一个大难题。但一个有作为的作家，对于前人的创作成就，总是有所继承、有所创新的。汤显祖更是如此。

为了说明问题，我们必须先了解一下《西厢记》在戏剧冲突上是怎样安排的。

总的来看，《西厢记》的戏剧冲突是比较集中的。它有两条线索：一是以老夫人（以及郑恒）为一方，同以莺莺、张生、红娘为另一方之间的冲突线；二是莺莺、张生、红娘之间的冲突线。这两条冲突线，互相制约，交错展开，形成《西厢记》特有的戏剧性。但从全剧看，直接展示莺莺、张生、红娘同老夫人冲突的只有《赖婚》《拷红》二折，而更多的是表现莺莺、张生、红娘之间的内部冲突，通过这些内部冲突反映了封建礼教对青年男女的压迫。

同《西厢记》一样，《牡丹亭》的主题也是写爱情，这几乎是众所公认的。但《牡丹亭》中，作者把杜丽娘还魂后的爱情故事的发展，放在一场以说降李全夫妇为抗金策略的民族斗争中，这是爱情主题的一个重大发展。《牡丹亭》虽然也写了杜丽娘、柳梦梅与杜宝、甄氏之间的矛盾，但是并没有把这种矛盾作为戏剧的主要冲突。与《西厢记》比较，《牡丹亭》已从有形的冲突发展为无形的冲突，从局部冲突发展为整体冲突。《牡丹亭》中没有写家长对杜丽娘的干预，但它写出了无形的压力，即整个封建社会和封建礼教的压力。这一点，可以把老夫人和杜宝进行比较。在《西厢记》里，老夫人公开充当了一个封建礼教的维护者，除赖婚外，她还拷打红娘，又逼迫张生应考。而在《牡丹亭》中，不管杜丽娘生前梦爱，死后跟柳梦梅同居，都不曾出现杜父、杜母跟她争吵，但看过《牡丹亭》的观众和读者，却明显感觉到那股不露面的残酷力量比《西厢记》来得更厉害。

徐扶明先生说："杜丽娘不是死于外形的压力，而是死于对爱情的渴望。"这看法是不错的。杜丽娘生活在封建礼教严密控制之下的四堵高墙之中，除了闺房，就是书斋，连自己府里有后花园都不知道。她在衣裙上绣了两只鸟，空闲时候打会儿瞌睡，也被视为非礼而招致训斥。她的生活环境，杜绝了她与青年异性产生爱情的一切机缘，使其任何合理的人生愿望都只能化为徒然的渴求。这同《西厢记》中崔莺莺的境遇，确是有所差异的。比较而言，《西厢记》写的东西都是在现实生活当中进行的，它的戏剧冲突是按照生活的本来面貌来安排的。而《牡丹亭》中杜丽娘因梦生情，为情而死，死后找到了原来的梦中人，又为情而复生，这一切使之充满了离奇的幻想色彩。有人说"《牡丹亭》的主题是情与理的冲突，是人的本能欲望和压抑它的封建伦理道德的冲突"，可谓一语中的。

总之,《牡丹亭》在戏剧冲突的安排上,由单一变成复杂,由内部变成外部,从有形到无形,从局部到整体。如果没有这些变化发展,而只是按《西厢记》的方式去设置戏剧冲突,那《牡丹亭》就不会像明代吕天成所说的那样“巧妙叠出,无境不新”(《曲品》)。正因为汤显祖在剧作上具有高超的艺术才能,他才能在16世纪中至17世纪初,与英国的莎士比亚同时蜚声剧坛,而成为东西方两颗焕发绚丽异彩的巨星!

评金圣叹“腰斩”《西厢记》的功过

金圣叹（1608—1661）是明末清初著名的文学批评家，他的文学批评散见于他对《水浒传》、《西厢记》、杜诗、唐诗和古文所写的评论。其中撰著最早、最为著名的是《水浒》评，而成就最高、对我们借鉴作用最大的则是他的《西厢记》评。

在《西厢记》评点中，金圣叹不仅否定了称《西厢记》是“淫书”的说法，推其为“天地妙文”，强调人物之间的“烘云托月”，而且对戏曲结构也有自己的独到见解。这主要表现在他对《西厢记》的腰斩上。

金圣叹的《第六才子书》力主《西厢记》到《惊梦》为止，反对狗尾续貂的第五本。（元人杂剧以一本四折为惯例，《西厢记》却写了五本，在第二本里又写了五折，全剧共五本二十一折，以多本杂剧来连演一个故事。）我们姑且不去讨论他这个主张的思想原因，单从艺术见解上看，应当说还是颇有见地的。因为从戏剧冲突的发展来说，《西厢记》止于《惊梦》，确有其合理性。众所周知，剧作中以张生、莺莺、红娘为一方，为了追求爱情，同以老夫人为代表的封建势力形成了尖锐的矛盾。与此同时，张生、莺莺、红娘之间，由于阶级地位、社会环境、生活经历以及各自性格上的不同，在反对封建礼教的共同斗争中，也形成了复杂微妙的内部矛盾。前者是主要的，后者是由前者所派生的。正是这种内外部矛盾的交织，共同构成了全剧的戏剧冲突。而戏剧发展到第四本《草桥店梦莺莺》，莺莺酬简，夫人拷红，长亭送别，草桥惊梦，形成了高潮。就《西厢记》的整个戏剧冲突而言，到这里也就基本解决了，以后不可能再有什么新的发展。而剧作在《别宴》之后，继之以《惊梦》，只不过是剧作家为了进一步表达人民群众反对宗法礼教，追求自由婚姻的一种美好愿望而已。对全剧来说，已近乎总结，而就戏剧冲突发展来说，则显然是一种余波。

金圣叹显然是把《西厢记》作为一部爱情悲剧来看待的，所以他竭力主张《西厢记》演到《惊梦》为止。我们认为就主题思想的揭示来说，这一意见同样不无可取之处。因为剧作家在前四本中确已用十六折的巨大篇幅，淋漓尽致地描写了张生和莺莺的爱情产生、发展、遭到破坏以及他们如何为爱情而斗争的艰难历程，揭露了封建礼教对青年自由幸福的严重摧残，并且满腔热情地歌颂了莺莺和张生为自由的爱情所做的斗争。诚然，“愿普天下有情的都成了眷属” 这一响亮的口号，是直到第五本的最后才提出来的。但作为一种反封建的爱情理想，在前四本中不仅已经得到了极其充分的表现，而且在《惊梦》一折中，通过梦中出现的莺莺，作者还用十分明确的语言做了鲜明的表述：“不恋豪杰，不羡骄奢，自愿生则同衾，死则同穴。” 可见《西厢记》止于《惊梦》，并不会因此而削弱其反封建的主题，相反地倒是用这样一种根本不计门第，也完全不顾生死的爱情理想作为结束，比之于笼统的“愿普天下有情的都成了眷属” 的口号，更具有生死不渝的意味，也更具有强烈的反封建色彩。

前人认为“《西厢》之妙，正在于草桥一梦，似假疑真，乍离乍合，情尽而意无穷，何必金榜题名，洞房花烛而后乃愉快也”（徐复祚《曲论》）。金圣叹主张《西厢记》止于《惊梦》，从艺术上来说，我以为也确实可以比大团圆结局收到更为强烈的效果，因为它能给观众更多的联想和思考。

金圣叹把《西厢记》的第五本视为 “下截美人”，痛加诋毁，句句骂倒，这尽管有些过分，但是他的尖锐批评，也确实击中了第五本在思想和艺术上的许多局限。第五本写了张生的金榜题名和崔、张的洞房花烛，这样的剧情从表面看来诚为“快事”，但就思想本质来说，却是向封建礼教制度的一种明显妥协。

在第五本中，还特别插入了郑恒争亲的重要情节。而郑恒这个人物的出场，既不能“点染莺莺”，又不能“发挥张生”，反而“累及莺莺”。这种画蛇添足式的描写确实是“费笔，费墨，费手，费纸，费饭，费寿”，只能成为“恶札一通”。

正因为《西厢记》的第五本有其严重的局限，而止于《惊梦》却有其一定的合理性，所以金圣叹明确提出“何用续，何可续，何能续”，坚决主张对《西厢记》进行腰斩。当然，腰斩并不是评论家的责任，但从金圣叹的这一主张中，我们确实可以看到一种大胆卓绝的艺术见识。对于《西厢记》来说，则可以抹去大团圆的尘灰，恢复其爱情悲剧的本来面目，从而使剧作更加紧凑，冲突更加集中，并且大大增加作品的反封建色彩。新中国成立以来，我国舞台上各个剧种改编和演出的《西厢记》，几乎毫无例外地删去了大团圆的结局，都到第四本就结束了，我想这绝不是没有道理的。如果我们联系明代剧坛风气进行考察，更可看出金圣叹的不同凡响的美学见解。我国古典戏曲在元人杂剧中，已经逐渐表现以大团圆作为结束的特有格局。但因尚属初创，还没有完全形成一种俗套。发展到明代中叶以后，才子佳人的爱情题材越来越多，剧作的篇幅也越来越长，而大团圆的结局则几乎成了一种千篇一律的格局。对于戏曲中的这种大团圆，我们虽然不主张一概否定，但还是要做具体分析。金圣叹的可贵，正在于敢于突破这种时代风气，反对戏曲以大团圆作为结束，力图把戏曲从某种陈旧的模式中解放出来。而他的腰斩《西厢记》，只不过是他的这种艺术主张的一次勇敢实践而已。

然而，我们也应该看到，金批《西厢》也有失误。其一，“以文律曲”，这是他《西厢记》评点的最大弊病。李渔说：“文字之三昧，圣叹已得之；优人搬弄之三味,圣叹犹有待焉。”(《闲情偶寄》)他的“分解法”,完全是从文意出发的。其二,表现在他的评点方法上,即“分解法”,这种方法影响读者审美过程的连续性。其三,他的评点更多地融入了政治思想,对《西厢记》本身表现的思想有所损害。

《长生殿》在描写爱情和政治关系上的独特成就

清康熙年间剧作家洪昇的著名传奇《长生殿》,是一部轰动剧坛,在中国文学史和戏剧史上都具有广泛影响的作品。它的题材并不新鲜。写的是唐代安史之乱前后,唐明皇与杨贵妃的故事。自白居易《长恨歌》传世以来,唐明皇和杨贵妃的故事一直在戏曲舞台上搬演不息。元代有杂剧《唐明皇哭香囊》(关汉卿)、《唐明皇秋夜梧桐雨》《唐明皇游月宫》(白朴)、《杨太真霓裳怨》(庾天锡)等,明代有传奇《惊鸿记》(吴世美)、《彩毫记》(屠隆,以李白为主角,亦写及李、杨)。《长生殿》能超迈前人,出于众上,与它在描写爱情和政治关系上的独特成就有很大关系。

《长生殿》不是一部简单的爱情剧,它所描写的爱情故事有着特殊的内容。它和《桃花扇》不一样,《桃花扇》中侯方域和李香君的爱情,并没有导致政治的变化,而《长生殿》描写的是帝王和贵妃的爱情,他们的爱情生活与安史之乱交织在一起。他们溺于情爱,从唐玄宗一方来看,是"弛了朝纲";从杨贵妃方面看,是外戚专权,横行不法。《长生殿》中李、杨的爱情给社会政治带来严重后果,而政治的变迁反过来又造成了他们的爱情悲剧。唐玄宗和杨贵妃是悲剧的制造者,也是悲剧的承受者。正是如此,构成了《长生殿》思想内容的复杂性,使人们对其主题的理解产生了很大的分歧。有说政治主题的，有说爱情主题的，有说政治与爱情双重主题的。

我认为，这三种说法都有其合理性。但仔细体味一下，就会感到：《长生殿》虽写了李、杨的爱情，但对这“情至”的向往，只是一种幻想。所以，“爱情”只是洪昇在作品中所表现的表层。作者用很多笔墨写了雷海青，但这人物还不是主要的。由此看来，无论把《长生殿》理解为单一爱情主题，还是把它看作表现单一的政治主题，都是不合适的。至于双重主题说，也较肤浅。

在我看来，《长生殿》既歌颂了李、杨的爱情，又抒发了爱国情思，也表现了对权奸的憎恨，还表现了对人民的同情。所以它的“情”是复杂而丰富的，但并不是游离、散乱的。“情”的定性，体现了洪昇“垂戒来世”的创作意图。它是一部反思文学，是对历史的一个回顾。

《长生殿》全剧五十出，有上、下两部。上部极力描绘了李、杨的爱情以及他们沉溺爱情所带来的后果，而下部则用情缘虚幻来说明情爱。

洪昇在《自序》中说：“用断章取义，借天宝遗事，缀成此剧，……然而乐极哀来，垂戒来世，意即寓焉。”这是上部之意。上部写“占了情场，弛了朝纲”，描写了互为因果的恶性循环，从开始“情”的沉迷描写到他们“情”的祸害。

下部，洪昇在《自序》中说：“要之广寒听曲之时，即游仙上升之日。双星作合，生忉利天，情缘总归虚幻。清夜闻钟，夫亦可以蘧然梦觉矣。”写情海——情悟。作者以团圆结束，为他们安排了一个美满的结局，但这个团圆是虚幻的。请看一段曲词：

> 尘缘倥偬，忉利有天情更永。不比凡间梦，悲欢和哄，恩与爱总成空。跳出痴迷洞，割断相思鞚。

这是织女对他们的规劝。最后，他们醒悟了，齐唱：“历愁城苦海无边，猛回头痴情笑捐。”

所以说，为了达到“垂戒来世”的目的，最后的团圆是纯理念的。李泽厚在《美的历程》中说洪昇《长生殿》充满了“人生空幻感”。《桃花扇》的结局与之较相似，说明这是时代性的。《桃花扇》双双入道，《长生殿》双双入仙，这是时代的幻灭感在作家心灵中的反映。

总之，洪昇写《长生殿》，经前后三易稿，共历时十五年。这十多年中，他饱览了人民的痛苦生活，洞察了深刻的社会矛盾，因而将李、杨情缘置于广阔的社会背景中，以艺术形象表明了对统治者的谴责、对人民的同情，所以对“专写钗合情缘”有所突破，在描写爱情和政治关系上取得了独特的成就。

《桃花扇》在结局处理上是如何独辟境界的

作为一部杰出的历史剧，孔尚任的《桃花扇》在结构上有着特殊的成就。作者在《桃花扇凡例》中说："排场有起伏转折，俱独辟境界；突如而来，倏然而去，令观者不能预拟其局面。凡局面可拟者，即厌套也。"从整个剧本的构思来看，作者以侯方域、李香君的故事为经，以广阔的社会生活为纬，交织成南明时代的历史图景。用他自己的话说，就是以侯、李定情的一柄扇子，牵动整个时代，"南朝兴亡，遂系之桃花扇底"（《桃花扇本末》）。一把小小的桃花扇成了结构全剧的关纽。作者在《桃花扇凡例》中，特别提醒读者和观众："剧名《桃花扇》，则桃花扇譬则珠也，作《桃花扇》之笔譬则龙也。穿云入雾，或正或侧，而龙睛龙爪，总不离乎珠，观者当用巨眼。"孔尚任以此比喻《桃花扇》的艺术构思，说明他确是不同凡响的历史剧作家。

《桃花扇》整部戏，起伏转折，境界独辟，尤其是在结局处理上第一次打破了古典悲剧的俗套，跳出了才子佳人、悲欢离合的窠臼，让男女主人公双双入道：南明覆亡以后，李香君从宫中逃出，侯方域从监狱中逃出，两人重逢于栖霞山白云庵。当他们取出桃花扇，互诉衷情时，不防被张道士发现。张道士从他们手中夺下扇子并"裂扇掷地"，大声呵斥道："呵呸！两个痴虫，你看国在哪里，家在哪里，君在哪里，父在哪里？偏是这点花月情根，割他不断么？”这是桃花扇最后一次在舞台上出现，也标志着悲剧的最后完成。看惯了大团圆结局的观众们，也许会感到有点怅惘和失望，但是，戏剧的结局不是作者随心所欲地决定的，而是戏剧情节内在逻辑和人物性格发展的必然结果。《桃花扇》传奇的结局也只能如此。侯、李的爱情既然带上了浓厚的政治色彩而同国家、民族的命运紧紧联结在一起，那么当故国沦亡、山河破碎的时候，他们的爱情岂能继续下去？所以一经张道士点破，他们也就恍然大悟，终于双双入道了。而作为爱情象征的桃花扇，当然也就找到它的必然归宿。

契诃夫说："如果第一幕里你在墙上挂了一管枪，那么在最后一幕里就得开枪。要不然就不必把它挂在那儿。"（《契诃夫论文学》）这就告诉我们，戏剧必须写出情节的内在联系，注意情节的整体构思，在错落有致的情节中，使每一个细节、每一个道具，都不游离于剧情之外；同时，必须注意首尾照应，使全剧成为一个有机的整体。在《桃花扇》中，这把桃花扇，从扇坠抛楼、题诗定情、血溅扇面、以扇当书，到最后撕扇掷地，就像从"挂枪"到"开枪"一样，成了全剧引导情节向特定方向发展的"珠"。

综观中国古典悲剧的结局，往往是大悲之后，还加上一条"光明"的尾巴。例如，《窦娥冤》是清官出现，为民申冤；《赵氏孤儿》是让受害者的后代继续抗争，终于报仇雪恨；《长生殿》是让剧中主角在仙境里或梦境里团圆。这些悲剧的结局处理，虽然反映了"善恶有报"这一传统的民族心理，在当时有一定的进步意义，但毕竟冲淡了悲剧应有的震慑人心的力量。而《桃花扇》的作者，在写了时代的悲剧之后，又忍痛将自己心爱的主人公写成悲剧性的人物，让他们以"入道"为必然归宿。这样的结局，不仅摆脱了大团圆的俗套，令人耳目一新，而且也深化了悲剧主题。可以说，这在中国古典悲剧中是独一无二的，也是难能可贵的。正如王国维在《（红楼梦）之美学上之价值》一文中所说："故吾国之文学中，其具厌世解脱之精神者仅有《桃花扇》与《红楼梦》耳。"

另外,《桃花扇》最后一出《余韵》,以抒发兴亡感慨的一套北曲《哀江南》作结,也收到了较好的悲剧艺术效果。

《金瓶梅》的价值、意义与局限

关于《金瓶梅》作者是谁的问题，自明代万历年间到1985年4月，一共有22种说法，如王世贞、李渔、李贽、徐渭、李开先、汤显祖等。目前，《金瓶梅》作者“候选人”的队伍，还呈现一种继续壮大的趋向，当然，这并不是一件坏事。

《金瓶梅》过去被称为“四大奇书”之一，另外三部就是《三国演义》《水浒传》《西游记》。《金瓶梅》大约成书于明代隆庆至万历年间，作者署名“兰陵笑笑生”，真名至今不详。《金瓶梅》是我国第一部由文人独立创作的以现实生活、家庭生活为题材的长篇小说，它的出现在小说发展史上具有重要意义。然而，这样一部小说问世四百多年来，几乎一直被当作“淫书”“坏书”而受到不公正的待遇。广大读者想看看不到，欲借无处借，难见庐山面目，就更增加了此书的神秘感。

进入新世纪以来，随着改革开放的不断深入与某些渠道的疏通，《金瓶梅》的删节本（或称洁本《金瓶梅》）已有少量在一定范围内发行，陆续在读者中流传。崇之者把它捧得无以复加，毁之者仍然将之归入禁书之列。那么，我们究竟应当怎样评价这部小说呢？

要正确评价《金瓶梅》，我们必须采取一分为二的实事求是的态度。郑振铎先生对此书评价很高，认为它是赤裸裸的现实主义描写，“是一部很伟大的写实小说”。粉碎“四人帮”以后，《金瓶梅》研究虽有新的进展，但在1984年以前，对《金瓶梅》的评论，不敢谈色情描写。说实在的，我们现在的一些观念还不如鲁迅。鲁迅先生在论及《金瓶梅》时说：“至谓此书之作，专以写市井间淫夫荡妇，则与本文殊不符，缘西门庆故称世家，为缙绅，不惟交通权贵，即士类亦与周旋，著此一家，即骂尽诸色，盖非独描摹下流言行加以笔伐而已。”（《中国小说史略》）这就确切地指出了《金瓶梅》一书的价值所在以及西门庆这个人物的典型意义。至于说到“淫书”的问题，我们认为，判断一部书是不是淫书，并不在于它是否写了色情，而要看作者的重心放在什么地方，是不是以宣淫为目的，是不是为写性而写性。鲁迅先生在《中国小说史略》里划出了一个明确界限：凡是“著意所写，专在性交，又越常情，如有狂疾”，“意欲媟语，而未能文”者，都可归入淫书之列，如早于《金瓶梅》的《如意君传》，以及《肉蒲团》等。而在《金瓶梅》中，这类描写大都与人物形象的塑造有联系。它的主旋律在于：暴露。

就性描写的比例来讲，《如意君传》占三分之二，《肉蒲团》占五分之四，《金瓶梅》仅占百分之一二。一部长达百万字的小说中，以删削得比较干净的人民文学出版社版本《金瓶梅词话》为例，所删字数，还不足两万字。

从流派的角度来考察《金瓶梅》，它有三点是值得我们注意的。

第一，将作品的题材转入现实性、时代性。现实主义本身有两个层次：一是在于它所描写的东西有现实性，二是与神魔相对的人。《金瓶梅》全书100回，以《水浒传》“武松杀嫂”的一段情节为引子，导出了破落户出身而飞黄腾达的西门庆，由西门庆一家而写及清河县的好几户人家。不但如此，《金瓶梅》还通过“晋京祝寿”“结交状元”“受赃枉法”“工完升级”“引奏朝仪”等情节，涉及了以蔡京为代表的权奸、皇帝主宰着一切的朝廷和整个天下，向我们展示了一幅广阔的社会画面。小说里写的故事，表面上看出自宋代，其实反映的却是明代的社会现实。西门庆这一人物的出现，不是偶然的、个别的，他有鲜明的时代烙印，是明末时代资本主义经济萌芽与古老的封建经济冲突而又融合所产生的一种特殊关系的产物。书中所反映的现实生活的深度，可以说比《三国演义》《水浒传》《西游记》还入木三分。高尔基说："对于人和人的生活环境做真实的、不加粉饰的描写的，谓之现实主义。"《金瓶梅》正是这样一部写"人"的不加粉饰的现实主义杰作。

第二，开创了人情小说通过个人、家庭与社会联系，反映社会的写实方式。《金瓶梅》的出现，成为我国古典小说发展史上的一个重大转折点。它摆脱了以往小说取材于历史和神话传说的传统，也不同于那些英雄传奇、公案武侠之类，而是独辟蹊径，通过一个家庭来广泛地描绘社会，主人公其人其事均系普通人物和日常生活。这是前所未有的。

第三，开创了人情小说无所依傍、个人独立创作的风气。明代的"四大奇书"，其他三部是集体创作的产物，都有一个漫长的成书过程。《金瓶梅》是我国第一部文人独立创作的长篇小说，从而结束了宋元以来小说创作先由民间口头创作，再经作家加工写定的阶段。它的首创意义是开了"人情小说"的先河。难怪有人说，没有《金瓶梅》，也就没有《红楼梦》。

《金瓶梅》是一部具有一定社会意义和认识价值的长篇小说。它以其冷酷的写实态度，敢于直面现实的批判精神和描写家庭反映社会的写实方式而成为"人情派"的奠基之作。作品始开个人独立创作之风，开始注重描写日常生活，塑造平常人艺术典型，不以情节取胜而以细腻逼真的描写见长，等等，都给了后来作家巨大的影响。

然而，任何一部作品都不是完美无缺的，更何况《金瓶梅》本来又是一部富有尝试性的小说，其缺陷是不可避免的。

小说的严重局限有：

1. 以宿命论观点统率全书。作者在用"恶有恶报"的思想解释社会恶势力归宿的同时，却又以色空观念来表示叹惜。假如说"恶报"观乃是作者因受历史局限，还不能找到铲除邪恶势力的出路，而借以表现惩恶心理的话，那么，色空观就只是作者消极的虚无主义世界观的流露。这种哀叹是与作品形象描写显示的批判倾向相抵牾的。作品把西门庆之流的毁灭，归为自然人性的灭亡，除了说明那个社会允许这类人荒淫无耻外，再无更多的意义了。相反，其客观效果却是，既开脱了西门庆的罪恶，又麻痹了读者。

2. 写实方法杂糅着自然主义。我们虽然不能给《金瓶梅》戴上自然主义的帽子，但不可否认，其中确实有不少自然主义的笔墨。这并不完全表现在色情的描写上，还表现在对家庭琐事的描写上。因此，从艺术上看，感染力不够；从结构上看，显得冗繁琐碎，使人难以卒读。

3. 对色情的描写既多且露。据有人统计，《金瓶梅》的性描写，全书共出现 105 处，其中大描大写 36 处，小描小写 36 处，一笔带过者 33 处。我们认为，任何作品，特别是对性的描写，还是含蓄的好。《金瓶梅》局限较大的是，不是通过人物来写艳情，而把作者自己挤进去。如作品描写西门庆第一次看见潘金莲竟能透过衣服，这显然是作者自己另加的。我们并不否认，《金瓶梅》写“淫”在整体上是与它的客观暴露、意在批判的主旨相关，是整部作品的有机组成部分，但其中有些游离情节之外的色情描写则大可不必，加之作者有时还带着一种津津乐道的欣赏的态度来详加渲染，重复雷同，翻来覆去，其效果就更不好了。它不仅暴露了作者低级庸俗的趣味，而且对于读者尤其是青年读者是会产生腐蚀作用的。如果把这些同《十日谈》做一比较，其“罪过”则更为明显。《十日谈》也写交配，但它写的是人的健康的感情和正常的欲望。而《金瓶梅》中那些反复出现的奸夫淫妇性交过程的描写，那些非人性的兽欲行为和残酷虐待蹂躏妇女而受害者反觉乐趣的笔墨，则根本不具反禁欲、反礼教的意义，而是把人的价值降低到普通动物的层次。这是《金瓶梅》之败笔所在。

此外，同是揭露黑暗，《金瓶梅》比俄国果戈里的《死魂灵》显得灰色，给人一种压抑感和窒息感；同样是写人生的悲剧，《金瓶梅》没有《红楼梦》那样的理想的光照。《金瓶梅》缺乏爱心和美心，作品虽有真实却没有诗意。这些都是它的不足之处。

总的来说,我们对《金瓶梅》中有价值的东西,应当给予肯定,同时对它所存在的严重缺陷也要进行严肃的批判,特别是阅读这部小说时要抱着正确的态度,记着东吴弄珠客序言中的一句话:“生欢喜心者,小人也;生效法心者,乃禽兽耳!”

《红楼梦》与在前人情小说的关系

人情小说，从16世纪的《金瓶梅》开始，经过一百余年的曲折发展，到了18世纪中叶，终于攀上顶峰，产生了震惊世界的伟大作品——《红楼梦》。

历史上的任何一部伟大作品，尤其是长篇巨著，都不是个别艺术天才的凭空创造，它们都是时代的产物。社会的矛盾和斗争及其发展程度是促使它们诞生的物质前提，同时，还要有足以反映这种社会生活的艺术经验的积累。《红楼梦》正是如此。

作为一部伟大的长篇巨著，《红楼梦》在继承文学传统上是多方面的，但究其本体，主要还是继承了"人情派"的特点。曹雪芹在小说中，通过不同途径，涉及了《西厢记》、《牡丹亭》、《西游记》、"水浒"戏和才子佳人小说、唐宋传奇诸多作品，唯独不提《金瓶梅》。但是作品实际内容表明，作者十分熟悉《金瓶梅》，并从中得到过不少艺术启示。正如脂砚斋所说，是"深得《金瓶》壶奥"的。俞平伯在《读《红楼梦》随笔》中说："《金瓶梅》跟《红楼梦》的关联尤甚密切。它给本书以直接的影响。"1961年12月，毛泽东在中央政治局常委和各大军区第一书记会议上也提出了这样一个论断，他说："《金瓶梅》是《红楼梦》的祖宗，没有《金瓶梅》就写不出《红楼梦》。"

《红楼梦》与《金瓶梅》之间有承继关系，不仅表现在《红楼梦》宏伟的艺术构思上，而且表现在人物设置、情节安排和语言、细节等方面。

首先，从构思上看，《金瓶梅》以西门庆的死作为结构的转化，《红楼梦》则以林黛玉的死作为结构转化，此其一；两部书都是通过一个家庭的兴衰来反映社会，《金瓶梅》是通过一个市侩家庭来反映资本主义萌芽如何在封建社会里孕育成长，《红楼梦》则是通过一个封建贵族家庭来反映封建社会无可挽救的灭亡命运，此其二。此外，在人物形象的塑造方面，两书也有相似之处。《金瓶梅》写西门庆贪欲不尽，不断向上，终于死在色欲上。潘金莲是一个争强好胜的女人，想占有一切，结果还是做了刀下之鬼。《红楼梦》同样如此，也体现出宿命观。如在王熙凤的身上，可找到潘金莲的影子。两人都一样淫凶狠毒，都能说善道，都有才华。当然，她们也有质的不同。潘金莲没有做管家，才干显示不出来。而王熙凤则是贾府中掌握实权的统治者，凭着她的一些小手段，上面讨得了贾母的欢心，下面压服了众人。她害死贾瑞、害死尤二姐的手段，比潘金莲害死李瓶儿高明得多，让人抓不着把柄，可称得上是个阴谋家。在她身上，集中地反映了封建统治阶级的一些固有的特征。不过，"机关算尽太聪明，反误了卿卿性命"，王熙凤终于也没有逃脱悲惨的命运。由此可见，《红楼梦》与《金瓶梅》之间在观念上的承继关系也是较为明显的。

其次，情节设置的相似。如《红楼梦》里宝玉挨打的场面与《金瓶梅》里李通判打儿子的场面，连语言口气都相近；《金瓶梅》中潘金莲驯养的鹦哥儿会叫"大娘来了"，《红楼梦》潇湘馆也有鹦鹉会说"林姑娘来了"。其他如《红楼梦》里秦可卿的丧事，与《金瓶梅》里李瓶儿的丧事；《红楼梦》里王夫人赶逐晴雯等丫头，与《金瓶梅》里吴月娘发卖春梅、潘金莲；《红楼梦》里夏金桂和薛姨妈的吵嘴，与《金瓶梅》里潘金莲和吴月娘的吵嘴等，都有相似之处。

另外，像"红刀子进去，白刀子出来""千里搭长棚，无不散宴席""舍得一身剐，敢把皇帝拉下马"等语言在两书中的运用，都可说明两者的关系。

《红楼梦》借鉴《金瓶梅》众所周知，而借鉴清初"佳话"，却很少有人谈起，这不仅因为曹雪芹曾在开卷批评过：佳话"千部一腔，千人一面，且终不能不涉淫滥"，而且现在有些论者坚持认为"佳话"无一是处，所以实在不愿探究曹雪芹对这类作品有什么借鉴。实际上，曹雪芹对"佳话"虽有所批判（他的批评有其对的一面，亦有片面的地方），但并非全盘否定，而且从中受到某些启发和影响。姑且不说《红楼梦》着意表现的女子才华胜于男子等反传统观念，本由"佳话"发唱先声而来，且说艺术描写也有不少相似之处。这里试举几例：

《定情人》第五回，写双星被江章认作义子后，得以与江蕊珠相爱，满以为婚姻定成。丫鬟若霞因妒忌彩云能够为小姐传递消息，故意气双星说：小姐讲过，认了假儿子，"再做女婿，便是乱伦了"，婚姻绝不可能成的。双星信以为真，顿时满耳雷霆，坐在一块白石上，发痴一般，昏昏沉沉。《红楼梦》五十七回，紫鹃故意对宝玉说黛玉将回苏州老家，宝玉听了"便如头顶上响了一个焦雷一般"，顿时发了痴病。两段文字，何其相似乃尔！

《飞花咏》"昌小姐苦在心头甘死节"一回，描写容姑得知将嫁往常家要背弃与昌谷的婚约，便抱定死念，遂叫丫鬟秋素在箧中取出自已作的诗词曲，烧了。而后昏死过去，听说回绝常家，方有生气；又听见收了聘礼，复又气塞，直至其父许诺退婚，才觉神舒气畅。这些情节对于《红楼梦》"林黛玉焚稿断痴情"和"蛇影杯弓颦卿绝粒"两节描写，不无启示，尽管也许不是曹雪芹的笔墨。

又如《金云翘传》"王翠翘坐痴想梦题断肠诗"一回，写翠翘梦一仙女邀赴断肠会，填词十首，内隐身世经历，入在断肠册。而《红楼梦》中宝玉游太虚幻境的构思，与之也有相类的特点。

这些说明，艺术的影响往往是潜移默化的，有时连作者自己也没有察觉到。至若"佳话"对于人物感情领域的开拓、心理的刻画、语言典雅与朴实的结合以及清新明朗的风格，都对《红楼梦》的创作有着不可抹杀的影响。所以说,《红楼梦》是在人情小说的基石上所建立起来的高楼大厦。

《红楼梦》之于在前人情小说,不只是借鉴和继承,更重要的是在继承的基础上大胆创新,“驾一切人情小说而远上之”。《红楼梦》的继承和创新主要体现在:

1. 继承人情派的取材传统和构思方式,将社会高度浓缩在家庭范围整体展现。《红楼梦》取材于现实,不像以往小说借托前朝。尽管曹雪芹并未交代年代,但在实际描写中则不时地做了暗示。作品写实方式,承人情小说而来,却又与在前作品不同。《金瓶梅》反映社会,主要以家庭为主体,通过主人公伸向社会;尔后作品,大都以爱情双方为描写对象,随入物足迹走向社会。社会描写如同舞台背景,显示了人物活动的典型环境。《红楼梦》集流派优点之大成,将两者紧密结合,除了开端描写贾雨村发迹之外,情节基本上都在贾府墙内展开。然而,贾府的兴衰象征着封建社会的兴亡;贾府中的矛盾冲突伴随着社会脉搏跳动而起伏;贾府中复杂的人物关系网,也就是社会上人与人关系的艺术再现。贾府,实际上就成了当时社会的缩略图。

2. 描写爱情婚姻同揭露世态、批判封建社会高度结合。这一点,是《红楼梦》源于人情小说而又高于人情小说的地方。如它继承了《金瓶梅》等人情小说的“一线两描写”的写实方式。以贾宝玉、林黛玉的爱情纠葛为主线,一方面描写以宝黛为代表的青年男女的爱情婚姻;一方面描写贾府由盛而衰的发展过程。曹雪芹把宝黛爱情放在以贾府特别是大观园为中心的背景中描写,从而使作品的容量、批判社会的深度和广度,超过“人情派”以往的任何作品,被人们誉为我国封建社会后期的社会生活的百科全书。

3. 批判现实与理想探索水乳交融,达到古代现实主义的顶峰。“佳话”偏重理想探索,以理想否定现实,并于中夹杂揭露批判,尚有一些背离现实的因素。《金瓶梅》重在暴露,没有理想的歌颂,这是《金瓶梅》不如《水浒传》的地方。我们说的现实主义,实际上是现实主义和浪漫主义的结合,而不同于西方的现实主义。在我国古代小说发展史上,《红楼梦》是大家公认的现实主义杰作，其主旋律也在于暴露、否定当时的社会现实，但它同时又给人以理想的光照，使人“在腐朽的垃圾的烟气腾腾的灰烬中看见未来的火花爆发并燃烧起来”（高尔基语）。这样，作品深刻的批判性和高度的创造性相结合，真正显示了现实主义的伟大意义。

综上所述，《红楼梦》以其描写家庭盛衰和爱情婚姻反映现实社会所达到的深度和广度，以其现实主义创作方法和小说技巧运用所达到的炉火纯青的高度，夺得人情小说的皇冠，成为顶峰之作。但是，《红楼梦》是从在前人情小说发展而来的，假如说，没有《金瓶梅》做起点，没有“佳话”做阶梯，恐怕也就没有《红楼梦》这座艺术高峰。

第四辑

读写感言

周国平先生说:“作家是以写书为职业的,所以他们偶尔也读书;学者是以读书为职业的,所以他们偶尔也写书。”诚然,作为教书育人的教师,是离不开阅读和写作的。

读书,是实现教师专业发展的有效途径,也是教师的一种生存方式,一种生活状态。但重要的是,教师读书要善于思考,善于表达。“我思故我在,我写故我在”,只有做到读有所思,读写结合,才能真正提升阅读层次和阅读境界。

教师专业发展有赖于制度化

——我写《教师专业发展的理论取向与实现路径》之感言

拙著《教师专业发展的理论取向与实现路径》(广西师范大学出版社2013年1月出版)出版不久,就受到了学界和广大中小学教师的极大关注和好评。我想这主要是因为我比较了解教师的现状和发展需求,并站在教师的角度思考问题。

我认为,当下研究教师专业化,我们应当注意到这样一个背景:随着我国基础教育由规模发展向内涵发展的转变,提升教育质量已成为基础教育发展的核心问题。而在社会变革和教育转型的背景下,以人为本的教育理念正在逐步深化。在这场深刻而又艰苦的教育转型中,一个普遍的共识是,要提高教育质量,关键在于教师。教师质量既取决于教师教育的质量,也在很大程度上依赖于与教师相关的制度建设。

"教师发展"这个话题,也是我非常感兴趣的研究课题。多年来,我一直在思考这个问题。我想,要研究教师发展,就不能不提到"专业化"。教师的专业化发展是教师成长的必由之路。在笔者看来,专业化的核心关键词是那个"化"字,那是个动词,"化"的过程是动态的、持续的,甚至是终身的。这个"动态"的发展过程,既包含教师的专业成长过程,也指促进教师专业成长的教师教育过程,它需要一定的载体和形式。诸如"以人为本"的教育管理方式,以需求为导向的在职培训,以读书为习惯的学习态度,以教科研为指导的科学精神,以及现代教育技术的运用等一系列举措,都是有利于促进教师专业成长的。

关注教师发展,必须强调"以人为本"。在学校,实施"以人为本"的教育理念是当今我国教育改革的重要课题。从本质上说,"以人为本"的教育就是"生本"教育,但同时也包括教师的发展。我们提倡教育要"以学生为主体",但学生的主体性由谁来启迪?要靠教师。因此,在学校管理中,教师是教育事业的第一资源,没有高素质的教师队伍,就没有高质量的教育。中国人民大学附属中学校长刘彭芝说得好:"如果说学生成才是教育工作的着眼点,那么,教师发展就是教育工作的着力点。"其实,人的全面、可持续发展是现代教育的共同追求。尽管本书也站在"学生"的立场上,强调教育要"以学生为中心",但其着力点在教师。"百年大计,教育为本;教育大计,教师为本",教师是教育成败的关键。

话到此处我不禁想起那句大家耳熟能详的名言:"大学者,非大楼之谓也,乃大师之谓也!"这句话道出了"优秀教师乃是一所学校的灵魂所在"这一真谛。作为教书育人的学校,人才资源水平的高低关系到学校的质量和地位。加强师资队伍建设,促进教师专业化发展,实现教育内涵发展,是新形势下我国教育发展的"重头戏"。

十几年来,由于工作的关系,我走访了许多学校,看了许多课,了解了一线教师的生存状况和内在需求,并与他们保持密切的联系。本书的形成从主题到内容,都与本人从事的教师教育工作直接相关。书中收录的文字,有我从事教师教育工作的点滴体会,有对教师专业发展的粗浅看法,有关于教师读书经验和方法的介绍,还有对教育实践的思考和我个人观点的提炼。这些文字,大部分是我在全国各地所做的一些报告的讲稿,很多是"命题作文",也不乏自己的研究与思考,带有很强的现场感和即兴的色彩;有些报告的全文或部分则通过录音整理和改写之后,已在《中国教育报》《中国教师报》《现代教育报》《教师报》《东方教育时报》《中小学教师培训》《师资建设》《教育发展研究》《基础教育》《上海教育》《教育参考》《上海教育科研》《素质教育大参考》《现代教学》《安庆师范学院学报》等报刊上刊载。不难看出,书中的一些观点和提法,随着时间的推移,似乎显得有些不合时宜。尤其是《国家中长期教育改革与发展规划纲要》和《上海市中长期教育改革与发展规划纲要》颁布以后,对教育改革和教师队伍建设提出了新的目标和要求。但考虑到书稿的“历史感”和个人思考的轨迹,这次出版时未对旧稿做太大修改,基本上保留了它的原貌。

实际上,关于教师发展的任何一个话题,展开来都是很庞大的。但从根本上说,是要形成尊师重教的社会共识,并在具体工作中加以落实。可以这么说,教师专业化不仅是一种观念,更是一种制度。基于这样的认识,本书以中小学、幼儿园教师为研究对象,结合我国基础教育课程改革和区域教师队伍建设的经验,从教师专业发展、教师阅读、教师继续教育和教育思考等四个方面,阐述了新时期教育改革与发展给教师带来的新机遇与新挑战,并通过大量的教育实践和理性思考,创造性地提出了教师发展的新理念、新思路、新方法、新途径。

在教师专业发展的过程中,有“要我发展”和“我要发展”的问题。一般来说,教师的专业发展,是一个长期的、充满着困难和艰辛的过程,需要“内外动力”的激发和助推。对此,上海市教育科学研究院顾泠沅教授曾精辟地指出:从教师成长总体看,第一是机遇,也就是说教师即使“有素质、有能耐”,但碰不上机会,也不容易成长起来。所以,范围、机制、体制对教师的成长很重要。第二,就是想干、拼命地干。教师不光要有较好的知识底蕴、有投入工作的热情、有战胜困难的激情,还要不断地调动、维护、充实和更新成长的“动力源”,组织、调动好“动力”分配,以求发现机会、珍惜机会、抓住机会,从而加速成长。

从外在因素方面来讲,许多地方骨干教师、学科带头人的评选和培养,名师基地的带教制度,有效的教师培训和出国进修等,都在很大程度上给教师的成长提供了很好的机会和平台,同时也是帮助教师走出“职业倦怠”的有效途径。

不过,话又说回来,被动地让一个人发展是不够的。人的一生是不断发现自我、不断自我成长的一生。对教师而言,我坚信陆游说的“功夫在诗外”,没有任何一门课程或一次培训可以直截了当地教给你教育的智慧。教育智慧是教师在知识、经验、情感、理性等学习或习得的基础上,在教育教学实践中,通过自我反思和修炼获得的。比之外部环境和条件,教师的“自主发展”意识和能力显得更为重要。

这本书包括了我近十年来对教师教育,对教育管理,尤其是对教师发展问题的思考,无论是理论学习还是实践探索,都坚持以人为本的思想,从教师的实际需求出发。只有这样,我们的研究和实践才是有效的。

我曾在大学任教,也当过中小学教师,后来又从事教师培训和教育管理工作。作为一名教师,同时也是一个普通人,我深深地体会到:人生是酸甜苦辣、五味俱全的,有时候是你为自己努力,也有时候是你为别人付出,但更多的时候是他人在为你奉献。

不管怎样,本书的出版,总算了结了自己的一个心愿,不免有如释重负之感。但这里我要说的是,当今世界是一个“合作”的时代,个人的力量是十分渺小的。任何人,做任何事,都离不开他人的支持与帮助。有道是:一个人独行可以走得快,但结伴而行可以走得远。因此,在本书出版之际,我的内心充满喜悦,更充满感激之情。

最后,我想要说的是,由于本书是断断续续写成的,各部分之间虽然不无关联,但终难成体系,粗疏与缺憾之处,只好请读者原谅了。我希望广大读者,尤其是中小学教师能从本书中得到一些启发和帮助,为自已的专业成长找到一个有效的路径,当然更希望大家对书中的内容和观点提出批评、建议,以便将来有机会再版时修订、完善,实现“更上一层楼”的美好愿望。

阅读经典，感悟人生

——写《梦回“诗唐”——唐诗经典品鉴》一书所想到的

我的《梦回“诗唐”——唐诗经典品鉴》一书，由广西师范大学出版社于2013年10月出版。当时，我的心里充满了欣喜，也有几分感慨。欣喜的是，我的又一本文集面世了。回想起来，这类文章的写作，最早开始于20世纪80年代末，写作时间断断续续，前后长达二十余年。细心的读者，不难从字里行间看到岁月的痕迹。记得这些文章刚在报刊上发表时，就得到我所尊敬的老师和同仁的鼓励和支持，他们希望我多写一些，将来能结集出版。这一愿望终于在二十多年后的今天得以实现，可以说是了却了我多年来的一桩心愿。感慨的是，光阴荏苒，年龄渐长，多少有些“年华易逝，青春不再”的迟暮之感。由此，我不禁想起著名作家贾平凹的话：“年轻时雄心万丈，觉得我可以干这件事情，干那件事情。但是人生短短百年，一到现在你才知道世界是那么大，人也那么渺小。其实你想改变很多东西是很难的，你只能尽力完成自己在这个世上做的事情，有时候想起我就觉得有一些悲凉的味道。”这样的感叹，也许人人都有。我们这一代中国学人，具有很强的政治意识和事业意识，但是缺乏健康意识和享受意识。其实，工作只是我们维持生活的一种手段，如果我们把它当成了生活的全部，那我们就错过了太多太多。有道是：懂得享受生活，才能珍惜生活。

再比如说，大家都在谈幸福感。可是，我们对幸福的感受，很多时候是因为对比而存在的。正如著名电视节目主持人孟非先生所说：“我们之所以感到不幸福，是因为我们总想比别人幸福。”要知道，生活的要求是无止境的，如果一味地向高标准看齐，你可能永远不会幸福。可惜的是，很多人还没有意识到，在我们这个时代，大多数人所做的不过是一些平凡而又平常的事情，正如著名诗人穆旦晚年时说的那样：“这才知道我全部的努力，不过完成了普通的生活。”

我有时在想：人生在世，总是有舍有得。舍得那个，才会得到这个。这正如佛家所言：“小舍小得，大舍大得，不舍不得。”有时候，放弃其实也是一种美丽的收获。从某种意义上讲，物质生活的富有是一种财富，而精神上的满足、文化上的追求是更重要的财富。记得于丹说过，一个人的心里有太多的欲望，或者过分在意他人的赞誉和诽谤之语，这颗心就会像喧嚣的小溪碎沫和澎湃的大海浪花，鼓荡着、躁动着，以这样的心态看世相和自我，自然会出现偏差。因此，作为一名教师，笔者认为，“奉献”之于今天的教育，尤其显得重要。既然做了教师，我们就不应该有太多功利，而应该静下心来多想教育的问题，多做教书育人的事。人的自身价值从社会性来看，不取决于从社会上取得了多少，而取决于对社会奉献了多少。尤其在当今社会，奉献精神对于教师来说，当是一种不可缺少的品质。与此同时，我们还要有一种宁静淡泊的心态。我喜欢诸葛亮的那句名言，“非淡泊无以明志，非宁静无以致远”。这种境界与情怀是很难得的。在很多情况下，一个人的痛苦与幸福、纠结与旷达，完全取决于自己的心态。老子说：“万物芸芸，各归其根。归根曰静，静日复命。”从一定意义上说，人不能总是在不断地赶路，不断地前行，有时候静下来也是一种力量。古人有一句话说得好：“不做无聊之事，何以遣有涯之生？”

更重要的是，生命的真正能源来自宁静。可是，人们常常忘记了“静”，反而尽量用动态去消耗自己，这是不利于身心健康的。所以，台湾美学家蒋勋先生说："'美'的最大敌人是'忙'。"北京大学中文系教授陈平原先生有时候也在想："有必要这么一辈子紧紧张张地追赶吗？学不完的东西，忙不完的活！"从一定意义上讲，人是需要"忙里偷闲"的。我非常认同复旦大学历史系教授钱文忠先生的观点，"其实有时候发发呆，也感觉挺幸福的"。尤其是在每个人都行色匆匆无暇思考的时代，我们有必要让脚步放慢一些，让头脑冷静一些。静下心来，思考人生，品味生活。我以为，人生追求的至高境界是心灵的自由和美好，能够有时间做自己喜欢做的事。从这种观点出发，我很自然地想到了读书。在今天这个人心浮躁的时代里，有闲能静心读书者让人艳羡。谁都知道，读书可以补充知识。不过在我看来，真正能提高修养、改变人生的是那些"无用"之书。就我个人而言，就比较喜欢阅读古典诗词、明清小说这样的文学经典。它们那独特的美感与情感，对于人之修养的养成，是其他艺术所无法代替的。正如诺贝尔文学奖获得者莫言所说："文学和科学相比较，的确是没有什么用处，但是文学的最大的用处，也许就是它没有用处。"可见，文学经典的魅力就在于它的"无用之用"。

俗话说："熟读唐诗三百首，不会作诗也会吟。"三百，对于前代以诗为学业，甚至举业的学子来说，确是一个起码的要求。而今人读唐诗，多数并不是为了学习写作，而是为了艺术鉴赏。如果用"功利"的眼光看，唐诗确是"无用"之书，但只要你和它亲近，就会被那不可抗拒的艺术魅力所征服。林庚先生在谈诗时曾说过一段话："诗的本质就是发现，诗人要永远像婴儿一样，睁大好奇的眼睛，去看周围的世界，去发现世界的新的美。"在这些优美动人的古典诗词中，蕴蓄着丰富的内涵，渗透着深邃的哲理，饱含着复杂的情感，闪耀着智慧的光芒，充满着艺术的魅力。经常读这样的作品，可以提高人的精神境界，完善人的人格，净化人的灵魂。再说，人的生活应该是诗意的、温润的、充满色彩的。现在都在讲"中国梦""美丽中国"，这不正是对中华民族伟大复兴的一种美好追求和诗意表达吗？作为一个文化研究者，我认为："美丽中国"离不开"诗词中国"。

提起古典诗词,我们自然会想到唐诗。唐朝的历史远去了,但诗人的歌唱却不时地在当下人们的耳边回响,仿佛是一个向导和路标,把我们带进悠远的历史空间。

每次回望唐朝,总能见到一群诗人的背影。其实,唐朝本来就是一个属于诗人的朝代,一个为诗人而存在的时代。正如台湾美学家蒋勋所说:"仿佛是一种历史的宿命,那么多诗人就像彼此约定一样同时诞生。"(《蒋勋说唐诗》)

中国古典诗歌,从第一部诗歌总集《诗经》开始,经过近两千年漫长的发展演变,到了唐代,无论是体制的完备,还是题材的多样,无论是意境的深邃,还是韵律的精严,无论是揭示生活的深度,还是反映现实的广度,在封建社会,已达到了不可企及的境界。可以说,唐朝是诗的王朝、诗的国度,没有哪个时代能够与之比肩,难怪闻一多先生称它为"诗唐",即诗的唐朝。鲁迅先生也曾风趣地说:"我以为一切好诗,到唐已被做完。以后倘非能翻出如来掌心之'齐天大圣',大可不必动手。"(《鲁迅书信集》)可见,唐诗在我国诗歌发展史上的确达到了空前未有的高度。

《梦回"诗唐"——唐诗经典品鉴》一书,从唐代诗歌中选取三十多位诗人的七十余篇作品,进行探幽访胜,深入分析,雅俗共赏。对于收入作品的原文,参照了历代各种唐诗选本,疑处则略加考证,择善而从。在选诗方面,本书注重思想性与艺术性的统一,兼顾重点作家与一般作家的合理比例,兼顾题材、主题、风格的独创性与多样性。

从文学鉴赏的角度看,我比较赞同汉代董仲舒"诗无达诂"的说法。鉴于唐诗的丰富内涵和独特魅力,本书在解读文本时,试图运用文艺学、心理学、审美学等方面的理论,从语言、立意、气脉、风格、艺术技巧等不同角度入手,着重挖掘蕴藏在诗中的文化背景和深层内涵。由于在作品欣赏过程中,融进了个人的审美体验和新发现,使原诗的实际含义在条分缕析中得以显现,言外之意则通过意想和引申获得了全新的诠释,从而拓展和丰富了诗歌的含量和意义，正所谓“作者未必然，读者何必不然”。

最后需要指出的是，“文章千古事，得失寸心知”。从事赏析文章的撰写，并不是一件容易的事情。袁行霈先生曾说：“写赏析文章和写考据文章相比，既有容易的一面，也有不那么容易的一面。如果没有扎实的学术根底、敏锐的艺术感受、深入浅出的表达技巧和流畅优美的文笔，是不可能写好的。”严格来讲，文学鉴赏是一种审美体验，也是一种高层次的思维活动。因此，在具体的品鉴过程中，笔者除了对作品的思想内容和审美价值进行深入评价外，还力求传达原作的情趣意境，把作者的艺术匠心指示给读者。唯其如此，才能使读者受到强烈的艺术感染，并从原作和赏析文章中获得一种审美的愉悦，得到心灵的慰藉。

文学经典的魅力与作用

——从写《唐宋文学六十家》说起

我所著《唐宋文学六十家》一书，已于2014年8月由广西师范大学出版社出版。2013年初，在完成了《教师专业发展的理论取向与实现路径》书稿之后，按照我本人的计划，是要写一本教育随笔之类的书，但实际情况是又回到了中国传统文化的研究，这大概与我年轻时的爱好与志向有关。说起我们中华民族传统文化，或者文化遗产，每一个稍有历史知识的人马上就会想到源远流长的中国古典文学。在我国封建社会的历史长河中，几乎每个朝代都有新的文体出现，都有相应的代表性作家，正所谓“一代有一代之文学”。至于唐宋文学，尤其是唐诗、宋词，像李白、杜甫、苏轼、辛弃疾这样的伟大作家，对于很多人来说，更是耳熟能详。可以毫不惭愧地说，唐宋文学是中华文化的瑰宝。

公元589年，隋文帝杨坚统一中国，结束了近三百年南北分裂的局面。但是隋朝只维持了三十七年，就被农民起义推翻了。唐高祖李渊篡夺了农民起义的成果，于公元618年建立了李唐王朝。唐朝是中国封建社会的鼎盛时期，持续了二百九十年，共传二十一帝，到公元907年灭亡。唐朝灭亡以后，便开始了五代更替、十国割据的混乱时期。公元960年，宋朝建立，979年宋灭北汉才恢复中国的统一。

隋代是一个新旧创作思潮交替的过渡时期，它是唐代文学的一个不很强烈的前奏，而五代则是唐代文学的余音。宋代分为北宋（960–1126）、南宋（1127–1297）两个阶段，共计三百二十年，其文学也有独特的成就，足以与唐代文学相互辉映。

唐帝国是中国有史以来，也是当时世界上幅员最为辽阔、国力最为强盛的政权。太宗时期的“贞观之治”、玄宗时期的“开元盛世”成为史家的美谈。唐王朝作为一个强大而具有多民族融合特征的时代，国家的统一、社会的安定、经济的繁荣，带来了文学艺术的高度发展。和盛唐时期相比，宋代可以说是生于忧患，始终面临着来自内部与周边的诸多新问题新挑战。宋代所统一的，是唐末经五代十国分裂割据的版图，而非严格意义上的“大一统”。国土疆域与大唐盛世无法比拟。尽管如此，宋代在政治、经济、文化、科学等方面也都取得了令人瞩目的成就。就宋代社会而言，还有一点不可忽视，它是一个非常尊重知识和优待知识分子、十分重视文化教育事业的封建王朝。尤其是在中国文化史上有几个时代一向是相提并论的，文学就说“唐宋”，绘画就说“宋元”，学术思想就说“汉宋”。从某种意义上说，唐宋两代确是“中国历史最伟大的时期”。尤其是唐代，早已成为强盛、辉煌和发达的代名词，成为中国历史上令我们每一位炎黄子孙都深感自豪的一页，以至于直到今天海外华人仍以“唐人”为街道命名，借以标明自己的身份。在文学史上，后人论及我国古代文学，总是唐宋并称。

唐宋文学，可谓名家辈出，佳作如林，体裁不断更新，流派争奇斗艳，呈现出一派空前繁荣的景象。就诗歌而言，唐代诗人以丰富的诗歌样式，使“诗的唐朝”进入了中国古典诗歌体制的集大成时期。宋诗虽然没有唐诗那样光彩夺目，但仍以其鲜明的时代特征和独特的风格，开辟了一片“新天地”。词则从隋代开始出现，经过初、盛唐，在中唐时流行起来，到晚唐时趋于成熟，至两宋而极盛，出现了百花争艳、千峰竞秀的盛况，并以其强烈的艺术魅力，与唐诗、元曲相映成辉。还有散文，也是唐宋文学繁荣的一个重要标志，出现了历来公认的古文“唐宋八大家”。其中，韩愈被称赞为“文起八代之衰”，欧阳修是诗文革新运动的领袖人物，苏轼是才华横溢的“全能”作家。

唐宋时期是文学艺术天才成批涌现的时代。除李白、杜甫、白居易、苏轼、陆游、辛弃疾等为世界公认的伟大诗人、词人外，其他如陈子昂、孟浩然、王维、高适、岑参、王昌龄、韦应物、韩愈、孟郊、柳宗元、李贺、杜牧、李商隐、李煜、柳永、欧阳修、黄庭坚、秦观、周邦彦、李清照、范成大、杨万里、张孝祥、陈亮、姜夔、刘克庄、吴文英、张炎等人，也都是开宗立派、具有独创风格的大家。此外，还有不少有成就、有特色、有影响的诗人、词人和散文作家。

在为数众多的唐宋文学家中，本书选取了六十名具有代表性的作家，试图从“知人论世”的宗旨出发，分别对他们丰富的人生经历和突出的创作成就进行了较为深入的论述，以求勾画出作家“全人”，揭示发展、联系，有助于人们了解作家个体的全貌以及在文学史上的传承发展关系。

对于这些作家而言，尽管我在本书中所论述的只是他们个人化的微观历史，但他们在追求个性化创作和艺术美的过程中，或异帜独张，别具风韵，或相互唱和，有着共同的文学主张和相近的艺术风格，形成了一个个流派，从而把唐宋文学的发展推上高峰。从这个意义上说，本书不仅仅是一部作家传记，而且在介绍作家生平与创作的同时，尽可能地顾及他们风格的转变以及在当时和对后世的影响，给人以完整的、“史”的印象。事实说明，如果没有成批艺术天才的个性化创作和众多流派的呈现，就不可能有唐宋文学的繁荣局面与辉煌成就。

中国传统文化具有永久的魅力，在文化传承日益受到重视的今天，对于很多人来说，阅读古代文学经典是一种修养，或者是一种风雅，文学名家名著读得越多越好。我喜欢唐宋文学，而对唐诗宋词更为钟爱。我觉得中国古典文学，文字精练优美，笔花四照，尤其是诗词，有韵律，有声调，读到好的，就会过目不忘。虽然，唐宋时代离我们已经久远，但本书所介绍的每一位作家就像一个个的小窗口，使我们可以从中窥见那些既熟悉又模糊的唐宋经典名作，走进那看起来陈旧却光彩夺目、瑰丽迷人的艺术世界，感受那渺不可及而又念兹在兹的精神家园！

对于文学艺术来说，一代人在文学中孜孜以求的东西，可能被另一代人所忽略，一代人对文学的精神需求，可能不被人所理解。从我个人来说，中国传统文化对我的影响很深。我喜欢中国传统文化，更热爱中国的古典文学。三十多年来，我除了从事教育教学与教育管理工作外，主要研究方向和兴趣一直在中国古典文学与传统文化研究上，而于唐宋诗词用力最多，收获也最大。从1984年开始，我先后在《人民日报》《中国教育报》《中国广播报》《求索》《新闻出版交流》《文史知识》《古典文学知识》《阅读与欣赏》《文艺学习》《语文月刊》《语文园地》《中文自学指导》《大学语文》《安庆师范学院学报》《诗铎》等核心期刊、权威期刊和省级以上报刊发表学术论文120余篇，出版有《中国传统文化概要》（合著，上海教育出版社1999年3月出版）、《桃李春风一杯酒——宋诗经典解读》（合著，上海百家出版社2009年10月出版）、《唐宋词的魅力——基于古典诗词曲之比较研究》（广西师范大学出版社2012年5月出版）、《梦回"诗唐"——唐诗经典品鉴》（广西师范大学出版社2013年10月出版）等学术专著10余部。如果说人在年轻时尚有功利之心的话，我今已花甲，该是心如止水而别无所求矣。说得透彻一点，我已经不需要再评什么职称了，我就想写写自己的读书所得，写写我的研究和发现。我自认为从事古典文学教学和教师教育那么多年，有不少研究成果是有价值的，我想与教师和古典文学爱好者分享。

教育家陶行知有一句名言："人生为一大事来。"我来到世上，所为的大事是什么？少年时代，我的梦想是当一名哲学家。由于历史的原因，或许是命运的安排，我高中毕业那年便当了一名民办教师，教过几年小学和中学。大学毕业后，我留校任教，成了一名大学教师，一干就是十几年。后来，又来到上海从事教师教育工作。可以说，我的青春，我的全部心血，都献给了教育事业。

作为一名教师，回头看看自己走过的几十年从教路，我感觉到，一个人做一件事情并不难，难的是一辈子只做一件事，而且在没有任何功利目的时，仍然坚持这么做。我以为，时下中国，最缺少的就是执着精神，或者说是缺乏一种对事物的专注之心。有人说重复工作是一件痛苦的事，但重复的事情如果有了一个需要努力实现的目标，就不再是一件痛苦的事情。

其实，与做人一样，读书治学也是一辈子的事。从一定意义上说，学者的一生是攀登高峰的一生，是永无止境、终身探索的一生。中国知识分子素有“经世致用”的传统。曹操有言：“老骥伏枥，志在千里；烈士暮年，壮心不已。”(《步出夏门行·龟虽寿》)由此看来，人越到晚年，就越是不能“虚度”。我们对年轻一代常常叮嘱道：“少壮不努力，老大徒伤悲。”岳飞在《满江红》词中也说：“莫等闲、白了少年头，空悲切！”这固然是对青年人说的，但我不禁要问，此等警言对老年人难道不起作用吗？

今年110岁的文化寿星周有光先生说过：“人是追求知识的动物。”无论这个世界怎样变化，人生毕竟是有梦想和追求的。一个人假如没有梦想和追求，他就没有可持续发展的动力。在我的心目中，教育是我一生的追求，治学是我一生的向往！换句话说，人生苦短，一生认认真真地做好一件事，就必须将生命、智慧和热情投注到一个目标上，咬定青山不放松，坚持不懈地做下去。

说古道今，无非是想说明人是要有点精神和品位的。著名哲学家海德格尔曾强调人生命的意义就在于把“生存”提升为“生活”。在他看来，“生存”只是一种物理事实，而“生活”才标示着生命的意义。在物质财富增长的同时，我们还应努力提高人的精神境界。否则，就无法获得身心平衡的幸福感。尤其是在物质主义日渐成为人们普遍的世界观和价值观的今天，我们更应该冷静思考一下人生问题。由此，我想起了一段印象很深的话：“曾经拥有的不要忘记，已经得到的更要珍惜，属于自已的不要放弃，已经失去的留作回忆，想要得到的还要努力。但是，最重要的是要好好珍惜自己。”的确，无论在什么情况下，我们都要珍惜自己。我说这句话的意思，不是让你去留恋过去，而是说在人生路上有许多美好的东西，需要我们不断地去追寻和品味，尤其是在实现梦想的过程中，我们一定要正确地认识自己，把握自己，并懂得珍惜自己。在人的生命成长历程中，我们可以不卓越，但至少要不平庸。

当然，一个人要在事业上取得一点成就，亦并非易事。这本小书的撰写，原本以为不会太费劲，但结果再一次证明了一个简单的道理：凡事想要做得好，都是需要下苦功的。我之所以喜欢古代名家与经典，是因为我愿意相信“古圣”远胜于“今贤”，他们的作品经过了历史的沉淀。岁月无情实有情，“时光老人”是最公正的。王国维曾说：“一代有一代之文学。”楚有辞，汉有赋，唐有诗，宋有词，元有曲，明清有小说。但我认为，在中国历代文学家中，唐宋时期的作家是最有魅力和影响力的。他们的作品，既写出了自己的人生感悟，也点出时代的特征，体现了文学之美和文学之真。

在今天，对于旧时的经典作家作品，我们似乎也可以从中找到一些认识自我的东西。我认为，阅读不仅仅是一种行为，同时也是一种具有美感的生活方式，更是一种人生修炼。人既作为人，存在着就必须阅读。正如北京万圣书园的创办人刘苏里所说：“不阅读，便不能有尊严地活着。”实际上，读书的人与不读书的人是不一样的，这从气质上便可以看出。苏轼有诗云：“粗缯大布裹生涯，腹有诗书气自华。”从这个意义上说，文化是一只看不见的手，引导着一个人的言谈举止。一个人读书多了，身上自然会带有一股书卷气，言谈举止间无不流露出一种特有的文化气息。

应当承认，人的知识多半是靠读书得来的。但我要说的是，今天我们阅读文学经典，不仅仅是为了获取知识，而是要从中得到见识，能够在阅读与欣赏的同时，多几分人生启悟和人文精神的滋养。有作家说过，文学归根结底是人学。因此，对大多数人而言，读书是修身养性的。这就应验了我国一句著名的格言:“养心莫如静心,静心莫如读书。”

多年来,我们一直强调要“培育和弘扬社会主义核心价值观,弘扬中华传统美德”。但这种精神、道德层面的文化建设,是个润物细无声的慢活,不可急躁。它需要绵长的渗透、同化过程。有一句话说得很深刻,“人生最重要的事情往往都是不讲效率的”。诺贝尔文学奖获得者莫言也说过:“文学是通过艺术、审美的方式,慢慢地,像春雨润物一样发生作用。”文学既是一种个人情绪的自我表达,更是一份真善美的自觉传递。从一定意义上说,文学不是真理,却可以帮助我们认识真理。认识到这一点,对我们很重要。很多表面上看来没有用处、没有实效的事情,其实是不可或缺的。比如文学经典、历史著作,它的魅力是永恒的。我始终认为,文化是一种无形的力量,它的作用是潜移默化的、日积月累的。坚持阅读是对心灵的一种涵养,尤其是阅读中国古典名家名作,不仅可以陶冶我们的性情,丰富我们的人生,还能够使我们在浮躁、忙碌的生活之中留有一个思索的空间。

回顾自已的经历,可以说,作为教育工作者,我今天的一切都是与读书治学联系在一起的。我觉得,来上海近二十年,由于工作的需要,也由于个人兴趣的转移,我的研究领域并不仅仅是中国古典文学了,但因研习古典文学而获得的学术资源和人生经验,仍是我从事教育教学与教育管理工作的强大助力。

很难想象,假如没有文学,我们的生活将会多么枯涩,多么平淡无味。因此,我写此文,旨在希望读者能够通过本书所论及的六十位作家了解当时的一些重要事件、重要人物、社会现象和一些鲜为人知的逸事掌故,感受到名家经典的独特魅力,在为自己浮躁不安的心灵寻觅精神家园的同时,切实提高自己的人文素养和文学鉴赏力。

一部颇见功力的基础研究著作

——评《王绩集编年校注》

王绩是初唐时期一位较为重要的作家。他的作品,收入他的诗文合集《东皋子集》(一作《王无功集》)中。

1987年,上海古籍出版社出版了韩理洲先生的《王无功文集五卷本会校》,对王绩的作品做了认真梳理补正,为读者研究王绩诗文提供了一个较为完备可信的读本。但由于此书只限于校点,一般读者依据这个本子去阅读《王绩集》,仍有不少困难,因而读书界迫切需要一本更为完善详尽的王绩集的校注本。康金声、夏连保二先生的《王绩集编年校注》(山西人民出版社1992年版,以下简称《校注》)正是适应着这种需要的一本书,可以弥补以往的缺憾。

作为第一本王绩集编年校注,本书具有很高的学术价值,值得我们重视。

在校勘方面,《校注》以四库丛刊续编影印脉望馆钞本为底本,广泛参校丛书本、《全唐文》、《全唐诗》、《唐诗纪事》、《初唐诗纪》、《唐文粹》及《文苑英华》诸书,文字择善而从,异文异字,择要做出校记。当然,校勘的质量不能以校记的多少来衡量,而是在于其是非判断上的准确与否,切不可主观武断地以个人好恶来改古籍。本书在这方面下了很大的功夫,力求做到准确无误，校记中时有按断。例如《三日赋并序》“修太玄于暮齿”句，《校注》云：“玄，丛书本、《全唐文》俱作‘元’，系清人避清圣祖讳改‘玄’为‘元’，今复正之。”又如《晚年叙志示翟处士正师》“庾衮逢处跪”句，《校注》云：“原本作‘庾衮逢桑跪’，《全唐诗》、丛书本皆作‘庾桑逢处跪’。按：《太平御览》卷五〇二引王隐《晋书》载：庾衮，字叔褒，颍川人。与弟子治藩必跪而授条。麦熟，获者虽毕而多捃（拾）者，衮退待间，乃方自捃。不曲行旁掇，跪而把之。’诗当用此典。今据上下文意定作‘庾衮逢处跪’。”这类例子还有很多，不胜枚举，可见本书校勘、考订之精审细密。

在编排方面，《校注》采用了编年方式，将绝大部分作品按写作时间先后为序编入集中。少数未能确系其年者，则据诗文思想内容及风格，度其大致作时而列入年谱。把王绩作品系年编次，《校注》实属首创。其好处正如校注者在《前言》中所说：“如是排列，以见王绩思想发展之大略”，有助于我们对王绩作品的深入理解。然而光是“编年”犹不足以说明校注者的功力，尤堪称道者，校注者在确定作品的写作时间时还做了一些令人信服的考证，融汇了自己多年潜心研究的新见。如《绩溪岭》诗，《校注》根据《全唐诗外编》下童养年《全唐诗续补遗》卷一所录，定为王绩作品，并考定为大业十一年（615年）所作，理由是王绩“尝于隋大业十一年（615年）七月许南游经绩溪”。又如《晚年叙志示翟处士正师》诗，校注者云：“本诗题明谓‘晚年叙志’之作。诗又有‘无谓退耕近，伏念已经秋’之句。是则本诗之作，乃在绩末次退隐后之明年也。绩末次退隐在贞观十三年（639年），故本诗之作，当在贞观十四年（640年）耳。”这些考辨，都不乏新见灼识。特别是对一些疑难问题，《校注》也做了一些新的探索。如《咏妓》一诗，《唐诗纪事》卷五认为系王绩之作，《全唐诗》在此诗的题下注，亦表示存疑，《校注》则据王度《古镜记》等书的有关记载，认为“王勣”为“王绩”之误，断定其诗为王绩作品。这种辨证讹误的工作，如果没有深厚的学术功底和严谨的治学作风，是很难胜任的。

在注释方面，《校注》也颇具特色。注者于一般词语典故诠释外，注意就王绩作品及有关史事参证其间，努力做到“以王注王，以王解王”。如《答冯子华处士书》“龙唇凤翮”句的“龙唇”注，注者除引用《三礼图》“琴唇名龙唇，足名凤足”等加以笺注外，还引证了王绩《古意》诗“漆抱蛟龙唇，丝缠凤凰足”。又如《答程道士书》题注，引用了王绩《赠程处士》诗和《重答杜使君书》中的句子，不仅纠正了从书本题作“陈道士”之误，还考出程道士为程融。《校注》用力之勤，由此可见一斑。

至于有些关涉到作品主旨的重点词语或典故，注者更是旁征博引，不厌其烦地进行考释，阐发其确切含义。如《野望》一诗是王绩的代表作品，长期以来，一直受到人们的喜爱，然对其末句“长歌怀采薇”之意历来颇有争论。《校注》则引用了大量的材料，通过多角度的考析，进而提出自己的看法。这对于读者正确理解诗意，无疑有很大的帮助。

还值得一提的是，书后所附《王绩年谱》对王绩的生平事迹、作品系年、人事交游等方面做了精审细密的考证，补充了不少前人及今人的疏漏，纠正了他们的讹误，时见新义发明。如关于王绩的生年，闻一多《唐诗大系》定为开皇五年（585年），后人亦多从其说，《年谱》的作者则发现此说论据有误，结论亦不可信，并重新细加考证，认定王绩生于隋文帝开皇九年（589年）。类似这样的发明，本书尚有不少。所有这些，都是《校注》超越前贤的地方，值得学术界注意。

此外，《附录》里集录的一批有用资料，编者也做了认真校点，可供王绩研究者取备参考。

总之，《校注》收罗宏富，校勘精审，注释详明，考证细密，新见迭出，是目前所见最为完备可用的王绩集的校注本。当然《校注》在校勘、编排上尚不无疏漏，个别地方论证尚欠严密。不过，这只是吹毛所见的微疵，无妨此书的实际价值。我们期待有更多的像这样经过重新全面整理校注的唐集问世。

新视野、新格局的词学研究

——评王兆鹏《宋南渡词人群体研究》

王兆鹏先生所著《宋南渡词人群体研究》(台湾文津出版社出版1992年版,以下简称《研究》)一书,是一项开拓性的研究成果,在学术界具有重要的意义。因为它是我国第一部从创作群体的角度研究宋词的专著,显示了词学研究的新水平。

也许是看惯了那些大同小异的“文学史著作”吧,《研究》确实给人以视野宏通,别开生面的观感。作者不满足于那些作家作品论的固有单一化的写作模式,而从文学研究的新构想出发,对研究对象进行多角度、多方位的综合考察。他大胆地将宋南渡前后半个世纪的词坛作为词史上一个独立而重要的发展阶段进行整体研究,并提出“范式”这一范畴,通过考察创作范式的演进更迭来把握唐宋词发展的脉络与流变。这种尝试与创新体现了一个青年学者在学术研究上的勇气和追求。它的可贵之处,不仅是扩大了古典文学的研究范围,而且能在观念更新和审美角度的选择上给人有益的启示。研究方法的多元化,也是本书的一大成果。我们认为,文学群体的研究是一个综合工程,它所涉及的范围较广,举凡政治事件、文化背景、社会思潮等无不与之关联。作者正是看到了这点,所以在书的上篇探讨南渡词人的群体关系与群体意识时,便运用了历史实证的方法,从政治、学术、文学创作等方面去考述,使其所论有理有据,令人信服。在中篇探讨南渡词人群体的心灵世界时,作者还借助于现代心理分析的理论加以阐释,取得了可喜的效果。

与之相应,书中还提出了一些不同于传统的新见解,对我们今后的古典文学研究有开启作用。比如,在下篇的论述中,作者为了揭示唐宋词的发展规律和个性特征,按其递嬗演变的轨迹,把唐宋词的演变史归纳为三大范式的相互更迭:一是由温庭筠创建的“花间范式”,二是由苏轼创立的“东坡范式”,三是由周邦彦建立的“清真范式”。虽然这种区划尚未完全摆脱“豪放”“婉约”两分法的束缚,但作者毕竟大胆地迈出了第一步,向我们提出了一个值得思考的研究课题,实为难能可贵。

书中对创作范式特征的分析与概括也有新的见解。作者认为,“花间范式”的特征是为应歌而作,表现的多是类型化的人类情思,抒情主人公常是无定指、无人称、无姓名,有时甚至难分性别的人,而不是作者自我。而“东坡范式”则不同,它的主要特征是着重表现主体意识,塑造自我形象,表达自我独特的人生体验,抒发自我的人生理想和追求。这些新见解,多是在掌握大量资料、经过具体深刻地分析而得出的,因而具有强烈的科学性和可信性,从中可以看出作者治学态度之严谨和立论之扎实。

总之,《研究》一书无论是其理论构架还是研究意识和方法,都有可借鉴之处。它是一部角度新、方法新的有学术价值的词学力作,必将受到学术界的重视和欢迎。

诗意感悟与理性思辨

——评赵山林《诗词曲艺术论》

近年以来,随着古典诗歌研究的进展,有不少探索诗词艺术的著作先后问世。相比之下,探索曲的艺术的著作比较少见,而将诗词曲一并收入视野,从比较中对它们的艺术进行深入探讨的著作更其少见。正是在这一点上,赵山林的专著《诗词曲艺术论》(浙江教育出版社出版)显示出鲜明的个性和独到的价值。

本书最大的优点是能够用辩证的、发展的眼光来考察诗词曲艺术的有关问题,在充分占有资料的基础上,经过深入的研究、缜密的思考,做出实事求是的、令人信服的分析。

在诗词曲之间,存在着继承与创新的关系。继承是必不可少的,但更值得重视的、作为中国古典诗歌发展动力的,却是创新。《南齐书·文学传论》所指出的"若无新变,不能代雄"的普遍规律,在诗词曲的演变过程中,不断得到生动的证明,本书抓住几个关键,对此进行了深入的分析。在谈及诗自身的历史演变时,将杜甫的功绩定位在"大成"与"大变"的结合上,指出杜甫不但是一位集大成的诗人,更是一位极富创新精神的诗人,他的创新给予后代的影响更为深刻。在谈及诗向词的演变时,指出文人心理的变化所带来的晚唐诗歌深情与苦调、艳体与曲笔、细意与静境的独特风貌,导致了词这种新诗体的确立。在谈及词向曲的演变时，指出金代文人词人和道教词人从两个不同的方向所做出的创新，是曲代词而兴的一个重要环节。这些分析或发前人所未发，或于前人语焉不详处更进一层，或就前人的某一见解提出商榷，具有不可忽视的学术价值。

在诗词曲的艺术手法中，赋、比、兴是基本的，但赋、比、兴本身也有发展，有变化。屈原是“依诗制骚，讽兼比兴”，这是一变；与诗的赋、比、兴兼用不同，词是比、兴多于赋，这又是一变；至曲则赋、比多于兴，这又是一变。为什么会出现这样的变化？它们对于诗词曲特殊风格的形成有何影响？对于这一问题，本书作者依据丰富的材料，进行了深入的探究。又如“空”与“实”这对范畴，有时指的是两种艺术境界，有时指的是两种艺术风格，有时又指的是两种艺术流派。前人或崇“清空”而贬“质实”，或反其道而行之。本书经过详细辨析，指出“空”与“实”二者相互依存，相得益彰，对于诗词曲意境的创造和艺术多样化局面的形成具有不可忽视的作用，不可主观地扬此抑彼。本书对于“疏”与“密”、“大”与“细”、“浓”与“淡”等相互关系的分析，也体现了这种辩证的观点，因此能给读者以有益的启发。

在考察诗词曲艺术的时候，人们常常偏重作家、作品这一方面，而对读者、听众这一方面常会有所忽视。本书则在考察审美对象的同时，对审美主体也给予了足够的重视。在对诗词曲的传播途径、传播方式、接受者构成、接受特点进行考察之后，本书指出诗词曲不同风貌的形成与接受者是大有关系的。这样的研究思路和方法，有益拓宽和加深对于诗词曲艺术的认识，是值得提倡的。

最是书香能致远

——读史勤《静待花开》有感

谈及“读书”，我特别欣赏两句诗：“胸藏文墨虚若谷，腹有诗书气自华。”一个人读书多了，身上自然会带有一股书卷气，言谈举止间无不流露出一种特有的文化气息。曹光彪小学的史勤老师，就是这样一位真正的读书人。读史勤老师的新著《静待花开》（广西师范大学出版社），似乎感到这位年轻教师有一种清新典雅的气质。作为教师，她的这种气质带有明显的职业特点。具体言之有三：

一曰：雅气。这种“优雅”，来自于她的人文阅读。史勤老师的经典阅读，是以《教师人文读本》为线索而拓展开来的。老子的智慧，唐诗的壮美，宋词的婉丽，朱自清的雅致，钱锺书的幽默，张爱玲的细腻，林清玄的飘逸，徐志摩的灵动，余秋雨的广博……无不在她的博览之中。在她看来，文学作品的神韵，是其他艺术所无法替代、不可企及的，尤其像唐诗、宋词、元曲、明清小说这样的文学类型，其中不但摇曳着智慧的光芒，也流淌着思想的要义。这样的书读得多了，她的文化素养和人生境界自然也就提高了。

二曰：灵气。作为一名青年教师，她喜欢阅读古今中外的教育名著。真正伟大的教育思想是能穿透时空的，不但没有国界的差异，也不会有时代隔阂。为了提升自己的专业能力和教育智慧，史勤老师不仅阅读诸如孔子、卢梭、夸美纽斯、杜威、苏霍姆林斯基、叶圣陶、陶行知等大师级教育家的理论原著,还专心学习于漪、杨明华等上海名师的教育经验与方法,并运用到自己的教育教学实践中去,使其语文课堂充满灵气和诗意。

三曰:文气。史勤老师的文气,得益于她读与写的结合。长期的阅读生活,日积月累,厚积薄发,使史勤老师文采斐然,擅长各种形式的文字表达。尤其是她钟爱中国传统文化,受到古典诗词的润泽,使其笔下的一篇篇文章精致灵动,情感细腻,美不胜收。和许多优秀教师一样,她在读书与笔耕中,不断丰富自己的文化底蕴,拓宽自己教育教学的路径和层次,形成自己的语文教学风格。

尤其难能可贵的是,史勤老师喜欢和学生一起诵读经典,一起创作诗歌,要求学生读的书,她自己先读;学生爱读的书,她陪着读。她和学生一起读书,不仅是为了拉近与学生的距离,走近学生,读懂学生,更重要的是培养学生的阅读兴趣,提高学生的读、写能力,帮助学生建立自己的阅读观。

总之,从《静待花开》中我们可以窥见史勤老师的精神发育史和专业成长的轨迹,分享她阅读的收获与幸福。

手捧书本是一种优雅

——上海市静安区“骨干教师读书交流研讨会”点评

一

刚才聆听了市西中学张芸的读书交流，颇有启发。古今中外，书籍浩如烟海，教师读书首先要学会取舍。张芸老师在读《最伟大的教育家：从苏格拉底到杜威》一书，选取了洛克的绅士教育和尼尔的心灵自由教育进行深入阅读。我觉得这种重点阅读的方法是比较好的。

常有这种情况：有时匆匆将一本书读完，过些时间回头想想，却几乎什么也没记住。究其原因，就是没有读深、读懂、读透。尤其是经典著作，一定要静下心来认认真真地读。经典之所以为经典，是因为经典著作有一个共同的特征，就是关注和思考人类精神生活共同的大问题，比如教育的意义，人的生命和死亡，灵魂和肉体，信仰，等等，同时又各有独特的贡献和历史地位。《最伟大的教育家》所介绍的18位教育家，他们的著作都是经典之作，都是需要细细品味的。曾国藩强调读书专一，即选择某一个专业，把它读懂读通。“如果有志读经书，就必须专守一经；如果志在作制义，就必须专看一家文稿；如果志在作古文，就必须熟读一家文集。”其实，读教育经典也是如此。尤其是在网络化、数字化的时代，我们更需要深度阅读。

其次，理论联系实际。换言之，就是读与用的结合。读书之于实践，至关重要。张芸老师在阅读洛克的绅士教育时，能够联系我们现在的学校教育。这一点，我觉得非常好。作为一名教师，读了书，如果不能结合教育实际，不能运用于实践，就不是真正意义上的有效阅读。好的阅读，是一种责任、一种态度。

张老师的读书感悟，加深了我们对洛克绅士教育理念的理解。例如，洛克在《教育漫话》一书中明确地提出：教育的最高目的在于培养绅士，绅士应该是"有德行、有用、能干的人才"。而这种品质的养成，是需要磨炼的。而这一点，我们的家庭和学校做的还很不够。我们也应该从一点一滴的小事去锻炼孩子的独立能力，使他们明白，不能依靠父母去生活，而完全要靠自己。只有这样，我们的孩子长大了才有出息，才能成为国家的有用之才。

在阅读尼尔的心灵自由教育时，张芸老师也联系到：在中国尝试"无班级教学"，关键就是自我管理：一种参与式民主形式。而"自我管理"制度的建立，很大程度上就是对学生的一种尊重和信任，也是"以学生为主体"的理念的具体体现。这种"学以致用"的读书方法，对于教师而言，显得尤为重要。我们在读书时，心里一直要装着"教育"两个字。

第三，善于抓住重点，概括力强。任何一本书，它都有自己的观点和核心内容，你如果不用心的话，往往容易忽略。而张老师在读尼尔时，她就把握住了尼尔理论的核心："每一个学习者个体的独特个性：自我。教育的目标就是自我的飞跃。不管是一百多年前，还是科技高度发达的今天，都同样适用。"不难看出，张老师的阅读，已通过文本，走进了作者的心灵。只有这种"入心"的阅读，才能解其意、识其旨、得其要，真正做到融会贯通，深入浅出，运用自如。

经验表明，读书要取得好的效果，必须"知入"与"知出"。所谓"入"，是指对所读之书全身心融入，潜心对其进行研读与探索。所谓"出"，是指读者能站在更高层次，对所读之书做出分析判断，能从新的角度进行阐发、评价和质疑。阅读,要“入”,也要“出”。“入”是“出”的基础,不“入”则无所谓“出”;“出”是“入”的目的,不能“出”就失去了阅读的价值和意义。既能“入”又能“出”,才是阅读者必须掌握的秘诀。在这方面,我觉得张老师也是深得其法的。她通过对洛克和尼尔的重点阅读,在“入”与“出”之间体验和升华。这就验证了一句话:“读书有法,但读无定法。”

二

听了静教院附校高燕老师的读《最伟大的教育家:从苏格拉底到杜威》一书有感,我的第一个感觉,就是她善于独立思考。古人提倡读书要三到,即所谓“心到、眼到、口到”。“口到”是指朗读,“眼到”是指默读。我感觉“心到”最为重要。我理解的“心到”,就是阅读时必须思考。孔子说:“学而不思则罔,思而不学则殆。”而高老师的读书与思考是和教育连在一起的,用她自己的话说,就是“从大师们的角度去理解现行的教育教学改革”。尽管这个目标有点高,但她的思维方式和解读路径是正确的。现今教育中的一些问题、一些困惑,也许可以从大师们那里找到答案。比如:教育改革与创新是教育发展的必由之路。这一点杜威早就意识到了。在他看来:“如果没有变革,整个社会将面临停滞不前和死亡的境地,变革就是生命,变革就是发展。”教育更是如此。又如教育理想问题,柏拉图的城邦教育阐述十分清晰:“建立理想城邦的目标是为全城邦的民众谋求幸福,创造这种共同幸福的主要途径就是教育。”作为教师的苏格拉底,以自己的全部生命为后世树立了作为师者的典范。他的一生都在帮助青年学会思想。

第二,是沉下心去阅读。能做到这一点,在今天尤其难能可贵。如今,时间推进到网络化时代,数字化阅读超过了纸质阅读是一个不可逆转的趋势,但传统的纸质阅读不能轻易放弃,要深度思考问题,还是要回到传统的纸质阅读,尤其是教师,还是要静下心来读几遍教育经典著作。尽管我们通过因特网和电视等能接触到很多信息，但这种信息获取跟持续专注的阅读行为有本质上的差异。浮光掠影的信息使我们停留于表面，而纸质阅读帮助我们进入更深的世界。从这个意义上说，手捧一本《最伟大的教育家：从苏格拉底到杜威》，这本身就是一种“优雅”。而要优雅，学识尤为重要。优雅生活需要素质，需要气质，需要文化，需要底蕴。而这些学养，都可以通过读书得到提升。一位哲人说过：“学习是人格的开始，知识是真正的人格美容师。”

第三，读有所悟。“书读百遍，其义自见”，这是《三国志》中的一句名言，流传很广，此处“见”字读作“现”，即熟读之后，书籍中的许多意思会逐渐呈现出来。从高老师发言的题目和她结尾的概述来看，“教育的本质并非传递知识，而是传递生命的意义”这句话就是她的读书心得。毫无疑问，《最伟大的教育家：从苏格拉底到杜威》是一本值得一读的好书。

什么是值得一读的好书？就是能让你读完后停下来想一想的书，有可能一句话、一个很小的细节，让你惊喜或让你触动，让你去想作者这样写、这样说背后的思维。尤其是在上海教育转型的背景下，我们阅读《最伟大的教育家：从苏格拉底到杜威》，让经典重现魅力。从苏格拉底到柏拉图，从福禄贝尔到杜威，使这些名家经典成为我们教师精神生活的必需品。实际上，在教师之间，这样的阅读从未间断。在“尊重学生”“保护儿童自由”等教育口号下，卢梭与《爱弥儿》俨然成了今天许多流行的教育理论的依据；在教师教育的课程中，它们也常常被作为教师必读的参考书。

需要指出的是，他山之石，可以攻玉，尤其是国外的一些教育理念和好的做法，我们要“拿”到教育教学中来。真正能够“拿来”有用的东西，是需要眼光与水平的，这其中有取舍，更有自己思想的在场。尤其是这18位教育家的教育理念，我们并不是“拿来”就可以“复制”的，它需要一个学习、梳理、提炼和内化的过程。

应该说，真正伟大的教育思想是能穿透时空的，不但没有国界的差异，也不会有时代隔阂。为了提升自己的专业能力和教育智慧,我希望我们的老师不仅要阅读诸如孔子、卢梭、夸美纽斯、杜威、苏霍姆林斯基、叶圣陶、陶行知等大师级教育家的理论原著,还要学习顾冷沅、于漪、魏书生、李镇西、于永正、窦桂梅等当今名师的教育经验与方法,并运用到自己的教育教学实践中去,使课堂充满灵气和诗意。

最后我想说的是,读书是为了写作和表达。我读书的时候,喜欢用语文老师的方法,把每一章每一节的内容或主题梳理、归纳起来,然后列出小标题,在书页的空白处记下自己的思考和体会。我以为,读书交流是“讲”和“写”最出色的表现形式。如易中天、于丹等,都是以演讲著名的文化学者。华东师大李政涛教授说过:“表演即生长,观看即生长,人在表演和观看中生长。”此话在理。这次的读书交流会,不能说完美无瑕,但也可以说,每个人的发言都非常精彩,作为听者,都可以获得一些思想的享受。

反映社区生活，描绘人生百态

——评周劲草的社会新闻作品

我经常阅读周劲草的新闻作品,觉得他作为一位业余记者和通讯员,近三十年来笔耕不辍,这是很不容易的。

他的新闻作品题材广泛,内容丰富,形式活泼。在他的作品中,那些反映社区生活,描绘人生百态的社会新闻最为出色。对此,我想就他的作品谈一点感想。

一、抒写人间真情呼唤人文关怀

周劲草将目光投向社会中的普通人、生活在社会底层的老百姓等弱势群体,关心他们的生存状态,关心他们的喜怒哀乐,表现他们的情感需求,体现出一种人文关怀的新闻理念。他的这类作品真实地记述了寻常百姓的动人故事,充分表现出现实生活中人与人之间真挚的感情,深受读者欢迎。比如《"小小姑娘"蒙爱篇》记述的是一位身高仅 89 厘米的中学生蒙受社会各方关爱的动人故事,作品发表于 1992 年的《新民晚报》,尽管时隔二十余年,今天我们读起来仍觉十分感人。类似的作品还有《特殊的家庭特殊的爱》《一场不该发生的"夺女战争"》《七龄童缘何遭遗弃》等等。这类作品之所以深受读者喜爱并引起广泛的社会反响，就是因为作品中体现出浓浓的人间真情，字里行间渗透着作者深沉的人文关怀。这种人文关怀不是一般意义上的关爱和善意的表达，不是抽象的人道主义和空洞的泛爱精神，不仅仅是眼泪和同情，它所揭示的是普通人内在的精神、品格、信念、理想和尊严，所弘扬的是一种质朴、坚韧、善良和互助的美德，是对人文关怀所坚守的人本身的真、善、美的真诚呼唤和动人赞歌。

二、深入基层细心观察

劲草长期在基层工作，对社区寻常百姓了如指掌，是专业记者难以企及的。他的大量作品就来源于对社区生活的深入观察与体验，正如他自己所说的那样，“好新闻是跑出来的”。他经常下基层，入社区，跑居委会。“跑”功不负有心人，很多反映社区生活的作品，就来源于他对工作与生活的观察与提炼。如《只要群众叫好，我们都能管到》，记述市民巡访团的工作，是他在卢湾区担任精神文明市民巡访团公益职务后写的一篇作品；《新春串门马不停蹄》，记述作者居住地居委干部拜年的故事；《“冤家”变“亲家”同戴大红花》，记述作者居住社区发生的两个居委间的故事。这些发生在作者身边的寻常小事，经过精心提炼，都成了很好的新闻素材。甚至一次乘坐飞机的普通旅行，也能给他带来意外的收获，如《申城七老农自费飞京游》，真让人不能不佩服作者的观察力与新闻敏感度。如果不是有心人．怎能如此“快捷、多产”？

三、善于思考视角独特

新闻讲求实效性，要真实、及时地报道最新消息。周劲草的一些优秀作品并不是记述一些刚刚发生的新鲜事，相反，他擅长于审视一些大家习以为常的生活现象，采用独特的视角，从中发掘出具有新闻价值的内容。如《新村养狗要有“度”》，对日趋严重的“养狗热”提出批评，由此引发了一场关于“文明养狗”的大讨论；《可怜“小球迷”哪里去踢球》，提出了暑期中小学生无处踢球的问题；《青工阅读严重偏食》，提出青年职工文学阅读上存在的严重缺陷。这些报道所反映的都是人们司空见惯的一些生活现象，经过作者精心地提炼与加工，立即成为反响热烈的新闻话题。尤其值得一提的是，他能在平凡而又复杂的社会现象中迅速、及时地发现新闻线索，挖掘新闻素材，捕捉到有价值的新闻，折射出一种职业敏感性。周劲草的新闻敏感性看似偶然得之，其实是他长期积累、处处留心的结果。类似的还有《改改春节的“吃跑忙”》《“绿地危机”》《南浦大桥可否“下海”》等，这几篇发表于二十多年前的作品，今天读来，仍让人佩服作者当年思考问题的深入。

四、标题简洁新颖故事引人入胜

近三十年的新闻写作实践，周劲草练就了写作新闻故事的老练文笔。好新闻首先靠好标题吸引人，周劲草新闻作品的标题大多朗朗上口，以排偶句写成，并且很有文采。如《五载养女情意浓，一朝离别泪满襟》《艺术之路迢迢，追求之心拳拳》《老苏北鼎力相助，小苏北寻到亲人》《绿叶扶红春意浓——访南浦大桥巨型彩色广告牌设计者金勇》等等，既体现出要报道的主要内容，从而紧紧抓住读者“眼球”，又很有诗意，给人以美的享受。一篇反映沪上“女球迷”趣事的报道，标题取为《沪上一景：淑女好球》，活用《诗经》“窈窕淑女，君子好逑”的诗句，令人称绝。

由于周劲草的新闻作品可读性很强，符合广大市民的口味，因而在《新民晚报》上见报的频率很高。市民爱读他笔下那些反映寻常人生的百姓故事，从中享受到阅读的乐趣。周劲草走的是市民的路子，就是那些思想性较强的作品，也离不开老百姓关心的话题。基层社会丰富多彩的生活，是他取之不尽的创作源泉。

“路漫漫其修远兮，吾将上下而求索”，是古代大诗人屈原《离骚》中的千古名句。周劲草先生在新闻写作上的探索之路永无止境，我们期待着他有更多更好的作品面世。

做学生喜欢的教师

——写在《40位老师的故事》出版之际

在上海教育转型的背景下,黄浦区将“办学生喜欢的学校”作为新一轮区域教育改革与发展的目标。这一目标的提出,一方面是因为在深化教育改革的过程中,由于区域经济、文化和政治等对教育事业提出了新的要求,而传统教育观念和“应试教育”的影响,使得学校的升学压力和学生课业负担过重的问题一时难以得到很好的解决,不能适应这种发展的要求;另一方面,该目标的提出也是基于“教育是为了学生一生的幸福”之理念,把对学生的培养和教育看作一个人生命成长的过程。因为,教育的问题说到底是“人的教育”,教育的每一个细节都关乎人的灵魂与精神、价值追求和人生道路。因此从本质上说,“办学生喜欢的学校”是一种办学理念,是区域推进教育改革与发展的一个重要举措,也是促进学校可持续发展、教师专业发展和学生全面发展的重要保证。

有道是:学生喜欢学校,教育就成功了一半。但要让学生喜欢学校,必须从喜欢老师开始。学生不喜欢老师,这是一个十分可怕的现象。试想,学生不喜欢老师,怎么会喜欢学习?学生不喜欢学习,怎么会喜欢学校?因此,我们认为,办学生喜欢的学校,关键在老师。安德鲁·卡内齐曾经说过:“带走我的员工,把厂留下,不久后,工厂就会长满杂草;拿走我的工厂,把我的员工留下，不久后，我们还会有更好的工厂。”企业管理如此，学校管理亦然。中国人民大学附属中学校长刘彭芝说得好：“如果说学生成才是教育工作的着眼点，那么，教师发展就是教育工作的着力点。”教师是教育事业的第一资源，没有高素质的教师队伍，就没有高质量的教育。换言之，只有高素质的老师，才是学生喜欢的老师。“做学生喜欢的老师”，是每一个老师所追求的目标。那么，什么样的老师才是学生喜欢的老师呢？

从本书收录的40位老师的故事中，我们似乎可以看到最受学生喜欢的四种老师：

一是充满智慧而幽默的老师。这种教师一般具有较高的专业素养和教学智慧。从一定意义上说，教育的高度是与教师的专业水平同在的。陶行知先生说：“要想学生好学，必须先生好学。唯有学而不厌的先生，才能教出学而不厌的学生。”这要求教师建构精深的广博的知识结构，广泛涉猎，为学生素质的提高奠定坚实的基础。所以，要做一个受学生喜欢的老师，在专业上一定要“术业有专攻”，一定要尽力超过所有的学生。这样才能站在学科教育思想的高度，高屋建瓴地认识问题，分析问题，达到“会当凌绝顶，一览众山小”的境界，在学生学科知识的学习和能力的培养方面真正起到引领的作用。

这种老师除有渊博的知识之外，讲课往往生动有趣、深入浅出。在学生感到疲倦时就会用一些风趣幽默的话或故事来逗乐学生，调动学生学习的兴趣，激发学生的学习热情。我们知道，教育是科学和艺术的结合。科学，就是符合教育规律；艺术，就是讲究方法。俗话说，授之以鱼，不如授之以渔。作为教师，多学一点教育孩子的理论与方法，就会提高教育教学的效果。事实证明，只有充满智慧、幽默，并且“会教”的老师，学生才可能“会学”；只有“会学”的学生，才可能学得快乐。

二是尊重、理解学生的老师。这种老师心胸比较开阔，善解人意，师生关系和谐。书中一些老师的故事告诉我们：只有尊重学生，学生才能尊重信任你,才能对教师无话不说。

应该指出的是,对于学生的尊重是建立在理解之上的。理解学生是实现师生关系和谐的感情基础。教育是一门艺术,因为“人是有感情的动物”,面对一群有思想有感情的学生,要赢得他们的信任,靠的就是理解、宽容和倾听。俗话说,“人无完人,金无足赤”,学生在校难免会违反校纪校规,做出与学生身份不相称的事。对此,老师要有换位思考的意识,以平等的观点去看待、理解学生的问题,正确处理好两者的关系。严格要求是道德教育的出发点,没有严格的要求,道德原则和日常规范就难以转化为学生的自觉行动,难以成为学生内心的准则。但严格要求,并不是故意刁难,苛刻对待,而应在深入细致的谈心工作中动之以情,晓之以理,用人格力量去感化他们,让学生心服口服,乐于接受,真正从心底感受到老师的关心和爱护。

许多学者都认为,教师作为育人者,育人必育心。因此,尊重、理解学生,就需要倾听学生的心声。倾听学生的心声、了解学生的需求是我们开展教育的前提。俄国教育家乌申斯基说:“如果教育家希望从一切方面去教育人,那么就首先从一切方面去了解人。”只有充分了解掌握了学生的性格特征、脾气秉性、兴趣爱好、家庭环境、成长背景等,才能采取行之有效的教育手段和教育方法,才能找到开启学生心灵的钥匙。从心理学的角度来说,明白一个人的感受要比明白真相更重要。对于教师与学生这两个特殊的群体而言,心与心的对话必然由真诚的倾听开始。教育需要交流,交流需要倾听。

三是富有激情与活力的老师。这种老师性格开朗、处事大方,讲课绘声绘色,富有激情,充满活力,深受学生的崇拜和喜爱。从这些老师的故事中,我感到:要成为一个学生喜欢的老师,还应该胸怀理想,充满自信、自强,不断挑战自我,具有思维敏捷、宁静致远、严谨踏实、睿智深邃、激情澎湃、活力四射等魅力。据说梁启超先生在给清华大学学生讲课时,讲到紧要处便不觉成为表演,手舞足蹈,情不自已,或掩面,或顿足,或狂笑,或叹息。讲到欢乐处则大笑而声震屋梁，讲到悲伤处则痛哭而涕泗滂沱。如此声情并茂，学生被深深吸引，认为听他的课实在是种享受。的确，教育要有激情、有诗意。但激情需要老师去创造，需要有学生积极地参与，通过教和学两个主体生命之间的对话，去创造，去生成。很难设想，一个没有激情、没有活力、没有诗意、没有追求精神的人，能够成为一位学生真正喜欢的老师。

四是关爱、呵护学生的老师。这种老师既像母亲一样关心、呵护学生，又像父亲一样严而有度，往往受到学生的尊敬和喜欢。不管时代怎样变迁，拥有爱心都是对一个教师的基本要求。

教育是充满爱的事业，“没有爱就没有教育”，爱是成功教育的基石。列夫·托尔斯泰说过：“如果教师只有对事业的爱，那么他是一个好老师；如果把对教育的爱和对学生的爱融为一体，他就是一个完美的教师。”爱心是教育事业的基础。与一般意义上的母爱或男女情爱不同，师生之间的爱更具有特殊的魅力，它能融化冰冻的心灵，温热自信的希望，点亮起航的明灯，扬起前进的风帆。当今的教育对老师的要求很高，教育固然是要教客观知识，但更要育人。经师与人师的区别也在于前者只管教书，后者更重育人。例如，特级教师李镇西“视教育为心灵的艺术”。他提出“以人格引领人格，以心灵赢得心灵，以思想点燃思想，以自由呼唤自由，以平等造就平等，以宽容培养宽容”。模范教师、西安市 83 中王西文指出：“教育是一个灵魂唤醒另一个灵魂。只有触及人的灵魂，并引起人的灵魂深处的变革，才是真正的教育。”

令人遗憾的是现在一些教师对学生缺乏足够的耐心，他们只关注学习成绩好的少数学生，冷落、打击大多数学生。特别是对一些学习成绩不佳、不听话、淘气的学生失去关爱和信心，常常认为学生“笨”，“朽木不可雕也”，许多所谓的“差生”就是在这种冷落、歧视中形成的，一些天资聪颖的孩子的灵性也在教师的管制之下被埋没。陶行知先生曾经警告过我们：“你的教鞭下有瓦特，你的冷眼中有牛顿，你的讥笑中有爱迪生。”无怪乎已故著名教育家吕型伟曾说过：“我们现在部分教师中存在这样的倾向问题，他们有专业，缺文化；有知识，缺能力；有经验，缺科学；有责任，缺爱心。”

在教书育人的过程中，学习困难的学生更需要老师的关爱。教育面对的是全体学生，更面对的是学困生。学困生由于自身与家庭等因素，他们的情绪易冲动、行为变化无常、心理承受能力差且敏感，但又有强烈的自尊心。所以，老师要有充分的思想准备，教育学困生是有一个过程的，老师一定要有耐心和信心。事实表明，当老师把爱的甘泉洒向后进生的心田时，使他们获得心理上的满足，引起他们对老师的尊重、信任和亲近时，师生间的心理距离就缩短了。其实，很多时候学生的要求并不高，老师的一个眼神，一次微笑，生日的祝福，节日的问候，一次谈心，等等，他们就会感受到爱的温暖。当然，爱心并不是无原则的溺爱。尤其是在现代教育中，师爱是无私与公平的化身。它肩负着社会、家庭所托付的责任，是理智的、严格的。超越合理的限度，爱就是溺爱、纵容、放任，这是教育的一大祸害。

在这方面，这些老师的理念和做法，是值得我们学习和借鉴的。

总体上看，书中的故事是受学生喜欢的老师的一个缩影。他（她）们或尊重、理解学生，或关爱、呵护学生，或充满智慧而幽默，或富有激情与活力。这些特点，我们可以将其归入两个关键要素：一为“学高”，二为“身正”。由此可见，在新时期教师专业发展的过程中，“学高为师，身正为范”仍然是教师基本素质的融合与追求：有德无才当不好老师，有才无德绝不能让他当老师。作为一名教师，只有“人师”与“经师”二者合一，人格魅力与学识魅力兼而有之，才能真正赢得学生的尊敬，成为学生最喜欢的老师。

需要说明的是，本书里讲的故事和提供的案例大都来自参与“做学生喜欢的教师”子课题研究的学校，其他学校也有部分老师和学生参与了征文的撰写。在此，我们对参与本书撰稿的学校、教师和学生表示感谢！在《40位老师的故事》（潘裕民主编，华东师范大学出版社 2014 年 4 月版）一书的编审过程中，还有几篇文章，由于与书的主题、内容和体例不甚相符，故未能收入。对此,我们深表歉意!

由于时间和精力所限,尽管反复斟酌、数易其稿,仍难免有错误与疏漏之处,还望方家指正。

生活里不能没有诗

——黄叶飘飞主编《华夏微型诗》序

中国是一个诗的国度,孔子就说过:“不学诗,无以言。”从《诗经》开始,经过秦前的骚体,到唐诗,到宋词,到元曲,等等,诗在形式和内容以及风格追求上,都在不断地变革与发展。

从广义上说,诗、词、曲都是诗歌,均属于韵文的范畴,但是,它们又各有自己的体性,因而在我国韵文领域中成为鼎足而三的重要文体。所谓“唐诗”“宋词”“元曲”,正是它们各自所达到的最高峰。

纵观我国诗歌发展史,格律诗在中国有很悠久的历史,一直占主流地位。1949年以后,虽然旧体诗还是不断有人在写,但数量慢慢减少。“五四”新文学运动产生之后,新诗就开始繁荣,微型诗亦随之不断涌现。

所谓“微型诗”,是指那些篇幅特别精短的诗。这种微型诗,应该说在我国古代也有。如汉乐府中的一些短小篇章、近体诗中的绝句、唐宋词中的小令,皆属于“微型诗”。但与古代的短诗相比,作为新诗样式的微型诗则更为短小,其篇幅小到一行,最多三行。而四行以上,至十行以内,就算是小诗了。因此,微型诗必须做到“诗微而境高”。一首好的微型诗,可以用两三行诗句表达作者的情调和志向,从而达到以一当十、语近情遥的效果。

微型诗作为新诗的一种样式,它必须具备诗歌的特点,即在传情达意上要言简意赅、感情真挚;在艺术表现上,力求做到语言精练、构思小巧、意象生动、音声和谐等。王国维说:“一切景语皆情语。”因此,若是写景,微型诗也必须做到有声有色、动静结合、情景交融,方为上乘之作。

毋庸讳言,如今,诗歌艺术在人们的精神文化生活中,处于日益边缘化的位置。令人欣喜的是,自2014年秋季至今,由黄叶飘飞(原名黄大秀)主编的《华夏微型诗》(中国风行出版社)已出版三卷,第四卷亦即将出版。且不说这些微型诗的内容有多么丰富,情感有多么深刻,意境有多么高远,艺术有多么精妙,就黄叶飘飞和她的诗友们对诗歌创作的热情和执着精神,就足以让人感动感化。

我喜欢这本微型诗集,不仅因为这些作品反映了生活中的美和闪光点,也不仅因为其语言的直接、简单,更不仅因为集中的作品大都出自“草根”诗人之手,而是因为在这些诗人身上我见到了朴素的存在与求真的勇气,因为他们身上闪烁着“真”的光芒。在我理解,好诗是没有统一标准的,但“它打动了我”,常常成为人们喜欢甚至尊重一首诗的理由。而诗歌的动人之处,往往不在于它的技巧,而在于作者在生活中的真情实感。

事实上,“生活里不能没有诗”。古人云:“诗言志,歌永言。”诗,是思想灵魂与艺术创意的结晶,没有诗的城市,就是一座没有思想融合艺术的城市;没有诗,人们将失去远方,失去未来。但就创作而言,诗歌比起小说、散文、戏剧等其他文学体裁来,对文学性的要求更高。因此,已故诗人骆一禾曾说:“把小说写得像诗,是高明;把诗写得像小说,是拙劣。”与小说着重于叙述一个好的故事不同的是,诗歌重在心灵的抒发;与散文在传达情感上不同的是,诗歌对语言的运用有非常高的要求;与戏剧需要借助舞台来展示人物和故事情节不同的是,诗歌之叙事又显得比较简单。在我看来,诗歌是一种语言艺术,它的魅力在于情景交融、意境深远,能够拨动读者的心弦。例如在《华夏微型诗》中,为什么有些诗人喜欢写乡愁?因为家乡跟童年连在一起,跟自己的母亲、父亲,跟自己最亲近的事物连在一起。这些诗歌不仅表达了作者的心声，也很有意境。

此外，微型诗的审美力量也是不可忽视的。因为这种力量，使诗歌散发出一种别样的魅力，可以影响每一个人的生活和心灵。从某种意义上来说，写诗、发表诗并不难，难的是将一种诗意蕴含于平淡的生活中。我一向觉得，一个人不一定要成为诗人，但一定要有诗性，应该做到像海德格尔所说的那样“诗意地栖居”。诚如被誉为“中国乐坛罕有的独具诗人气质的流行音乐家”的胡海泉所说：“我从来不认为有机会发表诗集的人就是诗人，甚至我认为，只要对生活有诗情、有诗意的人，都可以成为诗人，不一定非要下笔写诗。”如此看来，在平淡的生活里寻求诗意，的确应是人的修养之一。

因此，我希望这些诗人，永远不要忘记王小波曾说过的一句话：“一个人只拥有此生世界是不够的，他还应该拥有诗意的世界。”同时，也深信广大读者一定会从黄叶飘飞主编的《华夏微型诗》中得到某些生活的启示、思想的感召和艺术的享受。如果每个人都能从诗歌中获得生命动力，为生命注入正能量，那么我们这个社会就会更有人情味，就会更加和谐、更加美好。

附录

读来读往

卞之琳有两句诗："你站在桥上看风景，看风景的人在楼上看你。"古今中外千锤百炼的经典作品是一道道异彩纷呈的风景，评论者无疑是欣赏风景的人。而作为评论者，我们评论他人的作品，也希望自己的文章作品被人欣赏。

读者通过阅读与评析他人的作品，不仅可以提升自己的阅读能力和欣赏水平，同时也会给作者带来一些有意义的启迪和思考。尤其是在读者与作者的交流、对话与互动中，分享彼此的读写感悟，不能不说是一件很美妙的事情，正所谓"好书使阅读升华，阅读给好书带来新的生命"。

一个有思想的行动者

——《教师专业发展的理论取向与实现路径》序

王　洁

2012年一个炎热的夏天，我收到潘裕民老师的短信，让我为他的书稿写个序，书稿的题目很吸引我，但是说起写序我犹豫了。我一时想不好，以怎样的角度和身份切入。潘老师从事区县教师教育工作已有十多年，十多年的时间，上海的教师教育有了很大的进步，也有一些迫切需要解决的问题。本书就是潘老师在十年多时间里的积累、思考和作为。潘老师用质朴而又温润的笔端，将这些尽数表达了出来，引发了我很多的思考。

记得一位画家曾说过这样一段话：从事艺术者，每天和艺术的实际性东西接近，年深月久，欣赏水平远远把自己的艺术实践水平抛在百里之后。眼光高了，先是看不起同辈的作品，评头论足，最后连自己的劳作也轻蔑起来，干脆什么也不做……看到潘老师的书稿，我在惭愧自己没有作为的同时，由衷地感慨潘老师思想之鲜活，笔触之尖锐，敬佩之心油然而生。

潘老师谈及教师教育时，脱开了教科书式的线路，完全站位于理论与实践中介的角度，应教育转型的现实，由教师专业发展的内涵，提出教师专业发展中的"文化自觉"，到"为师的境界与追求"，做一个有境界的老师。书稿的线索由历史谈到现实，由理论谈至具体的实践操作，无论是对研究人员，还是对一线的中小学教师都是有启发的。

对于我个人来说，最欣赏的是本书的第二篇“教师阅读”。语文老师出身的潘老师对于读书有着自己独特的理解。首先，从读书的当下意义，我们国家与一些国家相比公民读书的习惯和如何认识和改变教师的阅读现状等说起，提出“读书作为日常生活中的一个重要组成部分，就像呼吸那样自然”，今天教师的阅读，要与文本对话，要与“经典对话”。其次，在一个开放的环境里，教师的阅读要“坚守与学习”，要有境界和品位，要“从阅读中看到未来和希望”。第三，读书不能等，要趁早养成读书的习惯，如果一个人要挤出时间读书，等有时间再去读，可能永远也没有时间。第四，要让阅读成为内心的需要，读书不可以贪多，要读深、读透和读懂，买书不难，难的是静下心来细细品味一本书，“真正意义上的阅读，应该是专心致志的”。第五，读书要善于选择，读书要做到有所为，有所不为，不能功利地读，不应带着浓重的功利色彩，“人可以带着目的读书，但不能太有目的，正如可以带着目的与人交往，又不能总带着目的，否则会很可怕”。第六，读书要讲究方法，“不是抓紧每一分钟学习，而是抓紧学习的每一分钟”。最后，潘老师提出，读书是教师生存的需要，对于一线教师来说，要读思结合，读写结合，读用结合，读书要借鉴，读书需要意志。书中的这些精到的论述，简单而有操作性的建议，让我有一种想去尝试的冲动。

如果说，“读书”让我不断地反省我自己的阅读行为的话，书稿中的另外两篇“教师继续教育”和“教育思考”，则让我看到了教师在职教育正行进在“破冰”之旅，一个有思想的行动者在其中的跋涉与坚实的脚印。潘老师从他的工作出发，对于正在发生的教师继续教育实践进行思考、剖析。尤其是最后一篇的关于“课程改革与教育创新”“办学生喜欢的学校的思考”“如何实现区县教育学院的可持续发展”“教师培训者的角色定位与专业素养”以及“对语文学科建设现状、问题与对策研究”等，这些思考看似散点，但背后却有一根红线将它们串联起来，这便是一个教育工作者强烈的学术责任和专业思考。

论述教师专业发展的书不少，但是结合教育转型的背景，从区域教师队伍建设的实践经验出发，进行理性的剖析，提炼“实作性经验”的不多。我相信本书对于教师教育的管理者、研究者，对于一线中小学教师都会有启发和帮助。

（作者系上海市教育科学研究院普通教育研究所副所长、教师发展研究中心主任、教育学博士、研究员）

站在教师的角度思考问题

——读《教师专业发展的理论取向与实现路径》

金忠明

20 世纪 60 年代以来,“教师专业发展”逐渐成为世界上许多国家教育改革与发展的核心。我国自 20 世纪 80 年代后,尤其是在新课程改革的背景下,这个问题也一直是基础教育界关注的热点问题。目前,无论在理论上还是在实践上,教师专业发展都成为国内外教育改革特别是教师教育所关注的焦点。

潘裕民老师从事区县教师教育工作已有十多年,现任上海市黄浦区教育学院副院长、黄浦区教师教育领导小组成员兼办公室主任等职。基于多年的实践经验和理论积淀,他新近出版的著作《教师专业发展的理论取向与实现路径》(广西师范大学出版社 2013 年 1 月出版)对此做了深入的探讨。该书共四篇二十二章,第一篇教师专业发展是全书的一个概括,由概念解析谈到具体实践操作,由历史透视现实,诠释了教师专业发展的内涵和具体标准及要求;第二篇是教师阅读,提出了教师为什么读书和怎样读书的问题并给出了具体的建议,具有非常强的现实针对性;第三篇论述教师继续教育,提出了在社会多元选择背景下教师在职教育的实效性问题,并提出了具体的解决路径——案例式培训的创意设计和校本研修;第四篇是教育思考,是作者基于实践又高于实践的理性思辨——“课程改革与教育创新”“办学生喜欢的学校的思考”“如何实现区县教育学院的可持续发展”“教师培训者的角色定位与专业素养”，由课程到学生，由学生到学校，再到新形势下教师培训者的角色定位和专业素质要求，层层推进。全书由理论（第一篇）到实践（第二、三篇），由实践而深入思考（第四篇），对目前教师专业发展所存在的问题展开理性的剖析。

其中的第二篇有关教师阅读的现存问题的诊断和系统论述尤为精彩。古人谓“腹有诗书气自华”，作为学生引路人的教师阅读其意义更是深远，因为“在一定程度上讲，阅读的高度决定教学的高度”。不少基层教师往往苦于没有时间，不得不忍痛割爱，作者面对“很大一部分教师都不读书”的现状，给出了一些具体、可行的建议，勉励教师“在读书中生存与发展”。通过作者对教师读书的论述，给人以下列五点深切的感受：

第一，把读书放在重要位置。正如书中所说：“恋爱的人总有时间拥抱，想读书的人永远都有时间。”一件事不去做，是因为你觉得它不重要，舍不得拿出时间来。“读书，是教师生命成长的必需。”它对教师而言是极为重要的，甚至可以说是教师日常生活的自然展现。

第二，摆正心态，不要急功近利。有的老师看到别人学识渊博，总是感慨自己见闻浅薄。经过对比，一下子热血澎湃起来，决心好好读书，很快就达到优秀老师的水平。但是一下子吃个胖子是不可能的，坚持一段时间后发现没什么成果就放弃了。其实，阅读是教师的终身修业，这是一个不断积累的过程，要长期坚持才会有效果。

第三，珍惜“小”时间。教师工作繁忙，也许没有大块的时间读书，但是“小”时间还是有的，例如课余时间、睡前、饭前等。我们不妨学一下欧阳修：他曾总结读书最佳处所为“枕上、厕上、马上”，被称为“三上读书法”，堪称利用零碎时间的典范。如果老师合理利用这些零碎时间，一定会有很大收获。

第四，读书不可贪多。有学者指出：“人有各种贪婪，有一种是对知识的贪婪，什么都想知道，最终什么都不知道。”所以有的人常常感叹：我读过很多书，不是不用功，可是为什么没有收获呢？就是贪多嚼不烂的缘由。所以读书要学会选择：要读经典，因为经典是千百年来经过时间淘洗留存下来的人类智慧的结晶，有助于提升自己的理论修养；要读重要的学术期刊，了解研究的前沿和现状，增强自己的问题意识。

第五，读思结合、读写结合。孔子说："学而不思则罔，思而不学则殆。"阅读与思考是密不可分的。如果不对读过的内容进行深入思考，那么知识永远不是自己的。有思考，有反思，才会有进步。此外，还要读写结合。古人说："不动笔墨不读书。"写与读、思密切相关——"读与思是写的前提，写是读与思的深化。读书若不跟写作结合起来，犹如空花过眼，不能真正在你心田上生根发芽"。

可以说，在教师阅读方面，作者提出了极具操作性的建议。中小学教师读完此书，如果能引发久违的读书乐趣，进而认真制订自己的阅读计划，则会成长为一位爱读书、好读书、读好书的教师。

在众多论述教师专业发展的著作中，这本书具有自身的个性特点，标题中的"理论取向与实现路径"表明了作者的旨趣所在，在提升学术价值的同时，更注重扣紧中小学教师的具体实践。作者深入浅出，用平易近人的语言把道理阐述得明晰而独到。可以说，本书的内容不仅有高度、深度，具有理论的引领性，还有诸多教师成长的成功案例支撑，具有很强的操作性。

中国教育学会会长顾明远评价朱永新的作品时说了这么一段话："朱永新的文章有一个很大的特点，就是有理论有实际，平易近人，用广大教师能够听得懂的语言说出具有教育科学规律性的理论，案例中含有教育的哲学。广大教师容易理解，容易接受。所以他的书拥有众多的读者。"我认为潘裕民老师的书也有这么一个特点，也会有众多的读者。

（原载《文汇读书周报》2012 年 12 月 28 日，作者系上海华东师范大学教育系教授）

在蜕变中享受教育之美

——读《教师专业发展的理论取向与实现路径》有感

史　勤

生完了宝宝，整天在奶瓶、尿片和育儿经里打转，已经好久没有触碰专业书籍。那天，趁宝宝熟睡之际，即将回归讲台的我信手翻开了潘裕民老师的新作《教师专业发展的理论取向与实现路径》（广西师范大学出版社 2013 年 1 月出版）。这样一本看似很“理论”的书，居然让我一口气读完——没有丝毫的枯燥艰涩，而是让你在一个个富有哲理的故事、切实可行的方法和一段段发人深省的话语中，不知不觉受到吸引，得到浸润。同时，将镜头一次次聚焦世界的各个角落，让你在国际化的教育视野中，感受文化的魅力，体悟素质的差异，润物无声地激发你对自我成长的内在期许，提升自主发展的动力，引领我们加强文化自觉，激发创造热情，享受教育生活的每一天。

享受阅读的美好，让我们把生命中寂寞的时光，转换成丰厚的精神财富。书中浓墨重彩地叙述了阅读对教师专业成长的非凡意义——那是“经典学习”，也是伴随我们终身的“另类备课”。随着那温润的文字，我们漫步俄罗斯、法国、德国、印度、澳大利亚等国，领略异国浓郁的书香氛围。可是对比国内民众阅读的情形，就很令人汗颜了，一股责任感顿时溢满心胸……尤其令人惊喜的是，作者不仅以自己真实的阅读体验为我们详尽介绍了“今天我们怎样阅读”的十二种方法，还从一个语文教师应该具备的本体性知识、专业知识和人文知识的不同角度为我们推荐了三十多本书，并一一列举其内容概要和特色。此外，书中信手拈来的传说典故、诗词名句，教育哲言，如同颗颗散落的珍珠，散发出智慧的光泽，让我不由感叹作者阅读积淀之深厚。于是，在星星点灯的夜晚，大师们厚厚薄薄的经典书籍聚到了我的枕畔，那一刻的我，跨越时空，神游物外，与书中的圣贤会晤，尽享思想的盛宴。

享受课堂的变化，让我们积极营造民主、平等、对话、开放的教学氛围。书中指出，随着我国基础教育课程改革的不断深入，教师要从“主唱”的讲坛上走下来，成为“平等中的首席”，由知识的传授者，转变为学生学习的指导者。而学生也不再是被动接受知识的“容器”，是否“听话”并不能作为评价孩子的重要尺度——学生有缺点不可怕，可怕的是没有特点，丧失自我。为此，我们的教学方式应从灌输到引导；课堂知识结构应从“以教案为本”到“师生互动”；教学基本要求应从控制到对话。我们的课堂要有预设，更要有生成；有合作，更要有实实在在的探究与发现。正如著名的儿童教育家陈鹤琴所说：“儿童的世界，是儿童自己去探讨去发现的。他自己所求来的知识，才是真知识，他自己所发现的世界，才是他的真世界。”这样的课堂，呈现出的是生命与生命的精彩互动，智慧与智慧的激情碰撞，情感与情感的美丽邂逅，时时迸发生命的活力和激情，处处洋溢着成长的气息。

享受创造的乐趣，让我们在专业化的自主发展和研修共同体中执着前进。当下，教师专业成长有很多途径，比如专家引领、自我反思和同伴互助。但作为教师，如果不会反思，没有创新意识，即使再高明的专家，再丰富的教研活动，恐怕也是爱莫能助。正如有些老师故步自封，墨守成规，远离科研，不愿思考，多年在唱“同一首歌”，每天都在“重复过去的故事”。渐渐地，职业倦怠写在脸上，教学质量每况愈下，题海战术使人抓狂，语言贫乏令人生厌，那是对学生精神的折磨，更是对自己生命的糟蹋！所以，书中一针见血地指出：一个教师的尊严和价值，不在于教了多少年书，而在于他用心教了多少年书，关键是有没有创新精神。每天的太阳都是新的，每天的学生和我们也应该是崭新的。我们要通过实践和反思、观摩和研修去发现新问题、尝试新方法、积累新的知识经验。真正的爱和教育，不是高耗低效的无谓牺牲，不是唠里唠叨的再三重复，而是和学生一起学习，一起发现，一起创造。

轻轻合上书本，望着宝宝恬静如天使的小脸，我的心中感慨万千。每一个孩子的背后，都牵动着家长们无尽的期盼和祖国明天的希望。无论成名与否，至少也要做一个有境界的老师。因为我的一举一动，会像镜子一样反映到孩子们的身上，对他们产生潜移默化的影响。我只有自己热爱学习，才能把上进的动力传递给孩子们；只有自己善于动脑，才能把思考的习惯带给孩子们；只有自己心态平和且感到幸福，才能把快乐的阳光洒向每个孩子的心田。从明天起，做一个幸福的老师，阅读、实践、用心研究。从明天起，追逐梦想和希望，我与我的学生，心心相印，共同成长。从明天起，与每一个孩子对话，传递给他们智慧的力量。教育生活带给我的诗意和美好，我将告诉每一个人。用真爱温暖每一个孩子每一个日子，愿我们在专业发展的路上执着前行，好好享受教育生活的每一天……看了潘裕民老师的这本书，让我在一个全新的高度感受到自己肩负的神圣使命，心中充满了对职业发展前景的向往和信心！

（原载《东方教育时报》2013年1月16日，作者系上海市黄浦区曹光彪小学语文组教师、区级语文学科骨干教师）

对话教师，书写发展

——读《教师专业发展的理论取向与实现路径》

饶 滨

潘裕民老师是我的同事和领导，他在自己的研究领域——唐宋诗词的研究方面颇有建树，时有新书新作提供给我们阅读滋养。我们甚至习惯于在他的作品中寻找生活的影子，从与他的交谈中挖掘文人的情怀，在我们的眼中，潘老师浪漫、感性，亲切、儒雅。这次，潘老师又有新作问世，书名是《教师专业发展的理论取向与实现路径》（广西师范大学出版社 2013 年 1 月出版）。虽然我很想一睹为快，虽然我知道潘老师作为我们学院分管师训的领导，在教师培训与教育管理方面经验颇丰，但对于"教师专业发展"这样一个庞大的话题，他会以什么样的姿态去介入、去表述？在我看来，"理论的取向"和"实现的路径"都指向体系的架构、叙述的严密，直觉上有些距离感。我还是在阅读之前，做个有趣的猜测吧。这是我的习惯，因为这样可以为自己找到一个和书本对话的角度，不至于开卷后被灰色的理论拒之千里，更何况书作者是自己熟悉的人。

对话。对，对话是潘老师的一贯风格，也符合他的气质。为了证实自己的猜测，我还是迫不及待地翻开了书。果然如此。这是一本与中小幼教师、与培训机构教师对话的书："在笔者看来，教师个体是专业发展的主体，而教师教育是教师专业发展的外驱力。""我总以为，我们当教师的人不能整天忙忙碌碌，只顾埋头教书。”“我说不出对我影响最大的书是什么，也不太相信形形色色的‘世界之最’。”“其实我小时候就喜欢做读书笔记，用小卡片写好。读大学时，还学着把读书卡片分类，以便于学习和研究时参考。”……

从“笔者”到“我”，娓娓道来，作者一步步走近了阅读者；从读者到听众，细细品味，读者慢慢地靠近了作者，全书第一人称的叙述方式将彼此拉入同一对话场景中，倾诉、倾听。

“倾诉、倾听”，因为双方在同一对话场景，因为有着共同的语境——教师专业发展、教师学习、校本研修……诸多的话题囊括了教师专业成长的外部发生条件、自我实现机制，切中了教师专业成长的方方面面。“倾诉、倾听”，还因为潘老师的工作背景。作为一名教师教育工作者，多年来他一直从事中小学、幼儿园教师专业发展的研究与培训工作，无数次走进学校的课堂，也无数次站在教师培训的讲台上，既熟稔学校现状，又关注学生发展，教师的专业发展是他的研究内容，也是他的工作所向。相对于学院派的理论学者来说，潘老师的视点更加贴近学校现实，情感也更显真切；相对于一线教师来说，他又有一定的跳脱空间，能不囿于一景而纵观“庐山”全貌，因此，阅读起来，令人感到言之凿凿，情之切切。

王洁博士在这本书的序言里说：“潘老师谈及教师教育时，脱开了教科书式的路线，完全站位于理论与实践中介的角度……”诚然如是，在行文中，潘老师以讲述者的姿态将理论、实践相互交融在对关键词语的解析中。他的理论既来源于对直接经验的概括、总结，又来自对间接经验的借鉴、吸收。同样，他的实践既包含理论的思考，也有理论在行动上的推进和实现。实践经验和理论构建呈现出交互反馈、交互印证的过程和状态。

理论是什么？是从个人专业成长历程与教师培训管理工作中推演出来的概念或原理，是在对自我反思和对教育现状长期观察中总结出来的认识和看法。我们教师的教育教学行为必然受认识的支配，并以一定的授课方式、师生关系呈现在课堂教学形态上，从而最终影响着学生思维和处事方式，影响着学生的发展和未来。而认识从哪里来？来自对“教师专业”的态度，对理论的学习和接受，对教育理念的理解和认同。

实践是什么？实践是教师自觉自我的行为。它以经验（包括直接经验和间接经验）为起点和基础，从经验中感知和归纳事物的本质规律，又以概念的方式组合、重构个体或群体的观念，并回归教育教学活动中。从这个意义上说，理论的形成和表达是实践的，理论的运用也是实践的。正确的观念或者说理论，能有效引领实践；实践又因着动态的教育教学工作而生成新的认知、新的自我期待。用潘老师自己的话来说，那就是“越是理论的，也就越是实践的”。

纵观全书，从“教师专业发展”概念及观点的论述到“教师阅读”的意义及方法的阐述到“教师继续教育”的反思和列举到作者的“教育思考”，作者梳理了他视野中的有关教育的现状及困惑、教育的热点问题、教师自我发展需求等，其中既关注了教师发展的实现条件——自我发展动力和行动及教师培训机制的构建，又思考了学院乃至区域教育事业的发展。作者认为“教师专业化是一个‘动态’的发展过程，既包含教师专业成长的过程，也指促进教师专业成长的教师教育过程”；“文化自觉”是教师专业发展的“内动力”，主要体现在五个方面——道德自觉、理论自觉、专业自觉、实践自觉和思维自觉；“学习、研究、实践与反思等是构成教师‘自主发展’的核心要素，也是实现教师自主发展的重要途径”……

而这些都从实践归结而来，又在实践中或求证或实现或探索。不仅如此，本书的结构和内容分明勾勒了作者由理论通达实践，又从实践提升理论及至再思考、再实践的教师专业发展路径：思考→学习→研究→实践→反思……这恰好是对作者观点的有力印证。而将思考、实践积累成书，同样是专业发展的途径之一，在笔端，有过去、有现在，还有未来。

《教师专业发展的理论取向与实践探索》有宏观的思考和构架，更有微观的叙述和例证，丰富的情感、理性的阐述和大量翔实的信息，让我们得以分享在教育和继续教育领域走过的路，也对我们所进行的工作抱有新的理想和信念。相信只要有开放的心态、成长的渴望，就能找到自主学习、自我完善的途径；相信只要坚持在教育的园地里耐心耕耘，将爱心、理解播撒在希望的土壤里，将思考、学习、研究获得的能量化为课堂的智慧，我们就不仅能成就自我的专业成长，也能成就我们正在从事的教育事业的发展，成就我们学生的未来。

（原载《师资建设》2013 年第 1 期，作者系上海市黄浦区《黄浦教育研究》编辑部编辑、中学高级教师）

读书人的心灵鸡汤

——读《教师专业发展的理论取向与实现路径》

张　俊

今年的寒假,对我来讲是一个充满了恬静和幸福的假期,终于有一段时间可以在一种平静、闲适的心情中来读几本好书了。在我读的几本书中,最耐人品味的是由潘裕民老师所著的《教师专业发展的理论取向与实现路径》(广西师范大学出版社 2013 年 1 月出版),这本书是一位同事向我郑重推荐的。他知道我对"教师专业发展"这一话题非常感兴趣,也曾经就这一话题在《现代教学》杂志上发表了四五篇论文,于是建议我认真读一读这本书。

当拿到这本书时,它的封面就吸引了我。我的直觉告诉我:这会是一本好书。简洁清爽的封面富有现代气息,让我意识到作者的儒雅多智。翻开此书,马上感觉到一股清新的微风扑面而来,书中独到的见解和专业的表达,大都源于作者在教育领域的理论主张和实践关怀,给正在迷惘和渴望成长中的教师以灵感顿悟和方向的昭示。与一般纯理论的著作不同,本书立足于当代中国基础教育改革的发展趋势,以中小学、幼儿园教师为研究对象,结合上海教育转型的背景和区域教师队伍建设的实践经验,从教师的专业发展到教师的阅读,从教师的继续教育到当今教育的思考,诠释了作者对教育理想的不倦追求,展示了作者十多年在教师教育理论研究与实践探索中的创新性成果。捧读此书,的确是一种精神层面的享受。

一、夜读与知已

本书最令人着迷的地方，是关于“教师阅读”这一部分的内容，字里行间折射出作者对阅读的痴迷、热情与坚守。作为一名同样喜欢读书的教师，我觉得有必要将这本书作为一本必读书推荐给我的同行们。这本书能让你了解一位读了无数的书的读书人的心路历程和教育反思。在“教师阅读”这部分内容中，作者详细阐述了对教师读书的独特看法，完整地呈现出作者对阅读内涵的深刻理解。值得指出的是，这些见解大都是作者对自已阅读经历与阅读体验的总结、提炼，绝非人云亦云，亦毫无一般文人的无病呻吟，而完全是作者在个人成长、教育生活中的真实状态，我相信每一位读者都能从中受益。尤其是当翻到书中作者说自已最喜欢夜读时，我一下子仿佛找到了知已。“夜读”同样是我的最爱，那种喜爱是发自内心的，就像作者在书中描述的：“夜读，是忙于生计而欲求知者的最好选择，是做学问、搞研究的人对宝贵时间的充分利用，还可以使人远离浮躁，怡情养性，是一种精神层面的享受。”的确如此，读书是一种美的享受，尤其是当你在夜深人静的时候读到一本心仪的书，它会带给你魔法般的惊奇，带给你深藏的温暖，带给你广博的知识，带给你深厚的学养，带给你人生的启迪。

由此，在一个月朗风清的夜晚，我泡上一壶香茶，将日间杂乱的思路清空，开始在一种穿越时空的状态下捧起书本，与作者在人生和灵魂的层面开始书谈。就如同作者在书中所述：“夜深人静时，无丝竹之乱耳，无案牍之劳形，沏一杯香茶，坐在自已安静的书房，手捧一本自已喜爱的书，与书中的圣贤会晤，尽情享用其用智慧与思想设下的盛宴，岂不是一件赏心乐事?”

二、境界和品位

在阅读中,我很快地就体会到了此书的妙处。当翻到“读书的境界和品位”一节时,我不禁拍案叫绝,一口气来来回回看了四五遍方才罢休。原来读书的妙处在于境界和品位啊！在书中,作者从四个方面谈了自己对此的理解。一是王国维式的苦乐观,二是毛泽东式的性情观,三是童道明式的理想观,四是冯友兰式的人生观。这一部分的精华在于:作者已将自己的读书境界和品位提升到了一种远远超过大多数人的地步,他将读书的最高境界定义为没有任何功利的一种人的生活方式。眼下,教师不读书已是普遍现象,并有日益蔓延和恶化的趋势,已成为影响教育发展的严重问题。对于这种现象,不想读书的人完全可以毫不费力地找到许多条不读书的理由。但是真正想读书的人却只有一个理由,那就是:一个教师专业成长的高度完全取决于他读书的宽度和深度。

我这几年参加了好几个市、区层面的名师基地的学习,在与众多名师的接触过程中,我发现:名师的成功,虽然各有各的“亮点”,但他们普遍有一个共同的长处,那就是喜欢读书、会读书。在我看来,在推进教师专业化发展过程中,虽然有专家引领、进修培训、校本教研等多种途径,但最有效、最持久、最扎实的还是教师自觉地读书。我还发现,在学校里受到学生喜爱、受到家长赞誉、受到同行欣赏的老师,往往就是那些热爱读书和反思、有人文底蕴和高尚人格的老师。因此,可以毫无疑问地说,读书是教师专业成长的必由之路。

三、漫谈与分享

作为学者型的教师,我感觉潘裕民老师的书中有太多的观点和字句,值得我认认真真地品味,仔仔细细地比照。就好像是与一位饱读诗书的学者在一起进行柏拉图式的问答漫谈。通过这种启发式的漫谈,作者将自己对于教师读书的一些观点鲜明地告诉我们,并且无私地将自己几十年读书的经验和体会与我们分享。

例如,关于大多数教师不知道如何选书这一困扰,作者在书中与我们分享了一种选书的简单易行的方法:“拿起书来,随便看五分钟,先看目录,再选读其中的章节。如果它在五分钟内吸引了你,那就可以买;如果五分钟之内不能吸引你,无论是读不懂、不喜欢还是别的什么原因,就不要买。”这个方法有缺陷,难免会让我们错过一些好书,但现在市场上书实在太多,我们不能把时间都花在选书上。不得不快刀斩乱麻,节约出选书的时间来读书。作者介绍的这个经验对我太有用了,我就是那种经常会挑书挑花眼的人。但是,从此以后我不会在选书上再浪费过多的时间和金钱了。作者的一番话无疑是点醒了我这个梦中人,读书不在于多,而在于精读几本好书。

还须提及的是,针对部分教师只知道读书,而不知道如何把书读深、读透的现象,作者结合自己几十年的读书心得,同读者分享了三个诀窍:读思结合、读写结合、读用结合。在我所读的同类书中,没有一本像此书论述得这么深入浅出、耐人寻味。关于读思结合,作者认为“读书与思考是相生相伴的,读书是花朵,思考才是果实”。没有思考的读书是没有用处的。关于读写结合,作者认为“书不离笔”,读书一定要动笔,或是摘抄,或是批注,或是写作,正所谓“不动笔墨不看书”。关于读用结合,作者认为读书的成果一定要用于自己的实践,大胆尝试,努力改进自己的教学。不仅如此,作者还强调指出:“读书是一项苦中有乐的工程,贵在及时,重在坚持。”事实上,不读书的教师,很难成为优秀教师,本书针对“教师为什么要读书和怎样读书”的一些论述和建议为我们提供了操作性很强的指导。

四、启发与引导

作者在书中不只一处告诉我们："读书就一定要读经典。"他的这一观点使我深受启发，也非常认同。那是因为每一个民族、每一个时代精神的精华往往都凝聚于经典之中，人类最美好的创造也都汇集于其中。读经典的过程，就是让我们接近人类智慧、获得个人知识的过程。把时间花在那些"闲书"上，我们可能会暂时得到一些读书的乐趣，但长此以往，我们往往一无所获。

在读本书的时候，我还有一个强烈的感受：好书是需要互相推荐的！当看完这本书的时候，我的手里已经有了一排新的书目了。这些书都是作者在他的书中提到的，并且有简洁而到位的介绍，经作者这么一推介，我们就大概知道这本书值不值得一读了。就像一位大哲学家说过：因为我知道的越多，我所接触的未知就越多，越发感觉自己的无知。我原本自以为我读的书不算少，但是看到作者在书中推荐的书目，不禁感到汗颜。我只看过其中不到一半的书。其中真正精读过的只有两三本。书读得越多，就越觉自己还有好多好书还没有读。

作为一个同样热爱读书的人，潘裕民老师的《教师专业发展的理论取向与实现路径》一书对我而言就好像是一碗营养丰富的心灵鸡汤，既有真材实料的骨肉充实我的知识结构，又有香气浓郁的汤汁滋补我的性情人格。经常翻翻此书，与作者进行知识与智慧的晤谈，我的阅读生活和教育生涯就永远不会枯竭。

（原载《现代教学》2013年第3期，作者系上海市黄浦区教育学院干训部中学高级教师）

立足教师发展，审视教育本真

——评《教师专业发展的理论取向与实现路径》

徐　侠

潘裕民老师在几十年的职业生涯中历任小学、中学、大学教师和管理者。近十几年来，潘裕民老师又主要从事中小学教师教育以及研究和管理工作。对中小学教育，特别是中小学教师教育，潘裕民老师可谓“入乎其内”又“出乎其外”。入乎其内，有深刻丰富的业内体验；出乎其外，又有高屋建瓴的俯视。最近出版的《教师专业发展的理论取向与实现路径》（广西师范大学出版社 2013 年 1 月出版）一书，正是潘裕民老师在几十年的职业生涯，特别是近十几年来的职业生涯中，在教师教育方面所见、所闻、所思、所感、所集的一次汇珍。试管中窥之。

一、对我国教师教育宏观构想与整体审视

本书主要分四个部分，第一篇是教师专业发展，第二篇是教师阅读，第三篇是教师继续教育，第四篇是教育思考。粗看本书目录，我们不禁要问，尤其第二篇是教师阅读，似乎和本书前后目录联系不很紧密。但是，我们再细细品读本书，就发现它们是按照在教师教育中实际重要和紧迫程度编排的，是从普遍的职业乃至人的层次上立论的。本书还教师职业以本真地位，

让教师走下传统的圣坛。教师和所有人一样，都要不断修身。要不断修身，就要不断阅读。关于阅读与修身的关系，我国古人就曾说过：“立身以立学为先，立学以读书为本。”英国哲学家培根对读书的作用说得就更具体：“读史使人明智，读诗使人灵秀，数学使人深刻，伦理学使人庄重，逻辑修辞学使人善辩，凡有所学，皆成性格。”本书关于阅读有较大篇幅的展开，是针对近些年来，社会风气浮躁，功利主义席卷生活各个角落，当然也包括教育领域，大声疾呼阅读之必要的，这一疾呼不能不说是逆社会浊流的一泓清泉。

二、对我国传统教育反思与对未来教育展望

我们国家是一个有悠久历史的国家，传统文化留给我们丰富的遗产。历史无法割裂。我们每一次成功的教育改革必须和传统文化接轨，从传统文化中吸收丰富的营养。“境界”是中国传统文化特别强调和推崇的，司空图、王世贞、王士祯、叶缨、梁启超、况周颐诸家都有所论述，中国近代王国维先生论述最为全面，提出人生“三境界”。王国维在《人间词话》中说：“古今之成大事业、大学问者，必经过三种之境界：‘昨夜西风凋碧树。独上高楼，望尽天涯路。’此第一境也。‘衣带渐宽终不悔，为伊消得人憔悴。此第二境也。‘众里寻他千百度，蓦然回首，那人却在，灯火阑珊处。’此第三境也。”精辟地揭示了人生理想追求的三个阶梯状态。学贯中西的新儒学代表人物冯友兰提出了具有深厚中国传统文化底蕴的人生四境界说：自然境界、功利境界、道德境界、天地境界。显然，做一个传统文化中很推崇的有境界教师，为教师修养找到了一个很好的传统支点。尽管这一“境界”的含义已经也必然加入了今天的解释。

在另一方面，传统文化也给我们改革带来很多负面影响。每一次成功的教育改革更在于能反思传统文化、超越传统文化。因而，对传统教师以及传统教师教育的反思成了本书一个重点内容。中国传统文化精神呈现多维

取向,其中一个坚实的支点就是思维方式,也有人说思维方式是中国传统文化的灵魂。关于中国传统文化中思维方式的特征历来众说纷纭:强调整体性、直觉体验、中庸、无为而无不为、反求诸已等等。但是,就中国传统思维方式对教育的负面影响而言,它首先应该是对教育的基础或起点——师生观的影响。中国几千年的传统文化推崇的都是一个上下尊卑长幼有序的封建传统,人们习惯于从上下角度看人或问题,而缺乏"平视"。它在师生关系上的表现即师生也是上下错位的。在课堂教学中,以前教师对学生"满堂灌",教师居高临下,学生被动;现在学生"满堂问",学生活动,教师居下仰高。无论以前还是现在,虽然课堂主角发生了变化,但是思考课堂的思维方式没有改变,师生都是处于上下位置。本书第六章专章论述了"和谐教育呼唤和谐的师生关系",立足于平视的角度,提出新型师生关系,从教师对学生要尊重、理解、关爱、负责、欣赏几个层次逐层展开,这不能不说是对我们思考如何确立新型师生关系的一种有价值的提醒。

综合本书对未来教育的一个核心因素——未来教师角色的展望,本书突出了未来教师几个重要特征:未来教师是学习和反思型教师。未来的教师要不断学习,深入反思。学习现代化的教育思想,掌握现代化的教育内容和教学方法,利用现代化的教学资源,积累现代化的教育管理和教学经验等等,不断反思自己的教学行为,不断调整自己的教学方法,不断提高自己的教学水平。未来教师将由外在管理权威逐渐转变为内在学问权威。未来教师将是平等合作型的教师。师生沟通是"平视",教师是在为学生服务,教师将由知识的传授者逐渐转变为学生成长的促进者。在教学组织过程中,教师作为纯粹管理者的角色将日益淡化。未来教师的教育教学方法多样而灵活。教师富有创造性,能根据教学情况的即时变化,有针对性创造性地开展教育教学活动,教师在教学中将预设和生成很好地统一起来。

未来教育中还有一个不可分割的组成部分当然是教师教育。本书第十章还把教师教育视野推向国际,列举了日本、德国、美国等的师资培训形式,这不仅有利于我们更清醒地审视我们的传统教师教育，也更有利于我们向他人学习，超越传统。

三、对区域教育理性思考与实践探索

近十几年来，潘裕民老师一直全面负责黄浦区教师教育理论和实践探索工作，因而，潘裕民老师在这方面的探索也从一个侧面见证了黄浦区教育理论和实践水平的高度。在本书中，潘裕民老师用专章阐述了自己对黄浦区“办学生喜欢的学校”区域教育改革和发展的目标的思考。我们从这里可以看出有多年从事中小学教师教育以及研究和管理工作者自己的视角和认识。“办学生喜欢的学校”是一个综合命题，在学校、教师、学生各方面都有所涉及。另外，本书还以专章阐述了对黄浦区教育学院可持续发展的思考，也为其他同类型教育教学单位提供了一定的参考坐标。

四、汇集了大量教育史上珍言和经典案例

潘裕民老师在本书中汇集了自己多年积累的大量有关教育的珍言和经典案例，给我们很大的启示。例如本书第四章第三十八页讲述了一位澳大利亚物理教师任教三十年，在他退休时，有人问他任教三十年有何体会，如何做教师。他说：“第一个十年我是在教物理，第二个十年我是在教学生探索，第三个十年是学生在探索，我在一旁给他们提供帮助。”一个优秀教师成长案例言简意赅地呈现在我们面前。它留给我们很多思考。如何处理好师生关系？教学中什么时候教师应该参与？参与到什么程度？中西方教育有什么异同？中国有句古话叫“授人以鱼不如授人以渔”，说的是传授给人既有知识，不如传授给人学习知识的方法。将中西方教育的崇尚一比较就可以看出，中国传统教育求知的有限功利性被凸显，西方教育人的无限探究能

力被强调。本书第三十二页引肖川教授一段话："造就教师书卷气的有效途径，除了读书，大概就是写作了。写作是最能体现一个人的综合素质的。"内容决定形式，有什么样的内容就有什么样的形式。写作不单单是形式，是表达，还是人类在某方面种种思考、感悟、反省、发现等活动的结晶，作品代表了作者在这方面的活动所能达到的最高水平。显然，写作是人的一种综合活动，"最能体现一个人的综合素质"。本书第三十一页引了美国著名学者波斯纳对教师成长经验总结的一个公式：教师成长 = 经验 + 反思。这使我们自然想起我国大教育家孔子在《论语·为政》中说过的话："学而不思则罔，思而不学则殆。"可见，客观规律是不分国界的。在中外学者眼中，思考在学习中同样具有不可替代的重要作用。无须赘言，本书汇集了大量像这样的教育史上的珍言和经典案例，引人深入思考，回味无穷。

此外，本书表述风格不重学说考证，不刻意追求逻辑体系，而是以"教师为本"，围绕教师所关心的热点话题展开，如"今天我们为什么要读书"、师资培训的"危机意识"、"中学语文学科建设现状、问题与对策研究"，等等，侃侃道来，如促膝谈心，语言朴素无华，各类学校各学科教师都可轻松阅读，潜心阅读，读有所获。

总之，本书立足教师发展，审视教育本真，具有时代性、探究性和实践性等特点。书中提出的观点和思路，大都来自作者的教育实践与行动研究。仅此而言，它绝非一本纯理论著作，通常所说理论与实践"两张皮"的对立与隔阂在这里不复存在。尤其是关于教师读书的独特看法，大都是作者阅读经历与阅读体验的总结、提炼，并非人云亦云，很值得一读。

（原载《中华读书报》2013 年 10 月 30 日，作者系上海市黄浦区教育学院中学语文教研员、中学高级教师）

走向专业才有地位

——读《教师专业发展的理论取向与实现路径》一书有感

常生龙

前些日子潘裕民老师给我短信，将他的著作《教师专业发展的理论取向与实现路径》（广西师范大学出版社 2013 年 1 月版）赠我一读，这让我很开心。作为一个阅读者，不断与新的书籍相遇，不断与新的作者相识，是一件很美妙的事情。

从《教师专业发展的理论取向与实现路径》一书的书名就可以看出，这是一本有关教师专业成长的著作。潘裕民老师在大量的阅读和亲身实践的基础上，从教师专业发展、教师阅读、教师继续教育以及教育思考等四个维度，阐述了当今教育面临的机遇和挑战，为教师走向优秀和卓越提供了一条路径。

一、"专业化"是教师成长的必由之路

"古之学者必有师"。自从有学习的行为出现之时，教师就同时存在了。教育的历史有多悠久，教师的历史就有多悠久。

尽管如此，教师职业是否是一个专门的职业，长期以来一直是有争议的。像医生、律师、法官等职业，其专业性是非常明显的，一个人没有基础，

想中途改行去从事这些职业，难度非常大，而且绝大多数也不会成功。但教师并非如此。师范院校里毕业的学生，似乎天经地义可以做教师，但很多非师范院校毕业的学生，考取了教师资格证书之后从教，教学效果并不比科班出身的差；还有一些从事其他工作的人，做了一段时间之后感到不满意，改行做教师，也能够做得很好。这些事实至少说明教师职业的专业化水平还不够高。

提出教师专业化，也只是几十年之前的事情。20世纪60年代，国际劳工组织和联合国教科文组织提出《关于教师地位的建议》，对教师作为一项专业做出了说明，提出“应把教育工作视为专门的职业，这种职业要求教师经过严格的、持续的学习，获得并保持专门的知识和特别的技术”。

这其中，“专业”和“专业化”两个概念，虽然只有一字之差，但其含义是有不小差异的。专业是指在某个领域擅长的技能。医生看病时的“望闻问切”，就是对其专业技能的高度概括。专业化则是指一个普通的职业群体在一定时期内，逐渐符合专业标准、成为专门职业并获得相应专业地位的过程。

说起来惭愧，虽然教师职业的历史悠久，但我国教师的专业标准直到最近才由教育部正式颁布。2012年2月10日，教育部下发《关于印发〈幼儿园教师专业标准（试行）〉〈小学教师专业标准（试行）〉和〈中学教师专业标准（试行）〉的通知》，从专业理念与师德、专业知识、专业能力三大领域对基础教育不同学段教师应该具备的基本专业要求予以界定。其中，中学教师专业标准就涉及14个维度、63项专业要求，如果认真对照检查，就会发现标准中的不少要求教师们还是做不到的。比如说“掌握所教学科课程标准”，这本应是教师最为基础的专业知识，但现实却不尽如人意。之所以无法掌握，一来与课程标准自身语焉不详有关，二来与教师平时跟着感觉走，不愿受标准束缚有关。比如说“了解中学生群体文化特点与行为方式”，要做到这一点，就必须深入学生之中，他们喜欢的事物，教师自己要去体验一番；他们热衷的活动,教师也要参与其中……

如“专业化”的定义所说,有了标准只是第一步,让教师们理解和认同标准,按照标准的要求来重塑自己,通过一段时间的努力逐渐达到标准的要求,就是教师走向专业化的过程,也是教师获得相应的专业地位的过程。

要走到这一步并不容易,需要教师有自身发展的“文化自觉”。潘裕民在书中用了一章的篇幅来讨论教师的“文化自觉”,强调要从道德自觉、理论自觉、专业自觉、实践自觉、思维自觉五个方面来练内功,还是很有启发意义的。所谓“文化自觉”,是指生活在一定文化中的人对其文化有“自知之明”并对其来历、形成过程、所具有的特色和发展趋势有充分的认识。在社会发展日新月异、教育综合改革波澜壮阔的今天,教师的“文化自觉”更显可贵。

二、培训是教师最大的福利

潘裕民老师从事区县教师教育工作已有十多年,故书中论及教师培训工作既有理论思考,又有实践探索。

教师专业化的过程,虽然展现的是教师群体的行为,其实落脚点还是在每一个教师个体身上。没有教师个体在专业之路上的努力和践行,就不会有群体的专业地位。

所有的专业技能都是在不断学习和实践的过程中逐渐累积起来的,教师也不例外。获得教师资格证书,仅仅意味着你具备了从教的基本潜质,并不意味着你已经掌握了教师专业技能。走向教学岗位之后的继续教育,是教师走向专业最为重要的路径。

继续教育有两个基本的路径:一是教师立足本职岗位,在教育实践中的自我提升;二是借助专家的力量,帮助自己获得专业成长。这两个路径都很关键。教师没有专业成长的内在需求,他在教育实践的过程中就不会费尽心思地去研究学生、教学内容和教法,就不会感悟教学中的一系列问题和困惑;教师在教育教学实践中发现的问题,在很多情况下通过自己来解决非常艰难,要花费很多的时间和精力,而专家的点拨往往能够拨云见雾,让自己获得顿悟,感受成长,体验教师专业的魅力和乐趣。因此,世界各国都非常重视教师的继续教育工作,愿意花大力气支持教师培训。

尽管教师培训如此重要,但在具体实施的过程中,存在的一些问题还是比较突出的。其一是培训的课程比较单调,讲座形式的培训居多,理念的灌输居多,如何将理念转化为教学行动,办法不多;其二是培训课程的针对性不强,不少课程面向所有的教师,似乎是面面俱到,实际上效果不佳,不少培训者都是依据自己擅长的领域来开设培训课程,与一线教师自身的需求相脱节的现象比较普遍;其三是培训课程缺乏系统性思考,东一榔头西一棒槌,看上去眼花缭乱,实则一盘散沙;其四是培训课程质量不高,所讨论的问题始终浮于表面,不能由表及里,老师们听起来云里雾里……

让教师喜欢上培训,自觉自愿地参与到培训中来,是一个亟须解决的课题。各地在这方面都做了一些有益的探索和尝试。比如说将“案例教学”引入教师培训课程中,践行“研训一体”的培训模式,积极推动“校本培训”,发挥学校和教研组的作用,建设学科联盟或者校际之间的“学习共同体”,等等。这些尝试都在一定程度上改善了传统的教师培训,但并没有根本性的变革。

依据教师专业标准,对教师提出专业发展的要求,让教师据此来确定自己需要完善的领域,自主选择培训的时间和方式来提升自己,是教师培训转型发展的必然;让教师立足岗位,通过提升自己的教学智慧来获得专业成长,是教师培训转型发展的着力点。教师进修学院和学校要做的,是提供多元化的课程菜单,让教师按需选择,包括一对一的个性化选择。要让教师真正感受到,培训是最大的福利,是自身专业发展最为重要的平台。

三、学习是提升教师发展的重要方式

培训毕竟要受到各种因素的制约，教师要获得专业成长，阅读、自我学习是必不可少的。教师阅读的重要性，无论如何强调都不过分。

教师职业的特点是教书育入。让学生通过学习，能够在未来的社会里立好足、快乐健康地工作和生活，是教师的责任所在。但这个社会变化太快，十年前的我们，一点也没有预测到现在的社会和科技发展会是今天这个样子，一点也没有想到世界上最热门的十项工作，在十年前是根本不存在的。那么，我们将给今天的学生怎样的本领，让他去面对我们自己都无法预测的未来呢？这个本领就是阅读，就是终身学习的意识和能力。一个善于阅读、善于学习的人，无论遇到怎样的艰难险阻，都能找到解决问题的路径和方法。

而要做到这一点，教师自己一定要成为终身学习者，通过自己的现身说法，告诉孩子阅读习惯的养成、持续学习的能力对自己一生发展的意义。教师自己不读书，培养不出会阅读的孩子。教师自己没有持续学习的习惯，怎能培养学生养成这样的习惯？

从教师专业发展的角度看，教师阅读也是成长的必由之路。张贵勇写过《读书成就名师——12 位杰出教师的故事》一书，书中告诉我们，几乎所有的名师，都在持之以恒地做一件非常普通但又非常重要的事情，那就是读书，大量的、范围广泛的阅读。坚持不懈地阅读，就是教师成长为名师的“秘诀”，这是公开的秘密。每个人沿着这条道路走下去，都可能成为名师。读书的过程，实际上是在两个方面不断探索的过程。一个方向是向内，不断探索自己的内心，尝试正确地认识自己。另一个方向是向外，不断地探索与自己生活工作相关的领域，建构起自己对世界的认识。

在潘裕民的《教师专业发展的理论取向与实现路径》一书中，教师阅读的这一篇所占的比重也是最大的。他在书中畅谈了当下教师阅读的现状、教师阅读的意义，回答了今天我们为什么要读书的问题，并对如何阅读给出了很有操作意义的建议，包括如何与文本进行对话、如何选择书籍、读书的方法等等。相信有兴趣的老师在阅读了这部分内容之后，会对如何阅读有更多的认识的。

其实，潘裕民的这部著作，本身就与阅读密不可分。在整部著作里，他始终旁征博引，各种观点和论据信手拈来，提供了非常多的名家作品的线索，体现了他阅读的广泛和细致，让我们感受到阅读的力量。

（原载《中国教师报》2014年11月26日，作者系上海市虹口区教育局局长、特级教师）

让学习成为教师的一种生活方式

——读《教师专业发展的理论取向与实现路径》有感

方玉文

刚拿到上海市黄浦区教育学院副院长潘裕民撰写的《教师专业发展的理论取向与实现路径》（广西师范大学出版社 2013 年 1 月版）一书，我被书看似艰深的题目给吓住了。心想，这必定又是一本枯燥难懂的书。但当我真正开始读到读完的这段过程，却没有想象中那么困难，相反觉得它脱开了教科书式的路线，完全站在理论与实践中介的角度上，给原本教师专业化发展的理论漫谈增加了不少的“人情味”。

这本书的内容很丰富，观点也十分鲜明。潘院长由教师专业发展的内涵，提出教师专业发展中的“文化自觉”，最后落脚到“为师的境界与追求”，做一个有境界的老师。书的线索由历史谈到现实，由理论谈至具体的实践操作，读完后我觉得不仅对专业的教育研究人员，对我这个新老师也非常有启发。

其中，令我印象最为深刻的是第五章《教师学习是提升教师发展的重要方式》。潘院长分别从教师为什么需要学习、学习的内容和学习的主要途径深入浅出地谈了他对于教师学习的独特见解。尤其是学习的主要途径，让我受益匪浅，作为一个尚处在见习期的新教师，可以说学习对于我们的成长太重要了。刚刚入职的我们，虽然在大学期间学习过有关学科以及教育的知识,但是难以将理论和实践很好地联系在一起。进入工作岗位以后,我发现自己缺的东西太多了。身为一名语文老师的语文学科知识,作为一名班主任所需要的对学生的管控能力,指导学生身心发展的能力,作为学校中的一员所需要的人际交往能力等等,这些都需要不断地学习。只有靠学习,才能慢慢充实自己,把自己调整到一个合格老师的状态上来。因此,怎么学习,向谁学习就显得尤为重要了。

在这一章中,潘院长提出了教师学习的五大途径,分别是从书本上学习、向名师学习、向同行学习、向学生学习、向实践学习,对我来说非常有借鉴意义。

首先是向书本学习。可以说,读书是全面吸收知识最快的一种方式,书里写的东西大多都是作者长期思考的思想结晶,并且它还可以帮助读者少走弯路。对于一名新教师来说,学科知识以及教育学心理学方面的知识都可以从书本中自己学到。除此之外,一个老师的气质还靠社会人文知识的积淀,这也可以从书本中汲取到。

其次是向名师学。教师的学习,一个重要的方面就是从他人的经验中学习,尤其是向有经验的名师学习。在我们的培训基地,我很庆幸学校给我们提供了向名师学习的机会。我们会定期参加学校名师基地以及何金娣校长工作室的活动。那里的老师都是上海特殊教育界的名师或即将成为名师者。听名师上的课,听名师评课,与名师交流在教育中的困惑等等,这些都对我们新教师的成长有着很大的启示作用。

再次是向同行学。作为一名新教师,可以说身边的每一个同事都是我们学习的榜样,不管是老教师还是新教师,这是教师完善自我、提升自我的一条捷径。作为一名新老师,要善于把自己融入团队中去,通过听课、问题讨论、请教,虚心地向其他老师学习,取人之长,补己之短,在团队中不断发展自己。

第四是向学生学习。在整个课堂中,学生才应该是主体。我们教师教学的目的就在于让学生学会知识,掌握能力,因此如果老师一个人闷头教,是肯定教不好的。只有首先了解学生,熟悉学生,研究学生,善于寻找学生的不同点,发现他们的闪光点,进而在教学过程中和学生共同探讨学习内容,才能真正做到教学相长。尤其是在辅读学校,我们所面对的每一个学生在能力上都有着巨大的差异,作为一名新老师,要真正地给予他们适合的教育,唯一的办法就是先去了解他们,向学生学习。

最后一点是在实践中学习。实践出真知。只有通过不断实践,并且在实践中不断总结、提炼、反思和修正,才能让自己在理论与实践中找到那个最佳的平衡点,做一个既有理论知识武装又有实践经验的合格教师。

综上所述,学习对于一个教师来说,不仅仅只是满足一时之需,它应该是贯穿在我们教师的整个生涯当中的。学习,应该成为我们教师的一种习惯,一种生活方式。

(本文获上海市黄浦区 2013 年教职工读书征文三等奖,作者系华东师范大学附属卢湾辅读实验学校教师)

读·思·写·用

——读《教师专业发展的理论取向与实现路径》有感

李妍岚

今年,我利用寒假时间阅读了潘裕民老师所著《教师专业发展的理论取向与实现路径》(广西师范大学出版社 2013 年 1 月版)一书,该书从教师专业发展、教师阅读、教师继续教育和教育思考四方面论述了教师的专业发展。书中既涉及了为师之法,也涉及了教师理念,理论与实际相结合,对我颇有启发。

作为一名幼儿教师,我自认自己的认识还比较浅薄,但我与为此书写序的王洁老师有着相同的喜好,我也最欣赏本书的第二篇“教师阅读”,因为语文老师出身的潘老师在其中提出了很多独到的见解和方法。其中读思结合、读写结合和读用结合,更令我颇有感悟,便翻来覆去读了一遍又一遍。

阅读是与思考相随的,书是别人写的,书本上的东西尽是别人的,若只是读过,却无思,那真的就只是读者了。同一本书,一百个人,读出来尽是同一个味道,那便也糟蹋了这书了。若一百个人读了之后都能有自己的思考,那么别人的东西方才进了自己的心里。我在阅读中,时常觉得,一本好书,读一遍是远远不够的,第一遍往往只是泛读,却什么也留不下,第二遍方才知味,再读几遍才能开悟,而对于自己喜欢的部分,便是读几十遍上百遍便也不觉得乏味,所思也不断深入。此时才懂得,古人所说“读书百遍,其义自见”便也不是夸大其词了。

读写结合，也是读书过程中必不可少的。在读书和生活中，思考过的东西得及时把它记下来。读思结合是第一步，在读时，脑海中时常会闪过一些林林总总的感悟，总是灵光一现，便要及时记下，失了便可能再也找不回来了，也着实可惜。最淡的墨水胜过最强的记忆，不妨动动笔记下来，于已是个积累，忘了的时候也可以翻一翻。小学时，老师曾让我们备一本摘抄本，将所看到的好词句记下来，因当时年纪小，再加之算是老师逼着，便也坚持不了多久，那小本子也不翼而飞了。如今，渐渐大了，没有老师的督促，倒也自已翻腾出本小本子记下有感之语和写写自已的感悟了。幼儿园里要交教学笔记、个案之类的，也会留个心眼，将班级里、孩子身上的事儿记下不少。开始觉得有些麻烦，闲来翻看积攒下来的资料，可以想起当时的种种，便也觉得是个好东西了。

“只阅读不思考，用处不大，光思考不行动，则空洞无趣。”潘裕民老师的这些话，对我们不无启发。读、思、写还只停留在自己的脑中，若只是做个学者便也罢了，但作为教师，最终还是要落在教育上。记得在大学时，我听了应彩云老师的讲座，便被她的优秀的教育理念和丰富的教学经验所折服，趁着心热便买了一本她所著的《孩子是天，我是云》，其中都是应老师的教学案例和随笔，当时觉得应老师怎么这么厉害，什么都好，什么都对。到了真正走上岗位，想要如法炮制时，才醒悟，我不是应老师，我的孩子不是她的孩子。有了教学经验的我，要思的是语言背后的理念，要记的是理念所带给我的感悟，要用的是感悟内化之后的行为。

“21世纪的文盲将不再是不识字的人，而是不会学习的人”。读书是人们获取知识的重要途径，对于教师而言，读书更是教师专业发展的重要途径，读书于我们更为重要，掌握读书的方法于我们更为迫切。若能在阅读中做到读思结合、读写结合、读用结合，便也上升了一个层次。若还能不断从各方面积累，使自己的思更深入，写更勤勉，那么在实践中也能更游刃有余，专业发展也将更长远顺利了。

（本文获上海市黄浦区2013年教职工读书征文三等奖，作者系上海市黄浦区蓬莱路幼儿园教师）

灵魂师者

——《教师专业发展的理论取向与实现路径》读书偶感

李　颂

教师专业发展,是一个永恒的话题。因为,教育,永远存在。更因为,教师任在育人,必付诸灵魂于途。细细翻阅与品读潘裕民老师的《教师专业发展的理论取向与实现路径》(广西师范大学出版社 2013 年 1 月版)一书,引起了我的一些共鸣,但更多的是引发了自己新的思考。结合自身对"教师专业发展"的认识与理解,借鉴著作中的理论与实践,激荡起新的思维浪花与大家分享。

一、从"文化自觉"到"变革知觉"

所谓"文化自觉",指生活在一定文化中的人对其文化有"自知之明",并对其来历、形成过程、所具有的特色和发展趋势有充分认识。换言之,是文化的自我觉醒、自我反省和自我创建。"文化自觉"主要体现在五个方面:道德自觉、理论自觉、专业自觉、实践自觉与思维自觉,是教师实现专业化发展目标的行动基础。

"文化自觉"包含广阔,一切都可以归结为"文化"范畴。然而,在时代进步与教育发展飞速的今天，面对家长与社会需求不断提升的现实，教师更需要有一种时代变革感，不能仅仅满足于"文化自觉"，而应追求新的突破，具有"变革知觉"，才能紧跟时代和教育前进的脚步。

教师具有"变革知觉"，贵在知礼忧患与竞争，新的政策也对教师职业提出了更高的要求，教师职业不再终身制，师范生本科毕业后与非师范生一起参加教师资格证考试，合格后方才具有担任教师的资格。同时，教师具有"变革知觉"，重在求新求变，培养自身的"核心竞争力"，即充分发挥自己的长处，并同时发掘自身其他方面的潜能，在所生存和竞争的环境里，具有不可替代性。

二、从"教育创新"到"学习革命"

21世纪，创新成为教育的主题。潘裕民老师一直认为，教师的最高境界是创新。教师不仅自己要具有创新意识与创新能力，还要培养学生的创新精神。

教育创新的实践与研究自20世纪90年代以来在中小学教育，特别是语文教学中轰轰烈烈地开展起来，呈现出持续蓬勃发展的态势。长时间以来，教育创新的培养貌似在自欺欺人，面对"钱学森之问"时终归到底还是"哑口无言"。相对于"教育创新"，笔者还是更倾向于"学习革命"一词。

如今，学习者不再被看成接受知识的容器，而是知识的建构者和生成者。社会文化情境、学习共同体、非正式学习、理解性学习、现代技术、教师学习、专家知识和脑科学已成为了当今学习研究所关注的重点。正如高文教授所描述的，"当今世界面临着一场'学习革命'，我们将彻底改革几个世纪以来人们已经习以为常的、旧的、传统的教育观念和教学模式，创造出一种在真正意义上尊重人的主体性、激发人的创造性、相信并关注开发人的潜力、便于人与人交流与合作的崭新的教育观念和学习模式"。在这场"学习革命”里,教师是革命成功与否的关键。教师首先要在学习中自我革命,然后与学习者一起参与整场革命,以至奏响革命的凯旋号角。

三、从“角色定位”到“课程领导”

我十分喜欢潘裕民老师在书中提出的一个观点:教师是平凡的,但不是平庸的。现今的教师早已不再停留在“春蚕”“蜡烛”层面,建构主义理论也早就说过,学生是学习的主体,教师不再是教育的权威者和控制者,而在教育教学过程中更多的是指导者、帮助者和参与者。

建构主义也存有它自身的片面性。教育是师生心与心交流、对话的过程,更应该强调“主体间性”,即在承认教师和学生主体地位的同时,强调主体间的合作与共存。弗莱雷在“对话式教育”中曾提出“教师学生”和“学生教师”的师生关系新概念。在这种新的师生关系中,学生在接受教育的同时,也在教育教师,教师从活动中学生的反应得到启发,不断成长,实现教学相长。

“课程领导”一词来源于国外,对其的研究与探讨已不计其数。然而真正对“课程领导”内涵的把握与理解,恐怕我们国内做得还不够深入。上海市基础教育领域关于“课程领导”的行动研究走在全国的前列。上海市中小学(幼儿园)提升课程领导力三年行动计划(2010—2012)已结束,上海市中小学(幼儿园)提升课程领导力行动研究(2010年4月—2013年4月)也渐渐接近尾声,取得了一定的成效。“教师自主发展、群体合作发展、领导服务支持”的教师发展文化初步显现,“课程领导”聚焦的是“课程领导团队”,是一个合作、民主和开放的组织,它注重人与人之间的交互作用,通过每个成员的主动性,促使组织向既定目标迈进,最终促进整个课程体系的发展,提升课程品质。各自在具体的境遇中发挥、扮演不同的领导功能和角色,发挥领导效能,进而促进自身的专业发展和学生的发展,推动学校变革。

四、从“教师阅读”到“教育艺术”

读书,是一个古老的话题。每每谈起读书,都会想到古人笔下的“读书三境界”。读书三境界,是清代文学家王国维提出的读书理论。他在《人间词话》中说:“古今之成大事业、大学问者,必经过三种之境界:‘昨夜西风凋碧树。独上高楼,望尽天涯路’。此第一境也。‘衣带渐宽终不悔,为伊消得人憔悴。’此第二境也。众里寻他千百度,蓦然回首,那人却在灯火阑珊处’。此第三境也。”

读书三境界,告诉人们,从书中真正领略人生的真谛,真正顿悟生存的至理,还是要“慢”下来,需经年累月才行。同理,教育也是一种“慢”的艺术,是一项“慢”的事业,可谓“十年树木,百年树人”。为何慢?或许就慢在文化。

我特别喜欢本书中这样的论述:在教育越来越功利化的今天,作为教师,更应该遵循教育规律,以“慢”的心态来对待教育。随着科技的进步与发展,人们追求“快”节奏的生活,也有些专家学者提出“快时代”的到来,甚至在教育领域出现“快速教学设计”以及“快速教学课件”的字眼,让人不禁感到后怕。

教育者,就应该做一个真正会读书的人。真正会读书的人,方能尽情领略澄明心境:夜深人静,独坐灯下,摊开一册喜欢的书籍,渐觉尘嚣远遁、杂念皆消,忘却了自己,也获得了自己。

五、从“继续教育”到“终生学习”

人们常说,培训是教师最大的福利。但是,我认为,要看什么样的培训。现状是现在的大部分培训,往往是跟随功利性走的。从“240”到“360”,教师真正参与的热情与积极性不高；“校本研修”更多的也成了形式，渐渐搁浅。

继续教育，虽存有种种问题与弊端，但终究是促进教师专业发展的一种重要手段。上海重视对不同层次的教师进行继续教育，2011 年起就开始试行新入职教师的见习规范化培训，2012 年 9 月正式启动上海市中小学(幼儿园)见习教师规范化培训工作，搭建新教师成长平台。有青年教师成长的“青苹果工作坊”，成熟教师的“名师工作室”“名师、名校(园)长培养基地”等。

随着网络技术的发展，国家级、市级、区(县)级等不同层面的教师培训机构和基层学校，搭建起教育网络平台，建设网络课程，实行远程继续教育。当今，慕课、微课、翻转课堂等新概念更是层出不穷。教师利用线上学习先进的教育理念与专业知识，与专家对话，进一步解放思想，转变教育观念，寻找优秀的教育教学资源，用于自身的实践，并学会与实践对话，提升自身的实践能力。

教育，终归有被动的色彩。而学习，贵在个人的主动与自觉。一般含义的终生学习自古有之，至今也无处不在，所谓“活到老学到老”就表达了一般含义的终生学习，是一种个体的、自发的和非制度性的终生学习，具有一种自然属性。当今，知识无时无刻不充实在你我所生存的环境里，这就倡导教师具有“终生学习”的理念，不计职前的学业生涯，也不抱怨在职的种种培训，更不舍弃职后的自由时光，纵观一生长河，也只是“终生学习”。终生学习是让个人在飞速发展的社会中，不仅能适应环境的变迁，更重要的是个人的能力得到新发展和自我实现。因而，终生学习具有自主性、整体性、开放性和全面性等特征。终生学习不仅是一种理念、一种思想，更是一种教育实践，需要教师在学业、岗位、工作领域中敢于实践探索，开展行动研究，形成独立而又适宜的专业理论体系与个性经验。当然，教师也不能忽视正式学习之外的泛在学习，打开心扉、拥抱生活，往往会给我们带来意想不到的灵感与收获。面对社会发展的机遇与挑战，教师“终生学习”，才能真正成为一个"读书人",才能提升自身的"核心竞争力",力求创新,历经"教书匠"到"教育家"的变革,在"学习革命"浪潮中探寻专业发展路径。

教师,多么平凡而又伟大的一个称谓。教师专业发展,实际上是用教师全部的教育生命在书写。一个用歌声打动人心的歌者,我们可以称之为灵魂歌者。而一名用生命去书写教育篇章的教师,应是当之无愧的"灵魂师者"。

(本文获上海市黄浦区2013年教职工读书征文三等奖,作者系上海市黄浦区中华职业学校教师)

教师专业发展的“破冰”之旅

——评《教师专业发展的理论取向与实现路径》

王禄芳

由上海市黄浦区教育学院副院长、上海市作家协会会员、华东师范大学兼职教授潘裕民集十多年教育经验、思考和探索倾心撰写的《教师专业发展的理论取向与实现路径》一书,已由广西师范大学出版社于 2013 年 1 月出版。该书立足于中国当代的基础教育改革与发展,以中小学、幼儿园教师为研究对象,结合基础教育转型时期的课程改革背景和区域教师队伍建设的实践经验,从教师专业发展、教师阅读、教师继续教育和教育思考等四个方面,阐述了知识经济时代教育改革与发展给教师带来的机遇与挑战,不仅有理论引领,还有诸多教师教育和教师成长的成功案例做支撑。该书通过大量的案例分析和理性思考,创造性地提出了教师发展的新理念、新思路、新方法、新途径,对当下教育改革具有重要的借鉴意义。

随着我国基础教育由规模发展向内涵发展的转变,提升教育质量已成为当前基础教育发展的核心问题。而要提高教育质量,关键在于教师。中国的教育家梅贻琦先生曾有这样的名言:“大学者,非大楼之谓也,乃大师之谓也!”由此可见,优秀教师乃是一所学校的灵魂所在。而促进教师专业化发展,加强教育内涵建设,则是新常态下我国基础教育改革的重点。该书正是基于这样的背景,从内在因素和外在因素两方面,脱开教科书式的线路,完全站位于理论和实践中介的角度，由“教师专业发展的内涵”，提出教师专业发展中的“文化自觉”及“角色定位”，最后升华到“为师的境界与追求”，真正做到“无为而无所不为”。该书运用大量经典与现实案例，不仅提到在教师专业发展中，要努力做到“三个转化”：从教书到教学的转化、从以教师为主体的传输知识到以学生为主体的引领学生自主学习的转化及从事务型、经验型教师向研究型、创新型教师的转化，也总结出教师在专业化发展中知识获取的主要途径：第一，从书本上学习。我国西汉文学家刘向曾言：“书犹药也，善读之可以医愚。”第二，向名师学习。名师都有一个共同的人格特征，那就是对事业的执着，对职业价值的追求和对生命意义的探寻。第三，向同行学习。当今时代，团队的合作与共同的价值追求是个人发展的重要条件。只有善于把自己融入团队之中，才能取人之长，补己之短。第四，向学生学习。韩愈在《师说》中说得好，“弟子不必不如师，师不必贤于弟子”。相互欣赏的师生关系，一定会带来教育教学的高效益。第五，在实践中学习。实践出真知，教师不仅要在教学实践中学，还要在生活实践中学。在当今日新月异的知识经济时代，教师只有养成时时、事事、处处学习的习惯，不断提升自身学识水平，才能与时俱进，实现其专业发展的飞跃。

“古之学者必有师”，足见教师于古往今来的重大作用。其实，世界上每个国家都无不把教师视为教育质量的关键。可以说，一个国家的教师质量从根本上决定着其人才的质量。随着当前知识经济的全球化，社会对教师的要求日益提高，加之教育改革的需求，提高教师专业化水平已成必然。该书从“教师专业化”定义入手，共有四篇。第一篇为“教师专业发展”，提出教师应以教育创新为最高追求。教师要培养具有创新精神的学生，自己就必须具有创新精神。第二篇为“教师阅读”，分析了“今天我们为什么要读书”和“今天我们怎样阅读”。一个人的阅读数量及其质量可以关乎此人的精神状态和涵养气象。对于教师而言，读书也是备课。在一定程度上讲，教师阅读的高度决定着教学的高度。读书不仅要求挤时间阅读，要有境界、有品位，要学会与文本对话，还要求读懂、读透、读深，要读思、读写、读用相结合，才能达到从“有所为，有所不为”到“无为而无不为”的境界。第三篇为“教师继续教育”，只有以需求为导向，走“研训一体化”的发展道路，切实提高教师培训的有效性，才能成功构建适应新课改、有利于教师专业发展的继续教育体系。第四篇为“教育思考”，提出基础教育改革与创新必须以创新的教师为主体、以学生学习方式的变革为重点，努力创建使教师可以互相学习、合作研究、拓展视野、自主发展的平台，以提高教师的专业能力，促进教师的专业发展。

该书从主题到内容，既有作者对教师专业发展的认识、从事教师教育工作的体会，也包含作者关于读书经验和方法的介绍，以及对教育改革实践的思考。在教师专业发展过程中，教师只有充分调动、更新和充实自身成长的“动力源”，加强自主发展意识，合理定位自我，逐步完善自我，才能完成从“要我发展”到“我要发展”至“更上层楼”的教育教学境界提升。

（原载《中国教育学刊》2015 年第 5 期，作者系河北省邢台学院外语系副教授）

“解读”之中尽显指引之功

——读《桃李春风一杯酒——宋诗经典解读》

戴建国

前凭蘅唐退士选编的《唐诗三百首》,后赖钱锺书先生选注的《宋诗选注》,唐音宋调两类中国诗风的诗歌皆可管窥、为人熟读。上海百家出版社“古典诗词经典解读丛书”旨在把优秀的古典文学遗产介绍给广大读者,其中的《桃李春风一杯酒——宋诗经典解读》(2009年10月版)乃由赵山林、潘裕民两先生编著。该书可取之处甚多,其最可惊叹之处,是其书在解读之中,心系广大群众,尽显指引之功。

钱锺书先生的《宋诗选注》,作为“中国古典文学读本丛书”早在1958年就面世,滋养着一代又一代的读者。将宋诗介绍给今天的广大群众,钱本在时下未免显得格高调寡,赵山林、潘裕民则着重在指与引上有所探索和开拓,将使宋诗为大众指为知音,引为同调。

指为知音,当在阅读上切入。《桃李春风一杯酒——宋诗经典解读》由“诗人简介”“注释”“解读”三个有机组成部分和诗作融合成形。宋代诗人三千八百余家,此书则精细遴选一百多位诗人的近三百首作品,其诗人排列大致以各自生年先后为序,让读者逐一目睹宋代前后出现的各领风骚的诗坛风云画面。编著者一方面以凝练的语言概述各诗人的主要生平事迹,另一方面也表明各诗人在诗坛乃至文学史上的地位,由此申明其被选入的原因和选择的标准。按顺序或取单篇阅读，读者均容易得到对某位诗人及其作品的了解与认识，满足纵读或选读的需要。如选读郭祥正的诗，读者可以从对诗人的简介中明了其经历与诗作特色及在诗坛影响与地位，之前众选本大多未选郭诗，而《桃李春风一杯酒——宋诗经典解读》则独取，读者就不难领略到编著者选取它的用意。

《桃李春风一杯酒——宋诗经典解读》的"解读"，意在评析，编著者在此却有一番精微投入。或指出诗作的时间背景，以便知人论世。或阐述其诗旨意趣，使之明晰晓畅，如黄庭坚诗作《戏呈孔毅父》的解读有："黄庭坚与孔毅父本为同乡，今又同师，这首诗就因两人关系较亲密，故题头冠一'戏'字，通过自我解嘲的方式来抒写政治上不得志的苦闷。"或指明诗作相关的内容，如道潜《临平道中》解读中叙引《续骸说》的故事，秦观《金山晚眺》解读中引唐人张祜《题金陵渡》，拓展读者阅读兴趣。宋诗好以"才学为诗"，江西诗派为甚，还有两宋间和宋元间诗人由于所遭时代多乱离，这样宋诗诗意难明便属自然，编著者对此则不遗余力相助，前者如黄庭坚《寄黄几复》一诗，编著者逐一解说典故，便于读者发觉此诗之佳妙，后者如选汪元量诗作时，为读者拨开诗中晦意。

引为同调，旨在鉴赏之效。诗歌作为一种文学样式，具有强烈的审美价值。宋诗别开生面，独成新格，在诗歌审美上迥异于代表中国诗的唐诗，这便为选评者提出高的要求，从而在赏析时，要充分发挥想象力，填补读者的空白，又要为读者开拓新的空白，实现再想象与再创造的目的。

《桃李春风一杯酒——宋诗经典解读》竭力推开大的窗口，让读者去赏观宋诗园地，比较钱本，它至少有四点精致的补充，让读者认识宋诗丰衮而广阔的境地：一是增加了像郭祥正这样的有名而长期被冷落的大诗人，像蓓桃、李清照、朱淑真这些女诗人，像理学家朱熹和佛道人物惠崇、道潜、惠洪；二是增收了一些有名的诗作，如陆游的《关山月》、王安石的《明妃曲二首》等多首、黄庭坚的《登快阁》等；三是在流派上稍加丰富，如通过选诗人诗作，将北宋初期三个诗派风貌显示出来了，北宋中期诗坛诗文革新运动中收入中坚人物石延年，北宋后期"苏门四学士"全收齐，但"永嘉四灵"漏收徐照，乃白璧微瑕；四是收入了爱情诗，如陆游《沈园》两首全收，还收叶茵《香奁体》一首，避免读者对宋诗将爱情的主题完全让位给宋词的片面理解。从诗人、诗作、流派及内容的增添比较上，我们欣然看到一个更为丰富而真实的诗坛全景。

《桃李春风一杯酒——宋诗经典解读》试图引领读者进入诗歌的艺术审美境界，去赏析，去品味。"解读"部分自成精妙短文，写法不拘一格，且富启发性，生出窗中有窗之奇。"解读"不拘泥于串解写法，着重从鉴赏的角度探掘情趣、意境与风格、特色，不时比照、引证，增强读者对诗歌的厚度与广度及深度上的美的感受。如赵佶《在北题壁》一诗"解读"中，引出李煜词作《虞美人》触发读者联想之弦；又如王安石《思王逢原》一诗"解读"里，品析诗作反《礼记》之意倾诉怀念深情；欧阳修《和王介甫明妃二首》的"解读"则两法并举，凸现诗作的情韵与旨意，直指宋代诗歌的特质所在，构建出一个立体多层面的审美视角框架。

综观全书，编著者赵山林、潘裕民两先生以解读为抓手，让读者从阅读切入，又向鉴赏深入，让读者由阅读进而提升到鉴赏的高格，以精到的指读与引读，使之真正达到良好的"解读"效果。因此我相信，赵山林、潘裕民两先生编著的《桃李春风一杯酒——宋诗经典解读》，将为宋诗带来更多读者，并赢得他们的青睐。

（原载《东方教育时报》2015年3月11日，作者系上海师范大学图书馆研究馆员，文学博士）

谈艺衡文的门径

——读《唐宋词的魅力——基于古典诗词曲之比较研究》

吴 琼

20 世纪 60 年代初，钱锺书先生第一次招收研究生，“我的一位北大同学打算报考，托我问他应该阅读哪些参考书。他回答说：‘用不着什么准备，准备也没有用。’后来我们在帮他评卷时，才发现这样一些试题：试卷上抄录了若干首无主名的诗作，要求辨认出它们是学习唐宋哪些大家的风格；抄录了白居易的一首代表作，要求指出其中有否败笔，为什么是败笔，等等”（王水照《半肖居笔记》，东方出版中心 1998 年出版）。如今，倡导中学教师应成为研究型、学者型教师，钱老的这则典故很值得中学语文教师们沉思。身为泱泱诗国的语文教师，无法辨认出诗作的唐韵宋调，无法进行艺术鉴赏和评判，谈艺衡文既缺失，中学语文教师怎能跨向研究型或学者型教师？道理往往很浅近，但躬行更切实重要与艰难。当务之急，是需要范例，潘裕民《唐宋词的魅力》当为一个很好的范例，它给中学语文教师指引了谈艺衡文的门径。

谈艺衡文，必于传统文学中充分汲取养分，诗文归于正统，小说戏曲流于附庸，而词居于雅俗之间，自然为指引今人谈艺衡文的首选对象。唐宋词以其独特风貌，历来深为后人吟唱演绎。提倡谈艺衡文，其高远的目标当是提高文学修养，《唐宋词的魅力》（广西师范大学出版社 2012 年 5 月版）一书可谓应运而生，得其所哉！著者浸渍诗词曲的精微与要妙日久，如今基于古典诗词曲之比较，沉潜含玩唐宋词至味，发现良多，于中学语文教师沾溉无穷。

唐宋词作，或沉郁顿挫，或委婉深长，其鉴赏需要灵心慧性。如吴文英的名篇《风入松》，乃暮春怀人之作，全词末句"惆怅双鸳不到，幽阶一夜苔生"，粗读下来，似乎毫无新奇意蕴，经潘裕民一点拨，境界豁然："末尾两句'惆怅双鸳不到，幽阶一夜苔生'，化用古诗'全由履迹少，并欲上阶生'之意，写望人不到，但见青苔满径，心里更感到惆怅。'双鸳'，比喻女子所穿的鞋子，这里指人的行踪。'双鸳不到'，即情人不曾归来。因为人迹不到，台阶上才长满了青苔。末句中的'一夜'突出了青苔生长的迅速，实际上，'双鸳不到'，台阶上也不会'一夜'就生满了绿苔，但词人这样写，却传达了伊人（女子）一去、景物全非的深深惆怅。'幽'字，更渲染了愁情。结处借景抒情，点明题意，而又自含蓄不尽，所以谭献评'结处见温厚'（《词综偶评》）。"一字一词一句，逐层剖析，让读者明其意趣，更会其兴味，由衷感受到结处温厚之美。类似的精微赏析，在该著中不胜枚举，中学语文教师们通过经常阅读，反复品味，可以领略唐宋词的艺术美，还可以促进自我的欣赏力。

唐宋词作，其文学性美不胜收，词句熔铸本事、典故之精巧往往令人叹为观止，因而解读唐宋词作，需要文化积蕴。在这方面，《唐宋词的魅力》作者不厌其烦，精细考察词句背后的典故，由此揭橥词旨。如柳永佳作《望海潮》上阕的"参差十万人家"，不过寻常之句，经潘裕民一挖掘，文学的历史意义就展露出来了："用'参差十万人家'总写一笔，从而把当时杭州的内景外观都生动而逼真地表现出来了。吴自牧《梦粱录》说：'柳永《咏钱塘》词曰：'参差十万人家'。此元丰前语也'。据记载，北宋初期主客户共为七万零五百三十七户（《太平寰宇记》），到北宋中期便增加到二十万零二千八百一十六户（《元丰九域志》），将近两倍。此词作于元丰（神宗年号)前七十年左右,说'十万人家',可谓实录"。"参差十万人家",并非词人面壁虚语,却是元丰前的实录。此类发掘,在第八章讲词史、第九章论词人、第十章析词作中,为数尚众。尤其是宋代,文化发达,宋人词端书卷气不时扑面而来,中学语文教师们有待持续增厚文化底蕴,才能胜读,也免于只会拾人牙慧。

《唐宋词的魅力》品读一句之新、一韵之奇,能够得心应手,该著微言大义,更主要的是立足于著者对词体的透彻把握。词艺、词心的品鉴,应基于对词这一韵文体式的清晰完整缜密的理解。《唐宋词的魅力》第一章至第七章谈词体,以大量篇幅对词体进行理论性阐释,这无疑极大地丰富了中学语文教师本体性知识。在诗歌发展的长河中,词不仅是诗之余、曲之滥觞,它还有其自身本位,因而具有独特永恒的魅力,著者通过纵向与横向的对比,揭示词的形成、发展及演变过程,阐发了词的高度繁荣与它摆脱"回归诗本位"或"固守曲子本位"的藩篱有关,词因而在言志缘情、雅化俗化、合乐不合乐方面发挥着非同凡响的作用。为使中学语文教师这一特定对象更易于理解、接受、运用词体知识,著者大量采用例证、比较方法,较为系统地予以诠释。如同是表现离别相思之情,诗词曲的写法不可能一样,杜甫《月夜》诗,"是作者被安史叛军掳至长安时所作,写的是自己月夜思亲的心情,但在构思上,作者从反面涉笔,别开生面,诚如清人施补华所说,此诗'可谓无笔不曲",而李清照《醉花阴》词与王德信《别情》曲虽"都是写由于思念爱人而使自己消瘦不堪,而词是用'黄花'自比,显得含蓄隽永,曲则直言'缕带宽三寸',显得明白透彻"。诸如此类的诠释,简洁直观,既能彰显词的美学特质及艺术魅力,又更能加深读者的印象,深化中学语文教师们的知识结构。

借由谈艺衡文,进而提高中学语文教师的文学修养,《唐宋词的魅力》是一个可行性极强的通俗范本。通览《唐宋词的魅力》全书,中学语文教师将得益匪浅:文学修养的获得,需要自身不断增添文学特质、文化内涵以及知识储备。

（原载《东方教育时报》2012 年 7 月 4 日，作者系湖北师范学院文理学院教师）

教师要多读文学经典

——读《唐宋词的魅力——基于古典诗词曲之比较研究》有感

李　新

近读上海市黄浦区教育学院副院长潘裕民先生所著的《唐宋词的魅力》一书(广西师范大学出版社 2012 年 5 月版),受益匪浅。这本作为上海市教师培训市级共享课程教材的权威著作,以唐宋词为审美观照,从中国古典诗、词、曲中选取大量的名篇佳作,通过比较研究,着重论述了唐宋词人的创作心态、审美情趣和个性特征,深入探析优秀词作的内容题材、情感基调、艺术境界、语言风格,以及词坛上出现的不同于诗、文领域的奇特现象和词体的演变过程,对于广大中小学教师来说,是通往唐宋词"风景"的一个路径。

作为教师,我们应该多读点文学经典,尤其是古典诗词。中国是一个诗的国度。从《诗经》开始,其间经过楚辞、汉乐府、魏晋诗、唐诗、宋词、元曲、明清诗歌的发展递变,先后出现了著名的诗人、词人、曲作家,在历史上汇成了中国古典诗歌的灿烂星河。其中词起源于隋唐时期的敦煌曲子词,后经五代,至宋达到顶峰,苏轼、辛弃疾、柳永、李清照等以其杰出的创作成就和独特风格而光照千秋。潘裕民先生于此颇专,自 20 世纪 90 年代初起草,到 2012 年元月通过专家评审,被列入市级共享课程,获准出版,穷二十年之功,可谓呕心之作。在研究过程中,作者把社会学、文化学、美学、文学理论与创作实践有机结合起来,通过宏观考察与微观探索,揭示了唐宋词独有的艺术特征和美感特质，虽涉及其他文学体裁，尤其诗、曲等作品，但始终以唐宋词为主线，聚焦于词体的演变和词家个性特征的深入分析，对收入的词作的丰富内涵加以细致阐述。下面我就从我——一个普通语文教师的角度，谈谈我从此书中所获的教益：

首先是廓清了一些概念。比如比兴寄托的问题。比兴寄托是诗歌创作的重要手法。毛泽东在《给陈毅同志谈诗的一封信》中说："诗要用形象思维，不能如散文那样直说，所以比、兴两法是不能不用的。"我过去对这个问题一直心存困惑。《诗经》的三种表现手法是赋、比、兴。赋，直陈其事也，这很好理解，一般也就是诗歌中的叙述和描写；可比、兴就很麻烦，比，即譬喻，兴就是起兴，先言他物而引起所咏之物也。这些都是朱熹老先生为我们总结好的，解说《诗经》是可以对号入座的，可比兴放在一起作为一种表现手法，往往就使我们犯糊涂。比如《诗经》中的民歌，大多兴中含比，到底是兴还是比；再比如之后受《诗经》传统影响的汉乐府民歌以及文人创作的诗歌，都运用了比兴的手法，可那些句子并不在诗的开头，而是在中间，只起到"比"的效果，那到底是比还是兴呢？读了潘先生这本书，才豁然开朗，原来《诗经》以后的文人创作，大概从屈原开始，比、兴手法的运用已有了发展，方式有了改变，比与兴的关系变得复杂了。二者大体上有以下区别：

1. 兴和比兴，是赋又是比，或者说是"赋而比也"。就是说兴中是兼含赋、比的。

2. 兴中所含的比，不同于修辞上的比喻。一是修辞的比喻比较简单，而兴中之比比较复杂；二是修辞的比喻一般是正比，而兴中之比有正比，也有反比；三是修辞的比喻有一点相似，整体不相似，而兴中之比在几个方面都相似。

3. 比显而兴隐。

4. 比总是用来说明或描绘局部问题，而兴句则往往联系以至渗透到全章和全篇。

再比如宋词的豪放与婉约问题。文学史上一般以苏、辛为豪放的代表，柳永、李清照为婉约的代表，可苏轼、辛弃疾并不是一味写豪放的词，也有婉约的作品；李清照也有《渔家傲》等豪放的作品。潘著在这方面做了深入探讨，引述资料甚丰，并有专题论文附录于后，对我们老师是相当有启发的。这篇论文回顾了历代，特别是20世纪以来宋词风格与流派的研究情况，对传统的“两分法”提出疑问。最早把“豪放”和“婉约”这两个词语相对并举以区别词的风格、流派的，是明人张綖。他在《诗余图谱·凡例》中说：“词体大略有二：一体婉约，一体豪放。婉约者欲其词调蕴藉，豪放者欲其气象恢宏。然亦存乎其人，如秦少游之作，多是婉约；苏子瞻之作，多是豪放。”此后论者多主此说，并将“两体”发展为“两派”（如清初王士祯），并且出现了以婉约为“正宗”，以豪放为“别格”的倾向，到了20世纪50、60年代，由于受到“左”的思想的影响，又出现了扬豪放抑婉约的趋势。到了20世纪80年代，才有人对“两分法”的合理性提出了质疑。此后质疑声不断。有人认为婉约、豪放是词的风格，而不是“派”；也有人说“豪放派和婉约派，虽然可以基本上划分，但不能绝对划分”。潘先生经过研究，提出了自己的思考：首先，从词的创作实际看，用豪放或婉约这样单一的风格概念无法阐明作家的创作个性；其次，从词史研究的角度看，用传统的“两分法”来划派，容易导致宋词分期上的混乱和失误；再次，简单地用“豪放”与“婉约”二派论词，容易陷入狭隘的偏见之中。虽然未明确提出宋词的风格与流派究竟应该怎样划分，但这种博观约取与独立思考的精神是值得我们学习的。

其次是严谨而求实的研究精神。我们老师应该成为一个研究者。可某些老师因为太“忙”的缘故，往往成为教材的宣读者、教参的搬运工、应试的包工头，缺乏独立思考和独立判断的精神与能力。潘先生为我们树立了很好的榜样。他探讨唐宋词的魅力，是基于古典诗词曲之比较研究。他在这本专著中，从中国古典诗歌的演变过程中探讨词体的形成，从与诗、曲的比较中探讨了词的美学特质，探讨了词境、词的风格与流派、比兴寄托等艺术手法、唐宋词演进历程中的基本形态和词人创作观念的转变、唐宋词概况、唐宋词家个性等，治学相当严谨。而且求实。其实“唐宋词欣赏举隅”是很不需要花气力的，当今讯息发达的时代，鼠标一点，全篇尽出，可潘先生不是，他查阅了大量资料，力求有一得之见。比如苏轼的《水调歌头·中秋，我教了多少遍，都是简单地照字面疏通了事，至多分析一下苏轼出世与入世的矛盾心理，剩下的就是让学生背、默了，好在王菲替我们做出了巨大贡献，学生直接就可以唱出来。读了潘先生的“欣赏”，我汗颜，这样经典的一首词，我难道就该这样简单对待？潘先生把其中的每一个典故都交代得清清楚楚。比如“明月几时有？把酒问青天”，最早屈原在《天问》中就有“日月安属，列星安陈”的疑问，其后张若虚在《春江花月夜》中说：“江畔何人初见月？江月何年初照人？”李白在《把酒问天》中写道：“青天有月来几时，我欲停杯一问之。”苏词就是从白诗化来。“不知天上宫阙，今夕是何年”，由“天上宫阙”引出一个有关唐玄宗的传说，传说唐玄宗八月十五日梦游月中，见一大宫府，榜曰“广寒清虚之府”（见《龙城录》），后因称之为“广寒宫”；“今夕是何年”，从语源上可追溯到《诗经·唐风·绸缪》中的“今夕何夕？见此良人”之句，而直接所本则为《周秦行纪》。《周秦行纪》是一篇唐传奇，托名牛僧孺所作。牛僧孺自叙考试落第，回到洛阳附近，夜晚明月当空，他迷失道路，忽然闻到香气，随着香气到了一所大院子，遇见了王昭君、杨贵妃等前代美女。她们请他参加宴会，大家都非常高兴，每人赋诗一首。牛僧孺的诗是：“香风引到大罗天，月地云阶拜洞仙。共道人间惆怅事，不知今夕是何年。”引用这样的典故煞是有趣，我想这首词如果像潘先生这样给学生讲解，学生肯定会饶有兴致的，比我那干巴巴的“出世”“入世”的概念要强得多。潘先生这种深入浅出的探讨与研究精神也值得我们学习。

再次是树立了读书的榜样。从这本书可以看出，潘先生是读了不少的书的。探讨唐宋词的魅力，他不仅读了大量古代的理论著作，还读了大量今人的著作，尤其期刊上的文章；他不仅读了大量中国人的著作，还有外国人的著作；不仅有文学的，而且有美学的。光罗列的参考文献就有七页之多。如果没有甘坐冷板凳的精神，这样的工作是很难坚持下来的。

2012 年暑期上海书展，王安忆等作家呼吁人们要读“无用之书”，所谓“无用之书”就是相对于当前功利社会无用却对精神家园的构建有用的那些文化经典，此后王安忆又在复旦大学研究生毕业典礼上致辞嘱咐年轻人要做到“三不要”，即不要尽想着有用、不要过于追求效率、不要急于加入竞争。潘裕民先生所读的书，包括他呕心沥血写出的这本《唐宋词的魅力》，无疑是这样的“无用之书”。可无用却“用”莫大焉，一个老师，特别是一个语文老师，尤其对唐宋词的研究有点兴趣的老师，哪怕是在教学过程中会牵涉到一点唐宋词解读与欣赏的老师，阅读此书，惠莫大焉，它确实为我们阅读文学经典指明了方法和路径。

我们老师往往大叹苦经，埋怨没有时间读书，实际上如果是真正的一个爱书者，总会能挤出时间读点书的，尤其是要多读文学经典，问题是我们的时间都被世俗的功利目的给占满了。奥地利诗人里尔克说：“你要爱你的寂寞。”在如今这个浮躁的物质化社会，要做到寂寞并且爱着它是极不容易的。可潘先生为我们做出了榜样。潘先生夫妻俩都是教师，又经过从外地到上海的打拼阶段，生活并不富裕，可他耐得住寂寞，潜心读书，潜心研究，于是《唐宋词的魅力》，经过十月怀胎光荣出世。

老师们，好好地读读这本书吧，它不仅是通向古典诗词的门径，还是一座智慧的灯塔，能为你指向人生寂寞高地的方向，让你静下心来享受阅读、享受生活！

（原载《现代教学》2012 年第 10 期，作者系上海市光明中学高级教师、黄浦区语文学科带头人）

古典诗词比较研究的新收获

——评《唐宋词的魅力——基于古典诗词曲之比较研究》

汪涌豪

中国古代各体文学素重体式，尤其是以诗词曲为中心的韵文。如果说，汉唐时，因文事初起，人们不免将心思用在区宇的拓展方面。那么到两宋以后，随着尊体意识的确立，诗歌体贵正大、气贵雄浑；又须属对工、遣事切，诸如此类的要求，开始更多见于历代人的讨论。倘不能注意及此，一如“无所授受者”，必体制“涩而乖”而言辞“芜以庞”（宋濂《刘兵部诗集序》，《宋学士全集》卷六）。词曲也同样，体须婉曲，意须轻倩，而总其要，在声字与句调的合格，如字法上须侔色揣称，句法上须闳深浑成，章法须离合映带，韵法须婉畅浏亮。只有做到这一些，才谈得到体调的合式，进而求风格的老成。当然，如讲求太过，也会转生弊病，诸如诗的浮浅无物、凡近无奇，与夫词与曲的平顺寡要、滑易不留，等等，在古人看来，也都是“破体”的恶例。故如何使诗词曲的创作既具备局部的整饬，又兼有总体的完密，并体调安雅，气象超凡，是历代谈艺论文者关注的重点，也是今人估衡作家作品高下的重要指标。

具体到诗歌，讲究音声的和谐。音声一道有宽韵、窄韵之分。宽韵能泛入旁韵，增加诗的离合出入之美；窄韵则因难见巧，能免其落入凡庸而别见谲奇。且诗体不同，音声也会随之变化。如古体大多质朴，遽短调节，故气调的舒疾低昂就须留意;近体大多婉妍,文繁声杂,故字句的轻重清浊又当斟酌。如何避免前者的重声梗滞,后者的哑字雌声,对作者来说无疑是一大考验。另外,古、今两体,还有五言简则和七言纵畅的区别,有所谓整体声调的讲究,如何使高调不致粗疏,缓调不致拖沓,并避免前者鄙俗,后者软靡,包括平调失之轻率而不精练,清调失之幽细而不振拔,凡此种种,也需作者细加揣摩。至于炼字琢句与使事用典就更如此了,前者有文字与俚字、实字与虚字之区分,后者也有熟典与僻典的不同与标别。

词为声学,"于遣辞中最为难工,自有一种分割,稍不如格,便觉龃龉"(李之仪《跋吴思道小词》)。故历代作者论者,均极重视从词体到词意、词语的锤炼;均避忌音调上的质直与重滞。以为词从铸调、设色到命篇皆至难,但其成败,也悉系于此端。此所以,俞彦《爰园词话》要说:"词全以调为主,调全以字之音为主,……傥必不可移者,任意出入,则歌时有棘喉涩舌之病";叶燮的《小丹丘词序》会以"十五六岁柔妩婉娈好女"作譬,强调音声与情意两相惬恰的重要;孙麟趾的《词径》更列出"清""轻""新""雅""灵""脆""婉""转""留""托""澹""空""皱""韵""超""浑"等"作词十六要诀",以做具体精细的甄别。

裕民先生《唐宋词的魅力——基于古典诗词曲之比较研究》一书(广西师范大学出版社 2012 年 5 月出版)于上述诗词的体制要求与体式特征,有简切精到的把握。有鉴于从广义上说,诗、词、曲三者都体属于诗,它很注意在相互的比较中,揭橥诗与词的异同,以及诗词之于曲的联系和区别。凡所指述,能包举从题材、形式到语言、风格等多个方面,尤其在语言、风格上,指出"诗庄词雅曲俗""诗词贵含蓄,重弦外之音;曲则尚显露,以一洗无余,极情尽致为工","诗词忌纤巧,曲则贵尖新""诗词忌油滑,曲则时带诙谐",均备极具体,言之成理。

就词而言,此书结合王国维《人间词话》中"境界说"的"献疑",对词的体性所做的探讨,诸如词中是否有"狭而深"一境;"词多无题"的缘由及其演变轨迹；词的风格可从“疏”与“密”的角度来论，而此“疏”“密”不仅关乎藻采，也因于情志；词虽多阴柔之美，但仍当以刚柔相济为最高，而对代表这两种风格的豪放、婉约词派，尤须做准确解析，不应轻忽其中才情澜翻的大家，越界跨体，淹有双美，等等，大都切中肯綮，发人兴会。有些极细微处，前人未必重视，如词的音乐与抒情的“相配机制”“独重女音”的歌唱标准，还有“含蓄能留”的艺术内涵，经其不经意表出，也可见慧心独具。至于所揭出的如何理解刘熙载《艺概》所谓“词如诗”“曲如赋”的问题，该书限于篇幅，虽未做进一步展开，但结合全书的论述，仍可见出作者基本的判断。那就是就前者说，因为词与诗同属韵文，而传统文学从本质上说又均从属于诗、并最终走向诗，所以尽管历代论者每常分疏两体，有诗贵庄重而词不嫌佻、诗贵深厚而词不嫌薄、诗贵含蓄而词不嫌露等说法，如清人曹尔堪《峡流词序》以为：“词之为体如美人，而诗则壮士也；如春华，而诗则秋实也；如天桃繁杏，而诗则劲松贞柏也”，但大多数人不会认为只有诗该典雅，词因多写闺檐，就可流于狎昵；只有诗该庄敬，词因蹈扬湖海，就可以动涉叫嚣。相反，受一种极富于整塑力的文学传统的影响，越到后来，它在体式上就越是走向一条与诗相同的道路。其体式要求之严苛，诚如《郑大鹤先生论词手简》所说，“类诗之有禁体”。而其抒情性，就此也端赖比兴而不在铺陈，尽管它从不排斥铺陈。

再就曲说，虽然归在韵文，但古人认为其与诗词的体式要求又自不同。“诗词同体而异用，曲与词则用不同，而体亦渐异，此不可不辨”（陈廷焯《白雨斋词话》卷八）。故提出词宜雅矣而尤贵得趣。“雅而不趣，是古乐府；趣而不雅，是南北曲”（谢章铤《赌棋山庄词话》卷十一），故“下不可入曲”（谢元淮《填词浅说》），既不可以曲作词，也不可调词而语曲。今人任中敏《词曲通义》论曲与词的区别，称一动放横广，一静敛纵深，则以为不唯途径态度，即精神与性质，两者都有区别。不过，转换一下思路，也由此可见曲在体式上，是有着抒情上可以竭情发扬的便利特性的。而所谓的“动放横广”，乃或

"外旋"而"阳刚",都更与赋相匹配。此所以,梁廷相《曲话》会说:"诗词空其声音,元曲则描写实事,其体例固别为一种"。要"描写实事",可不就需要铺叙与直陈?如此,因多用赋来尽其口角与情色,进而在体式上近于赋,就是再自然不过的事情了。此外,曲之造语必"俊",用字必"熟",如周德清《中原音韵》所说,又必不能"语粗",即"无细腻俊美之言";"语涩",即"句生硬而平仄不好",包括以后王骥德《曲律》论其字法"要极新,又要极熟;要极奇,又要极稳",句法"宜藻艳不宜枯瘁","宜溜亮不宜艰涩",很大程度上说,都成为作者书中论述的重点。其能深体古人张大曲体的用意,那种通过强调铺叙与直陈的正当性来达成己意的言语策略,无疑是一种知人论世,切境入情的稳实的判明。

要之,尽管古人间或认为"词曲之间,究相近也"(李佳《左庵词话》卷下),元入词集,也往往兼收小令。明清人承此,如杨慎《词品》兼及元曲;朱彝尊《词综》也兼收北曲,但强调不可以曲作诗,以曲调乱词体,始终是文坛主流。由此,古人能自觉注意避免作曲时让铺排与直陈过多阑入,又防止曲体的俊亮润丽任意突入诗词的界域。此书严守此分际,以为曲多用赋,无论是"直用赋"还是"以比为赋",正是曲体有别于诗词之所在。这种既正视诗词曲之间的密切联系,包括诗词两体的正体正格都用赋,又对其之与曲的用法善加区别,显然能更好地廓清各体韵文的创作要求和风格特征,使后人不致混杂,各失其真,因此是很值得肯定的。

裕民先生专攻诗词各体韵文,前此已有《宋诗经典解读》等著作出版,于诗词曲的精微要妙可谓浸渍日久,体会很深。这给本书带来了又一个特点,就是不贩卖西方的主义,也不掉弄中国的书袋,尤能拒绝作假学理的高头讲章。一句之新,都有个人的心证;一韵之奇,乃见生活的阅历与情感的体验。故所列举的名家杰品,都能本色当行,以见今古互证之效;即对一般文学史不甚重视的作家作品,也能从容沉潜,往复含玩,有时况拟与悬测,居然谈言微中,题无剩义,这使得上述关于韵文体式的理论性阐释,得以有更切当着实的着落，这是尤其需要表彰的。

（原载《文汇读书周报》2012 年 9 月 14 日，作者系复旦大学文史研究院常务副院长，教育部“长江学者”特聘教授，复旦大学中文系教授、博士生导师）

月好共传唯此夜

——读《梦回“诗唐”——唐诗经典品鉴》

周雯婕

夏日炎炎，所幸案头有新书几卷，恰如清茗在手，令烦躁之心渐渐澄明。而其中最令我好奇而忍不住去翻阅的莫过于潘裕民先生的新作《梦回“诗唐”——唐诗经典品鉴》(广西师范大学出版社 2013 年 10 月出版)了。一则我曾拜读过潘先生的不少作品，如《中国传统文化概要》《唐宋词的魅力》等，喜其作且知其人，一则浅陋如我看见书名，心中便跳出一个疑问——为何是“诗唐”而非“唐诗”呢？带着一份小小的亲切与讶异，我走进了潘先生的“诗唐”。

开启扉页，略观其体，方寸之间忽然延伸开一个阔大的天地。这天地由时间、诗人而经编纬织，自隋唐之际的律体先声王绩启，至藩镇混战中为民疾呼的杜荀鹤终，既历数山水田园等代表诗派的盛大风貌，又呈现李杜等名家高手的独具风采，锦绣山河，自然浑成。闻一多先生感叹唐朝是诗的王朝、诗的国度而称之为“诗唐”，而当你打开这手中之卷，对这“诗唐”二字方有一种深刻的体验。此书首先吸引人的，是洋洋洒洒多达十余页的前言。围绕唐诗的繁荣与高度、唐诗发展的社会原因与内在因素、唐诗发展的四个时期，潘先生以学者的严谨与文人的烂漫，对“诗唐”做了生动、具化的勾勒和描摹。与其说这是前言，倒不如说是引初学者入门的导读、带爱好者热身的前奏。没错,“诗唐”在潘先生的心中与笔下首先是一种盛境,是许许多多诗人如“云之君兮纷纷而来下”那样地从初唐到盛唐,又从中唐到晚唐,纷至沓来、此唱彼和地吟咏而形成的一个如云气舒卷般自然、壮观而令后人无限向往的瑰丽境界。

“诗唐”更是一种精神。这种精神是“境界悲壮、感喟深重”的《出塞》或“慷慨悲凉的绝唱”《登幽州台歌》所释放的绝世磅礴,是“对比鲜明、讽刺强烈”的《轻肥》或“一代之史诗、千秋之殷鉴”《自京赴奉先县咏怀五百字》所寄寓的不尽忧愤,是“情致缠绵、构思奇妙”的《无题》或“浪漫主义化了的帝妃爱情悲剧”《长恨歌》传唱的无奈情殇,更是“天才超逸、神韵随之”的《早发白帝城》或“一首如梦似幻的春情小夜曲”《春江花月夜》所流淌的天赋华彩……这些诗句的演绎,无不在昭示世人:“诗唐”是丰富多姿的,它尽力包蕴一切主题、一切手法、一切风格;“诗唐”又是出奇划一的,那便是唐人在“丰富”的背后所独具的一种睥睨古今。

“诗唐”需要“梦回”。今天,单《全唐诗》保存的诗歌就有四万两千八百多首,而仍知名的唐代诗人也还有两千三百多位,唐诗如同一座久挖而不竭的宝藏,等待着更多有缘人的邂逅和开采。然而,古人读诗的起点是熟读三百首,今人则读书益多而读诗益少矣!少且不论,熟读亦难,读到有自己的心得更是难上加难。泱泱“诗唐”,挡不住功利主义的尘嚣日上,越来越多的俗念拖住了我们奔向诗的乐土的步伐。潘先生的这本鉴赏集则使我们有了“梦回”的可能,而这一“回”字也许是一种诗句的重温,却绝非品味的重复。以世人熟知的刘禹锡的《竹枝词》为例,作者由《竹枝词》为巴、渝两地流行的民歌说起,进一步考证到白居易不仅热爱这种民间文艺形式,还有意效仿屈原写《九歌》给人民配乐歌唱的创作目的,令读者兴趣大增而眼界顿开。在诗句鉴赏方面,则不但引经据典地揭示了人们熟知的“晴”的双关义带来的含蓄美,还着重指出诗歌的突出之处在于其“民歌风味十足”——“多用白描,不见典故,而且音韵十分和谐”,更列举“宋代的苏轼、叶适,元代的杨廉夫，清代以来董伟业、郑板桥等都作过各地《竹枝词》”来证明刘禹锡的《竹枝词》对后世影响之大，实乃非学者不能为也！至于本书精选的七十三首唐诗，则着力于以最精要的勾勒最传神地体现“诗唐”的风貌，无论生熟，均是经典，堪称百读不厌。手握此卷，一般的读者如中学生或是初学者大可借外力以含英咀华，而学问家或是爱诗人则不啻和同道相切磋、互学相长。

“诗唐”如潘先生所言，是他的二十年一梦。蒋勋先生曾形容：“诗很像一粒珍珠，它是要经过琢磨的。我们的口腔、舌头、牙齿、嘴唇在互动，像蚌壳一样慢慢、慢慢磨，磨出一粒很圆的珍珠。”诗本是语言的精华、思想的升腾、情感的迸发，唐诗更如一粒粒耀眼的明珠，而品诗又何尝不是一个个磨砺珍珠的过程呢？喜唐诗者古来甚众而多得趣于零章碎句，如潘先生这般纵目长河而拾贝、骋怀巅峰而挹翠，将珍珠化作颗颗明星置于浩瀚星空中玩赏并终成灿烂篇章者相对而言着实有限而令人钦佩。清人张潮的《幽梦影》中有过这样的妙喻：“少年读书如隙中窥月，中年读书如庭中望月，老年读书如台上玩月，皆因学历之浅深所得之浅深耳。”隙中窥月，视野受限，难窥月之全貌更罔论整片月夜；庭中望月，虽有空间却不足以悠游，那月下的身影也难免落寞；唯有台上玩月，最为酣畅和洒脱。那台无疑是阅历和学识垒起的人生高台，伫立在这样的高台上，月再远亦不再遥不可及，而是近可把玩。这把玩是一种玩味、品味，是学识与阅历丰厚的学者丢弃了上天揽月的欲望，平息了把酒问月的倾诉，只把月作为审美对象后的一种豁然。

白居易曾言“月好共传唯此夜”，确实，好的月、好的诗、好的作品，都是值得世人所共传的，而潘裕民先生的《梦回“诗唐”——唐诗经典品鉴》正是这样一部可共传更可典藏的佳作。

（原载《东方教育时报》2013年9月18日，作者系上海市格致中学语文教师、德育处主任，黄浦区语文学科骨干教师）

寻诗唐之趣

——读《梦回“诗唐”——唐诗经典品鉴》

闫智茹

时间的篇章一直都在不紧不慢地书写，从不为谁停留，也不为谁增笔添墨。当我们翻阅历史画卷时，总会沉浸在盛唐气象中，三百年大唐时代，物质与精神均彰显其大手笔。这个兴象玲珑的世界，这个诗的王朝，令后人无限眷恋之，神往之。梦回诗唐，不再遥远，潘裕民先生所著的《梦回“诗唐”——唐诗经典品鉴》（广西师范大学出版社 2013 年 10 月版）正召唤着我们做一次深度漫游，探寻“诗唐”之趣味。

“诗唐”之真，扑面而来。盛唐气象所涵盖的，不仅仅是政治、经济，就连文学成就，也同样是异彩纷呈，璀璨夺目。诗歌养育、滋润、厚爱着唐代。自《诗经》以来，文人墨客世代相承了前人的书纸笔卷，并在传承过程中不断发展完善，终于在唐代建立起诗的王朝。吟诗作对，不再是骚人雅士的特权，上至帝王将相，下及贩夫走卒，人人皆喜传诵，呈现出一派蔚为大观的景象。《梦回“诗唐”》向我们展示了多姿多彩的全唐生活，处处弥漫着唐人的风骨神韵，读来令人爱不释手，回味无穷。宫体诗、应制诗、咏物诗、赠别诗、咏史诗、感遇诗、田园诗、山水诗、边塞诗、讽喻诗、写景诗、应试诗、乐府诗、竹枝词、叙事诗、爱情诗、悼亡诗、哲理诗……自然的、社会的、人生的、心灵的，点点都渗透入唐诗中，泛滥淳滴成广阔的诗的海洋。任何一种生活，我们都可以在皇皇唐诗中探寻到。《梦回“诗唐”》撷取三十多位诗人的七十余篇作品,进行探幽访胜,引领大家重温唐时风貌、感受唐人风采。

“诗唐”之善,沾溉后人。有唐一代近三百年,其间涌现的诗人不胜枚举。《梦回“诗唐”》按时间顺序,从初唐、盛唐、中唐、晚唐各个时期挑选出几位颇具代表性的诗人及其诗作,予以细致深入赏析,从而为读者描绘出一幅脉络极细的诗唐画卷。刻画现实,描摹景象,剖析历史,状写心灵,唐诗均取得相当高的成就。《梦回“诗唐”》努力展示唐诗的丰富内涵和独特魅力,着重挖掘蕴涵在诗中的文化背景和深层内涵,激发读者在赏析体验中生出向上的力量:“现在,就让我们梦回‘诗唐’,撩开它那令人目眩的美丽面纱,去聆听那染尽沧桑的钟声回响,去品味那含义隽永的唐音余韵,从中经受古老传统经典文化的洗礼,获得一种前所未有的力量。这种力量,就是唐诗之精神。拿破仑曾说:世界上只有两种力量,利剑和精神。从长远来说,精神总是能够征服利剑的。”(《梦国“诗唐”·前言》)

“诗唐”之美,历历在目。解读唐诗,发现唐诗之美,《梦回“诗唐”》着实下了一番功夫。它不同于大多数评点注解的文章,潘裕民先生在每一首诗前都作了一句简明扼要的总括,写明了所要点评诗作的过人之处,既能提纲挈领,又令人耳目一新,实为画龙点睛之笔。在总括、诗作之后的评点注解,内容则更为丰富深刻。除去诗人的字号、生平简介,作者在解析诗作时,力求还原真实历史,让读者切实融入作品当中。一字一词、一句一联,都详尽解读,甚至连某句诗的出处、化用的典故,也都写明,旁征博引,既显出了作者的学识,又为诗作平添不少色彩。在品鉴《送杜少府之任蜀川》时,作者对城阙、阙都做了详细解释;在解读《春江花月夜》“江畔何人初见月?江月何年初照人”时,作者引出闻一多先生的《宫体诗的自赋》,屈原的《天问》和李白的《把酒问月》、苏轼《水调歌头·明月几时有》,拓宽读者阅读面;在赏析《登鹳雀楼》时,指出存在不同版本,诗人有王之涣或朱斌之分歧,作者取舍态度充分表明其治学严谨。唐诗经典品鉴,小到字词、句子,大到通篇的境界、艺术高度，读者由此领略到骨气端翔的唐风气韵。

梦回“诗唐”，流淌着诗意，散发着神韵。通过笔墨纸砚流传下来，摆脱时间的局限，诗唐寄托着一代又一代炎黄子孙的精神、梦想，成为中华民族文化历史中永远的瑰宝。品读《梦回“诗唐”》，读者将不虚此行。

（原载《文汇读书周报》2013 年 10 月 25 日，作者系上海师范大学人文与传播学院民俗学研究生）

经典唐诗的重新审视

——读《梦回“诗唐”——唐诗经典品鉴》

邓　彤

捧读潘裕民先生的新作《梦回“诗唐”——唐诗经典品鉴》(广西师范大学出版社 2013 年 10 月版),首先想到的却是海德格尔——因为潘先生在前言中有如下一番感慨:

> 唐朝是诗的王朝、诗的时代,没有哪个时代能够与之比肩,难怪闻一多先生称它为“诗唐”,即诗的唐朝。每次回望唐朝,总能见到一群诗人的背影。唐朝是一个属于诗人的朝代,是一个为诗人而存在的时代。正如台湾美学家蒋勋所说:“仿佛是一种历史的宿命,那么多诗人就像彼此约定一样同时诞生。”

我尝读海德格尔,不免讶异于一位哲学家何以如此醉心于诗歌。海德格尔曾云:自人类理性觉醒以来,过度化的理性制造了一个逻辑严密的世界体系并以语言显示这一世界。人以语言认知、思考并表达世界,语言为万物命名之际遂使万物只以名称显示,从而使人类丧失了对世界的直接感受力。于是人类逐渐只能以概念代替事物,只会以逻辑代替感情,存在的意义几乎丧失殆尽。能够对理性社会这一弊端加以救赎的,唯有诗歌。

作为华人，我们曾经有过非常唯美的时代。

我们曾经离诗歌很近，甚至，我们曾经就在诗歌中，例如唐朝——这一个全民皆诗的时代，从士大夫到乡野村妇，从高堂之上到江湖之远，无论帝王、将相、朝士、布衣还是工匠、商人、婢妾、歌伎，乃至僧道尼姑，都有诗作传世。“童子解吟《长恨曲》，胡儿能唱《琵琶篇》”，是那个时代典型的风貌。

这是一个人人灵魂中都吹拂着诗歌清风的时代，这一时代中人所自然弥散的雍容与飘逸，绝非我等所能体验的。

如今，我们远离诗歌久矣。在失却诗心许久之后，我们终于意识到：诗歌，是神的眼波，暗示彼岸神性的存在。当人性正处在或者试图向最细腻、最深厚、最高尚、最美丽处发展的时候，诗歌也许是最好的选择。

中国文学具有极为发达的抒情传统。从《诗经》始，历楚辞《离骚》、汉代乐府，直到律诗绝句，乃至宋元词曲，中国文学始终以诗歌作为文学表达的典型样式；即便在叙事文学中，例如戏曲、小说中，重诗的传统依然清晰可见。但是，让人痛心的是，在这样一个曾经诗意盎然的国度里，今人对于如何优雅表达内心的艺术已然非常陌生了。

为此，我们呼唤诗歌。但感受诗歌之美的心灵是需要牧养的，潘裕民先生的《梦回“诗唐”》庶几可为牧养诗心的一部力作。

学习诗歌，历来有两类方式。一曰习得式阅读，读者与诗歌做直接接触，完全凭借个人阅读经验感受诗歌之美，在大量阅读诗歌的基础上积累诗歌阅读的经验，从而悟得诗中真味。一曰学得式阅读，借助诗歌研究成果的帮助，读者逐渐掌握诗歌赏析的基本要素，通过训练指导，掌握诗歌阅读的基本路径。从教学者的角度看，成熟的诗歌读者不是天生的，是需要培养的。教会青年学子以诗的眼光读诗，培养出具有诗心的学子是教育者重要使命之一。

在风格方面，此书颇能融阳春白雪于下里巴人之中。潘先生古典文学学养深厚，且多年从事教育工作，始终关注提升青少年的文化品位，因此本书在总体弥散学术学养气息的同时，依然保持明白晓畅的风格，以雅俗共赏名之当非过誉。

在内容方面，潘先生此书几乎涵盖唐诗中各类诗歌体裁。对于古体长诗，潘先生善于把握诗歌意脉，要言不烦地梳理出诗作的布局架构，呈现出诗人细密的思路；又善于对其中富有表现力的诗句含英咀华，带读者品味出其中的真味。例如，对卢照邻《长安古意》、对张若虚《春江花月夜》等古体长诗的赏鉴堪称典范。对一些短章绝句，潘先生或探幽发微，或旁征博引，于方寸之间开万千气象。例如，对耳熟能详的孟浩然《春晓》绝句，在细读诗句精当点评的基础上，又证之以旁诗，在对李清照《如梦令》、辛弃疾《摸鱼儿》等词作的对比赏读中一步步丰满了读者对《春晓》这一"平淡到几乎看不见诗"却又极富诗情画意的极品短诗的理解。

我以为，对于潘先生这一品读经典的佳作，倘若纯然使用理性言语予以分析几乎是一种怠慢。因此，套用几句经典名言作为本文的结语庶几可以表达我们今天重新审视诗歌的眼光：

如果诗歌是文学的王冠，那么唐诗就是王冠上璀璨的明珠；如果可以选择所生活的时代，唐朝必然是一种最美丽的选择。诗是神的眼波，向我们暗示彼岸的存在。而品鉴唐诗中的经典，便是品鉴神的眼波，那迷离的目光，必将牵引着我们走向澄明之境。

现在，就让我们摊开此书，撩开唐诗那令人目眩的美丽面纱，去聆听那染尽沧桑的钟声回响，去品味那含义隽永的唐音余韵，从中经受古老传统经典文化的洗礼，获得一种前所未有的力量。这种力量，就是唐诗之精神。

（原载《现代教学》2013 年第 10 期，作者系上海市黄浦区教育学院干训部副主任、中学语文特级教师）

重视文学经典价值，提升教师人文素养

——读《唐宋文学六十家》

徐　侠

潘裕民先生新著《唐宋文学六十家》(广西师范大学出版社2014年版)一书以作家为主体,以"史"为线索,将唐宋文学六十家的生平事迹和作品连在一起进行了深入阐述。读之,仿佛是一部微型唐宋文学史,重新把我们带回到那个文学经典纷至沓来的唐宋时代。那个我们国人情结中永远割舍不断的时代:文学名家辈出,佳作如林,体裁不断更新,流派争奇斗艳,一派空前繁荣景象。那个时代产生的承载了人类普遍审美价值和道德价值的文学经典,蕴含了独特的艺术魅力和深刻的文化内涵。

经典具有超时空的永恒性。关于经典,有很多诠释。例如:经典是一定的时代、一定的阶级认为最重要的、有指导作用的著作;经典常常蕴藏有气势磅礴的感人力量;经典往往向人们揭示出一些社会人生的博大精深的看法等等。

从潘裕民《唐宋文学六十家》中,我们看到了文学经典的独特魅力与多重价值。

一、经典的价值在于“重读”和“在读”

经典的价值不是封闭的终结存在，也不是某些人一劳永逸的诠释，而是一个开放性系统。经典的意蕴在人们的“重读”和“在读”中生成着，经典把人们引向历史限定之处的无限可能。正如《红楼梦》中贾宝玉终身伴侣的选择避开健康大度的薛宝钗，而指向了多病狭隘的林黛玉一样，不合常人之情，却展示了一种引人深思的终身伴侣选择的可能性。“一千个读者就有一千个哈姆雷特”，人们在经典的“无限可能”中经由每一次“重读”和“在读”，每一次都“发现”着。意大利著名作家伊塔洛·卡尔维诺说：“一部经典作品是一本每次读都像你初读那样带来发现的书；一部经典作品是一本即使我们初读也像是在重温的书。”(《卡尔维诺经典：为什么读经典》译林出版社 2012 年 4 月版）在“重读”和“在读”中生成，在生成中“重读”和“在读”，循环往复，一代接一代，构成了经典独特的意义“发现”史。

《唐宋文学六十家》一书就是作者潘裕民“重读”和“在读”唐宋文学经典“发现”的历史。

例如潘裕民在读孟浩然诗《过故人庄》时写道：“作者从日常生活中提炼出浓郁的诗意，不仅描绘出农村的风光，也表现了与田家朋友的友谊。全诗语言清新淡雅，朴素自然，几乎‘淡到看不见诗’。”潘裕民在“重读”和“在读”中，不仅体会到常人所言孟诗一般的“韵致飘逸、风格恬淡”特点，还不断捕捉和不断发现孟诗的“淡到看不见”因而难以言说只能在“重读”和“在读”中体会的独特诗味。这是一种怎样的诗味？每一次读都有每一次的新发现，也只有“重读”和“在读”才能慢慢品味。经典就是这样“每次读都像你初读那样带来发现”！这正是经典“重读”和“在读”的价值所在。

二、经典的价值在于不断启迪

经典是经过历史长河反复检验而传承下来的珍品，潘裕民《唐宋文学六十家》所记录的唐宋文学六十家都是唐宋文学的经典。西方哲人施莱格尔说："一部古典作品必定永远不能被完全理解，但是受其熏陶并正在教导它们的人必定总想从它们中学会更多的东西。"（转引厉梅《美学经典重读的"知性"》，《书屋》2006年11期）

唐代是这样一个道不尽说不完的盛世：多年开拓，国力强盛，经济繁荣，思想兼容，文化融合，士人进取，气度恢宏。唐代也是这样的乱世：战祸空前，杀戮破坏，颠沛流离，灾难深重。唐代社会生活本身就提供了极为丰富的题材和广阔的视野。面对这样时代，文学家们会有何等的激情和怎样的歌吟！

宋代沿袭唐代，社会生活也多有起伏，文学与唐代相比风格有所改变，但也是流派纷呈，风格各异。就词而言，柳永、苏轼、秦观、周邦彦、李清照、辛弃疾、姜夔、吴文英等诸多大词人的出现，足以把宋词在文学史上的地位推及与唐诗媲美的高度。

唐宋文学经典不论是从文学本身还是从文学所折射的社会生活都给我们以源源不竭的启迪。

潘裕民《唐宋文学六十家》采取点面结合的方式，选取唐宋文学六十家经典作品为点，结合全唐全宋的社会生活和文学风貌为面，把唐宋文学经典连成一体。"本书不仅仅是一部作家传记，而是在介绍作家生平与创作的同时，尽可能地顾及到他们风格的转变以及在当时和对后世的影响，给人以完整的、'史'的印象。"（《唐宋文学六十家·前言》）在这部"史"里我们可以看到，不论是平民还是达官贵人，不论是仕途通达还是失意的官吏，不论是"苦吟"诗人还是"诗豪"，不论是现实主义者还是浪漫主义者，不论是至情至性的性情中人还是“诗佛”等等的经典作品。《唐宋文学六十家》打开了一个广阔的经典世界，也打开了一个让人可以获取极为丰富启迪的广阔视野。

例如书中论及白居易的《赋得古原草送别》最为人传诵，不仅很好地体现了白居易有关内容与形式关系的诗歌理论：“诗者，根情、苗言、华声、实义。”(《与元九书》)，其中“野火烧不尽，春风吹又生”一联歌颂的是野草的顽强生命力，而又折射出天地间生命生生不息的普遍规律，充满哲理，历来被人传颂，给不同时代不同的人以不尽的启迪。不论你来自何方不论你处于何时，经典都能给你带来丰富启迪，这正是经典的价值所在。

三、经典的价值在于促人提高

经典的价值绝不是使你旁观，而是促使你参与，最终促使你提高。经典都是人的主体性在某一特定时期特定场合以某种特定方式的大展示，经典蕴含了人类的丰厚精神财富。经典必将带你身临其境，让你体验并提升主体意识。苏霍姆林斯基在《给教师的一百条建议》中说过：“一个真正的人应当在灵魂深处有一份精神宝藏，这就是他通宵达旦地读过一两百本书。”经典是这样的一份精神宝藏，你读它就带你走进它的世界，丰富你的精神生活，提高你的精神境界，使你成为一个真正的人。经典的作用常常是潜在的，却是深层次的巨大的。

潘裕民写作《唐宋文学六十家》目的可以说不只为了写一部唐宋文学的浓缩史，而是把它作为一个唐宋文学经典的展示窗口，让人们参与到读经典的行列中，“涵泳古代的人文智慧”，提高“文学鉴赏力”，精神日渐丰富，有所“成长”。例如该书展现唐宋八大家经典散文的博大醇美和无限情趣，从不同角度介绍唐宋八大家的生平事迹、人生价值取向、写作风格和写作手法，让你能够从中了解古代散文丰富的文学内涵、哲理内涵和文化内涵，培养鉴赏古代散文的能力，为进一步了解中华文化、提升人生境界打下坚实基础，又可以受到优秀文化的熏陶,形成健康美好的情感和积极高尚的人格。该书还结合唐宋八大家经典散文具体作品引你深入佳境,品味经典的魅力。例如该书对苏轼《前赤壁赋》开头的一段赏析:

> 壬戌之秋,七月既望,苏子与客泛舟游于赤壁之下。清风徐来,水波不兴。举酒属客,诵明月之诗,歌窈窕之章。少焉,月出于东山之上,徘徊于斗牛之间。白露横江,水光接天。纵一苇之所如,凌万顷之茫然。浩浩乎如冯虚御风,而不知其所止;飘飘乎如遗世独立,羽化而登仙。
>
> 读了这一段优美动人的文字,我们仿佛和作者一起坐在苇叶一样的小船上,有着“遗世”“羽化”的感受。这里,充满了诗情画意的境界:清风明月,白露茫茫,主客秋夜荡舟,酌酒诵诗,情驰以骋。全篇写景、抒情、议理熔为一炉、浑然一体,真可谓字字如画,句句似诗。

《唐宋文学六十家》重提经典对提高人的精神境界的作用,在当今社会,特别是对提高教师人文素养是有一定的意义。现在是消费时代,文学成为消费品,娱乐化倾向明显,呈现出迎合大众趣味的趋势。娱乐化大众文学、网络文学、影视文学等等粗制滥造的作品泛滥,使得很多人丧失了审美判断力,阅读选择有些盲目。特别是对未成熟辨别力差可塑性强的学生而言,他们面对大量的粗制滥造的作品,很容易成为它们的俘虏。另一方面,新的课改精神更加重视培养学生的主体意识,更加重视对学生的人文关怀、情感感染、文化熏陶,更加重视提高学生的人文素养,“使人的思想更加健康,品质更加高尚,个性更加张扬”。在这样的背景中,重提读经典很有必要。首先教师要能成为学生很好的阅读引路人,自己就要不断地读经典,不断地提高审美鉴别力,不断地提高人文素养。一个教师人文素养的高低很大程度取决于阅读习惯的有无、阅读内容的精博和阅读积淀的厚薄。一个教师只有置身于阅读的“大水源”,在广博的基础上突出读经典的地位,不断充实自己,提升自己，才能夯实人文底蕴，提高思想境界与文化品位，促进专业成长。

潘裕民《唐宋文学六十家》可读点很多，可言说处也很多，但是就重视经典价值，提高教师人文素养来说，不能不说是有一定的现实意义。它让我们再一次重视经典的价值，走进经典，重温经典。

（原载《现代教学》2014 年 5 月 A，作者系黄浦区教育学院语文教研员、中学高级教师）

追寻唐宋文学家的足迹

——读《唐宋文学六十家》

朱　叶

历史的长河奔流不息，而闪耀在其中的华夏五千年文明，是足以让每一个炎黄子孙引以为骄傲的。在这五千年中，又以唐、宋两代的文学成就最为光彩夺目，它穿越了时间的局限，至今仍流淌在世人心中。翻阅潘裕民先生最新出版的《唐宋文学六十家》（广西师范大学出版社 2014 年版）一书，犹如展开了一卷《清明上河图》，历史画面的真实感跃然纸上，仿佛是带我们走近了那个原本已离我们久远的年代，与唐、宋时代的文学家发生了一次近距离的平等对话。

我们知道，历史素来是由个体构成的，文学研究的中心，归根到底也还是要归结到人的身上。但无论哪个时代，作家的创作特色都是由社会生活和个人因素决定的。什么样的人，就有什么样的作品。从这个意义上说，想要了解一个作家的创作成就，就必须要了解他的生平与思想。因此，在《唐宋文学六十家》中，作者运用"知人论世"的论述方法，以求勾画出作家"全人"，揭示发展、联系，进而诠释"作家个体"的真正内涵以及在文学史上的传承发展关系。

全书的章节脉络清晰，以初唐为始，至南宋而止，作者将唐宋文学划分为六个时代板块，唐宋两代各精选三十名杰出的文学大家为代表，引领读者随着朝代的兴盛交替来品评各个时期文人们不同际遇之下风格迥异的各类佳作。

从整体上看,《唐宋文学六十家》是一部浓缩的唐宋文学史。作者以扎实的学养和学者严谨的视角,考究了各个人物的生卒年代与生平事迹,短短千余字便勾勒出每个文学家的一生际遇,或少年得志,或颠沛流离,或数度沉浮,一个个原本只是烙刻在文学青史上的伟大名字逐渐清晰鲜活起来,直至成为一个个完整饱满的个体。王勃才惊四座却只活了短短二十七年,陈子昂怀才不遇写下《感遇》三十八首,陆游至死不忘北定中原、统一祖国的信念决定着他作品中的爱国主义情怀……

在《唐宋文学六十家》中我们发现,作家的为人、创作与其思想一样,并非一成不变的。生活的变迁往往是导致一个作家不同时期作品风格转变的决定性因素,不同的思想情怀也决定着不同作品派别的产生。因此,本书把人物放在他所处的那个时代环境中来认识,把作家和作品统一起来认识,从而引导读者更好地结合人物背景来理解其作品的思想性。如孟浩然,科场失意后的“移舟泊烟渚,日暮客愁新”句一片孤清的色调,然而他怀着抱负应聘张九龄幕府时,也曾吟唱出“气蒸云梦泽,波撼岳阳城”的气势,其最为人称道的山水诗则是在大部分隐逸和漫游的时间里写出的,书中如是评价:“他的山水田园诗,作为王维的先导,最先以诗的竖琴,弹奏出清新美妙的盛唐之音。”如此纵向比较之下,读者对诗人的理解更进一步加深,作品思想的深度性亦被深刻剖析,不同风格对比间又别有趣味,令人嚼后口齿余香。

作为一部涉及面非常广的文学研究著作,《唐宋文学六十家》拓展了读者的文学视野。提起唐宋文学,读者的联想往往局限于唐诗宋词,但唐宋文学之所以能成为中华文化的瑰宝,绝不仅限于这两种文学体裁。作者借中唐时期韩愈、柳宗元领导的“古文运动”,将读者的视线引向散文领域:“它是以儒学为旗帜,以复古为号召,以文体改革为中心,以维护唐王朝统治为目的的散文革新运动。”简短精练的一句话传达出了其思想体系、政治观念与艺术创新。读者只有在了解文学历史背景的前提下，读《师说》才能读出韩愈"文以载道"的理念，读《祭十二郎文》才能体会其革新祭文的传统模式、采用自由活泼散文形式的艺术魅力所在。"国家不幸诗家幸。"两宋时期纷扰的政治忧患对这个时代的政论、史论的长足发展也在作品中得以体现，如欧阳修的《朋党论是作为革新派的代表对保守派的有力还击，其笔锋犀利，切中时弊；《五代史伶官传序》议论精辟，"忧劳可以兴国，逸豫可以亡身"的结论也意义深远。

从艺术审美的角度看，《唐宋文学六十家》可以帮助读者寻趣探胜。在重温一篇篇经典作品之时，作者以其深厚的文学功底和高超的艺术鉴赏力为读者指点妙处，引导读者在古代文学的艺术领域走得更深更远。如秦观的《鹊桥仙》，作者评曰：不落俗套，并于抒情、议论中"化臭腐为神奇"，表达了对真挚、纯洁而永恒的爱情的热烈追求之心。全词基调热情、明朗，带有明显理想的色彩，与一般爱情词的缠绵悱恻相比，自是高出一格。又如李清照"应是绿肥红瘦""莫道不消魂，帘卷西风，人比黄花瘦"等句子，作者点出：李清照词的最大特色，就是朴素的白描手法，尤其是长于抒情，善于选用自然清新、凝练新颖的语言塑造形象，表达感情，被赞为"本色当行第一人"，读者始知其中妙趣所在。我们由此可以看出，作者的点评总是恰到好处，处处洋溢着浓烈的人文情怀。甚至可以说，读《唐宋文学六十家》，就是在品读文学，品读历史，品读生活，也是品读作者。

读完全书，我感受到潘裕民先生的《唐宋文学六十家》不同于一般的作家传记。它是一部越读越厚实、越读越有趣的书籍，既有学术价值，又颇耐人寻味。书中的立论均从作家实际出发，对作品的解读则从文本入手，既有文献生平的考证，又不拘于一家一派的说法，一切的结论都基于"文学即人学"的诠释。正是一切从"人"出发，作者十分重视研究论说的语言表达，使之严谨规范，而又深入浅出，既有见识，又有趣味，充分体现了"学术研究"的时代特点和文学特色。正如本书作者在前言中所言："每一位作家就像一个个的小窗口，使我们可以从中窥见那些既熟悉又模糊的唐宋经典名作，走进那看起来陈旧可在当时却光彩夺目、瑰丽迷人的艺术世界，感受到那渺不可及而又念兹在兹的精神家园！”随着潘裕民先生的导引去读唐宋人杰，广阔的视野定会给读者带来更深的感悟，在走近那个时代的同时，深深体会到中国古代文学的精华奥妙，并从中获得精神的愉悦和美的享受。

（原载《文汇读书周报》2014年7月11日，作者系上海师范大学图书馆硕士研究生）

唐诗宋词，穿越时空之美

——读《唐宋文学六十家》有感

杨　勇

我手边有一本《唐宋文学六十家》(广西师范大学出版社 2014 年 6 月出版),是上海市黄浦区教育学院潘裕民先生最新出版的书,它与《唐宋词的魅力——基于古典诗词曲之比较研究》(广西师范大学出版社 2012 年 5 月出版)、《梦回“诗唐”——唐诗经典品鉴》(广西师范大学出版社 2013 年 10 月出版)构成了作者“唐宋诗词研究”系列作品。三年中三部研究作品问世,潘先生出众的研究水平和写作才华,实在令人钦佩！我不禁惊叹于他旺盛的精力,惊讶于他宏富的学问,惊异于他独到的见识,惊赏于他对唐宋文学的钟爱。读完《唐宋文学六十家》一书,我有几点感受分述于下:

一、宏阔与精微

唐宋文学是中华民族文明史上的瑰宝,在中国文学的发展进程中,无疑是一座难以企及的高峰,特别是唐诗宋词在艺术创造上已臻于妙境,而且唐宋文学全面而深刻地反映了当时社会的重大历史事件和士人心态。潘先生的《唐宋文学六十家》以宏阔的视野勾勒出唐宋文学的主线,描述了唐诗宋词的大家和流派。全书以时间为纬,以朝代为经,构建了唐宋文学的发展史，唐代按照初唐、盛唐、中唐、晚唐四个时期，演绎而来，选取了最具代表性的作家和作品；宋代按照北宋和南宋为分界，摘取了三十位独成一派、影响深远的作家及作品。尽管本书是唐宋文学六十家，单独立传，各演其事，然而暗含着一部唐宋文学的辉煌历史，给人一个整体的观念。这种历史的纵深感，正是潘先生在宏阔视野之下形成的独特而立体的唐宋文学体系。

当然，潘先生在写作过程中又是那样的精细入微，引人入胜。每一位作家都是按照“微传记”的形式展开的，分为“生平事迹”和“创作成就”两大部分，以“知人论世”的文学批评观来审视每一位作家成长的心路历程。同时，对作家的风格不仅仅写到常人所关注的那些特点，而且在通过阅读作者大量作品以后，发现所论作家精微的人生变化、丰富的内心感受和独特的生命个性，让读者体会到每一位先贤那美的瞬间以及由此产生的永恒的魅力。如山水田园诗人的代表人物之一孟浩然，人们都津津乐道他的“无官受黜”的窘境，沉迷于饮酒而失约采访使韩朝宗，最终丧失了出仕为官的机会，然而，孟夫子内心对田园山水、自然风物的喜爱甚至沉迷，却有所忽略。尽管孟浩然作品中往往透露出一种“冲淡”之气，人们却常常忽视其中蕴含的“豪壮”不羁的淋漓之概。潘先生见微知著，洞见人物内心深处的丰富意趣，全面立体地还原一个有血有肉的唐代诗人形象。这是潘先生多年来浸润唐诗宋词后的心得，功力可谓深厚。

二、常态与独创

对文学家的介绍，按常态的写法无非根据已有的资料，人们既定的认识，把作者的出生年月、人生经历以及各阶段产生的经典作品，逐一梳理，再指出其在文学史上的地位，便可大功告成了。这样的写作模式，往往缺乏一种独特的视野、精细的解读和精彩的提炼。

与通常的写作模式不同，《唐宋文学六十家》的审美意义在于：它每每都有独到的体验、独特的理解和独创的见解，给人耳目一新、振聋发聩的感受。比如对作家个人的“微传记”的写作创意，就是一种以微传记的形式来梳理作家个体的心路历程。然而，这个“微”不在于文字的简洁，也不在于事件的精要，而在于选材的独特和史料考据的扎实，甚至在于对人物评价的卓异。正是因为潘先生在史料方面倾注了诸多心血，其论证才能细致缜密，结论才能经得起推敲。值得重视的是，潘先生常常在稗官野史中去寻找蛛丝马迹，在正史中去挖掘那些人们容易忽略的琐屑之事，从冰山的一角去触摸海平面以下的绚丽世界，发掘出这一位作者在历史上的独特的审美特征和文学功绩。如初唐时的王绩，是一个嗜酒如命的诗人，潘先生在阅读大量史料的基础上，选取王绩三段趣事，勾画出他的形象。第一，待诏门下省，人称其为：三升未足绊，一斗可留君的“斗酒学士”。第二，因酒自请为太乐丞，编撰《酒谱》。第三，著《五斗先生传》自夸。这些逸闻趣事，还原了王绩率真的诗人本色。正因为如此，王绩摹写山水的诗歌中就有了一份悠闲恬淡的意趣、散淡不羁的奇趣和质朴真率的野趣，当然有别于齐梁时绮靡华美的文风。

作为作家微型传记，《唐宋文学六十家》中的每一篇虽然是相对独立的，然而串起来又是一个整体，构建了唐宋文学的发展历程，这样的写作自然为读者的阅读提供了方便。便于读者利用零碎的时间精读；便于读者选取和摘用；便于读者认识一个个鲜活的、风格卓异的作家。连起来读，它又是一部宏伟壮丽的唐宋文学发展史。

《唐宋文学六十家》独特之处还在于它的文字好。我非常喜欢潘先生的文字，他的评论不是枯燥古板的学院批评，也不是说教式的泛泛而谈，而是一篇篇充满感情、文字优美的动人篇章。可以说，书中的文字清俊有味，质朴简洁中蕴含着深深的体悟，给读者以美的享受和想象的空间。例如，介绍唐代边塞诗人王之涣时，讲述了经典的“旗亭画壁”故事，潘先生以生动的文笔娓娓道来，给人印象深刻。于此，王之涣诗歌的深入人心，在嬉笑之中给予了高度评价，语言的质朴清俊，个性化的转述、理解为读者增添阅读乐趣。

不仅如此,书中生动的叙述,精彩的描写,精当的点评,使人在阅读时经常会产生一种读文学作品的愉悦感。

三、热力与冷寂

潘先生对于古典文学的痴迷是惊人的,他不断以求新求变的创作实践,向我们展示了他在唐宋文学研究方面的执着和努力。三年中三部研究作品问世,这不仅是潘先生充沛的学术热力的体现,更是他对唐宋文学的挚爱。潘先生以花甲之年徜徉在唐诗宋词的海洋里,据其一鳞半爪的信息,在不断的搜寻中,提出自己的主张,描绘一颗颗璀璨的明珠。一路的坚持,一路的咀嚼,品出了浓浓的芳香。

与此相反,却是冷寂的治学态度。俗话说:板凳要坐十年冷,文章不写一句空。在当下功利的社会里,作者只是凭借自己的兴趣爱好,凭借年轻时所立下的志愿,去学习研究,这是十分令人敬佩的。更为难能可贵的是,他完全摈弃了功利目的,率性而为的写作追求。当然,这绝非易事,要除去工作的繁忙,家庭的琐事,甚至生病的困扰,只为自己的兴趣、爱好而孜孜以求,这将是一种怎样的精神境界!“热”与“冷”的确是对立统一的。记得钱锺书先生曾引用一个英法两国人吃牛肉的例子:法国人热吃冷牛肉,英国人冷吃热牛肉。法国人有激情,对面前的美味可以大快朵颐,吃得痛快淋漓;而英国人讲究绅士的风度,面对热气腾腾的牛肉,更是吃得慢条斯理、细细品味。可见,“冷”与“热”兼顾了质量和速度、深度和广度、态度和策略。正是由于潘先生把热情的执着和冷寂的思索巧妙地结合起来,使其“冷”与“热”达到完美的统一,才使得他在学术研究上成果斐然,颇有新见。

毫无疑问,《唐宋文学六十家》只是摘取了中国文学浩瀚星空中的一些耀眼的明星,然而它却倾注了潘先生的文学史观、美学观甚至哲学观,构成了唐宋文学的一个缩影;也倾注了潘先生对唐宋文学的独到见解和创造性的表述;更是他生命热情和冷静思考相结合的产物。这一特点,也是我们值得关注的。

总之,理想的书籍是智慧的钥匙。《唐宋文学六十家》一书,内涵丰富,新见迭出,史料翔实,通俗易懂,是一本兼具艺术之美和思想之光的唐宋文学研究著作。它不仅适合于学生阅读,而且也适合于教师阅读,更是致力于提升文学、文化修养人士的首选读物。让我们在本书的阅读中穿越时空,与唐宋大家分享人生的华美和智慧吧!

(原载《东方教育时报》2014年7月9日,作者系上海市黄浦区教育学院语文教研员、中学高级教师)

研读唐宋文学的“钥匙”

——读《唐宋文学六十家》

夏 军

我和潘裕民先生认识多年,他是我最敬佩、最推崇的一位老师,也是我一生中最重要的朋友。我们经常在一起谈读书、谈文学、谈教育。对潘先生来说,阅读、文学和教育是他除了私人生活之外的全部。他数十年如一日,坚持从事教育教学和文学研究工作,每年都有十多篇文章在国家核心期刊和省级以上期刊发表。特别是近几年来,他厚积薄发,连续出版了五本学术专著,累计字数超过 100 万字。其中,《唐宋文学六十家》(广西师范大学出版社 2014 年版)是作者“唐宋诗词研究系列”的最新一部作品。当翻看此书时,我不觉眼前一亮,深感这部新作的非凡价值和学术品位。

首先,宏阔视角下的作家个性化描述,反映了作者的“大文学”观念。在《唐宋文学六十家》一书中,作者把作家放在他所处的那个时代环境中来认识,并综合运用社会学、文化学、美学、文艺理论等多学科方法,阐释作家个性,挖掘作品内涵。尤其是在重点介绍作家生平与创作个性的同时,尽可能地顾及他们风格的转变以及在当时和对后世的影响。其中不乏真知灼见与理论闪光。如在论述杜甫的创作成就与影响时,作者指出:“作为唐代一位集大成的诗人,杜甫在诗歌创作上的成就,不仅光耀有唐一代,而且光耀整个中国诗史。白居易、元稹等人领导的新乐府运动,就是在杜甫现实主义精神感召下开展起来的。晚唐的皮日休、聂夷中等人继承了杜甫的优良传统,写下了许多反映现实、关心民生疾苦的诗篇。还有宋代的王安石、陆游,金代的元好问,以及近代号称'诗界革命'的倡导者黄遵宪等人,也无不受其影响。"以上的归纳与概括,不仅准确到位,而且大大开拓了读者的视野。又如对王维、孟浩然、高适、岑参、韩愈、孟郊、柳永、秦观、苏轼、辛弃疾等代表作家的述评,无不顾及其文学流派的风格与影响。在作者看来,如果没有成批艺术天才的个性化创作和众多流派的呈现,就不可能有唐宋文学的繁荣局面与辉煌成就。

其次,精彩到位的作品解析,彰显了作者高超的文学鉴赏力。华东师范大学中文系钱谷融教授认为,文学批评一定是建立在鉴赏的基础之上的。鉴赏一篇作品要真正钻进去,知道作品的长处在哪里,特点在哪里,然后给予中肯的评价。这一点,在本书的作品解读中尤为突出。如对卢照邻《长安古意》的评价,作者在鉴赏的基础之上提出了自己的看法:"在这一首长篇巨制中,诗人通过自身感受,借用历史题材,描绘出当时首都长安现实生活的形形色色。从车骑、宫殿、林苑、妖姬、歌舞等豪华景象的渲染中,揭露了权贵们的腐朽生活,内容深刻,感情强烈。"又如对陆游诗歌的点评亦十分精到:"他的七律在精严、深刻、凝重等方面虽不及杜甫,但表现手法有自己的特色。他善于把重大的现实内容压缩在一首诗或一两句诗里;或将叙事的题材,写成一首抒情意味浓厚的绝句,具有严密的概括性和隽永的抒情性。"这种带有鉴赏意味的点评,在《唐宋文学六十家》中比比皆是,体现出学术性与可读性的有机统一。

最后,生动有趣的文字表述,透着作者浓郁的审美情调。作为一部文学研究著作,《唐宋文学六十家》不仅在于史料的丰富,观点的新颖,更在于生动有趣的语言表达。文字的魅力,审美的趣味,使本书文情并茂,含义隽永,十分耐人寻味。拿对张先的一段评论文字来说,便具有简洁诙谐的特色:

“在艺术上，张先的词比较讲究语言的工巧，喜欢雕琢字句，追求一种朦胧的美，以善用‘影’字出名。如‘云破月来花弄影’（《天仙子》），‘娇柔懒起，帘压卷花影’（《归朝欢》），‘柳径无人，堕风絮无影’（《剪牡丹》），这些词句受到人们称赞并广泛流传，因此有‘张三影’之称。”在介绍作家的生平事迹时，书中还插入了“才惊四座的《滕王阁序》”“陈子昂买琴的豪举”“公主推荐王维”“旗亭画壁”“李贺驴背苦吟”“花间词祖‘温八叉’”“奉旨填词柳三变”“牛郎织女七夕词”“晏几道的‘四痴’”“姜夔的合肥之恋”等故事，既有知识性，又有观赏性，深入浅出，雅俗共赏，读来妙趣横生，并能给读者以思考和启迪。

总体而言，《唐宋文学六十家》是一部唐宋文学研究的精品力作，具有很高的学术价值和普及意义。因此我认为，该书是我们研究唐宋作家、研读唐宋文学作品不可或缺的“钥匙”。读此书，不唯可以了解唐宋重要作家的人生轨迹和创作道路，亦可领悟他们真正的文学魅力。

（原载《中华读书报》2014年10月8日，作者系上海市黄浦区《黄浦教育研究》编辑部编审、文学博士）

主要参考文献

1. 钱锺书 . 宋诗选注 . 北京:人民文学出版社，1958.

2. 游国恩等 . 中国文学史 . 北京:人民文学出版社，1964.

3. 王季思等 . 中国十大古典悲剧集（上下二册）. 上海:上海文艺出版社，1982.

4. 王季思等 . 中国十大古典喜剧集 . 上海:上海文艺出版社，1982.

5. 陆侃如冯沅君 . 中国诗史 . 北京:人民文学出版社，1983.

6. 萧涤非等 . 唐诗鉴赏辞典 . 上海:上海辞书出版社，1983.

7. 程千帆沈祖棻 . 古诗今选 . 上海:上海古籍出版社，1983.

8. 俞平伯 . 论诗词曲杂著 . 上海:上海古籍出版社，1983.

9. 金启华 . 诗经全译 . 南京:江苏古籍出版社，1984.

10. 霍松林唐宋诗文鉴赏举隅、北京:人民文学出版社，1984.

11. 杨海明 . 唐宋词史 . 南京:江苏古籍出版社，1987.

12. 张庚郭汉城等 . 中国戏曲通论 . 上海:上海文艺出版社，1989.

13. 施议对 . 人间词话译注 . 桂林:广西教育出版社，1990.

14. 王兆鹏 . 宋南渡词人群体研究,台北:文津出版社，1992.

15.[唐] 王绩撰　康金声　夏连保校注 . 王绩集编年校注 . 太原:山西人民出版社，1992.

16. 宁宗一罗德荣 .《金瓶梅》对小说美学的贡献 . 天津:天津社会科学出版社，1992.

17. 林庚 . 中国文学简史 . 北京:北京大学出版社，1995.

18. 羊玉祥 . 古诗文鉴赏方法 21 讲 . 成都:巴蜀书社，1995.

19. 章培恒骆玉明 . 中国文学史 . 上海:复旦大学出版社，1996.

20. 唐圭璋编 . 词话丛编 . 北京:中华书局，1986.

21. 郑振铎 . 插图本中国文学史 . 北京:北京出版社，1999.

22. 赵山林 . 诗词曲艺术论 . 杭州:浙江教育出版社，2001.

23. 方明光《红楼梦》《金瓶梅》比较论稿,武汉:湖北教育出版社，2003.

24. 周劲草 . 海上纪事 . 香港:香港文汇出版社，2003.

25. 巴丹 . 阅读改变人生 . 北京:东方出版社，2004.

26. [美]莫提默·J. 艾德勒查尔斯·范多伦 . 如何阅读一本书 . 北京;商务印书馆 .2004.

27. 夏立群 . 与名人一起读书 . 北京:北京师范大学出版社，2006.

28. 曹正文 . 百位名家谈读书 . 上海:上海人民出版社，2006.

29. 闫学 . 教育阅读的爱与怕 . 上海:华东师范大学出版社，2008.

30. [清]吴楚材吴调候编选 . 古文观止 . 北京:中华书局，2008.

31. [美]吉姆·崔利斯 . 朗读手册 . 海口:海南出版公司，2009.

32. 赵山林潘裕民,桃李春风一杯酒——宋诗经典解读 . 上海:上海百家出版社，2009.

33. 李洪峰 . 文化学读书笔记 . 北京:中国社会科学出版社，2010.

34. 唐诺 . 阅读的故事 . 上海:上海人民出版社，2010.

35. 王登峰陶继新 . 经典教育让生命有根 . 北京:中华书局，2010.

36. 施忠连等 . 四书五经鉴赏辞典(第二版). 上海:上海辞书出版社，2011.

37. [美]罗伯特·达恩顿 . 阅读的未来 . 北京:中信出版社，2011.

38. 周国平 . 经典闲读:读书文辑 . 北京:九州出版社，2011.

39. 张新颖 . 读书这么好的事 . 上海:复旦大学出版社，2012.

40. 潘裕民 . 唐宋词的魅力:基于古典诗词曲之比较研究,桂林:广西师范大学出版社，2012.

41. [美]斯蒂芬·克拉生 . 阅读的力量 . 乌鲁木齐:新疆青少年出版社，2012.

42. 朱永新,我的阅读观,北京:中国人民大学出版社，2012.

43. 李家同 . 大量阅读的重要性 . 北京:中国人民大学出版社，2012.

44. 高万祥徐飞 . 优秀教师的 30 本案头书 . 上海:华东师范大学出版社，2012.

45. 张贵勇 . 阅读的旅程——教师专业成长地图 . 上海:华东师范大学出版社，2014.

46. 潘裕民 . 教师专业发展的理论取向与实现路径,桂林:广西师范大学出版社，2013.

47. 潘裕民 . 梦回“诗唐”——唐诗经典品鉴,桂林:广西师范大学出版社，2013.

48. 史勤 . 静待花开:和孩子们一起幸福成长的日子 . 桂林:广西师范大学出版社，2014.

49. 潘裕民,唐宋文学六十家,桂林:广西师范大学出版社，2014.

50. 潘裕民 .40 位老师的故事 . 上海:华东师范大学出版社，2014.

51. [英] 弗吉尼亚·伍尔夫 . 伍尔夫读书随笔 . 上海:文汇出版社，2014.

52. [英] W.S. 毛姆 . 毛姆读书随笔 . 上海:文汇出版社，2014.

后 记

收入这本书中的文字,主要由五个方面的内容组成,一至四辑由本人所著,附录部分为读者所撰。书中所言,皆为读书之事。高尔基说:“书是人类进步的阶梯。”因此,我始终相信,一个真正喜欢读书的人,永远不会沦落为精神世界的卑微者。在我心里,书是我永远的精神家园。

在本书的一、二辑中,我试图围绕“为什么读书”“怎样读书”“读什么书”等一系列问题进行理论阐述与实践探索,并结合本人的阅读经验和体会提出了一些具体的建议。尤其是在阅读习惯和方法上,我认为要做到读思结合、读说结合、读写结合、读用结合,并力求以自己的阅读行为,引导更多的人都来读书。在我看来,一个人想读书,不缺少书,读到好书,且能从中明白许多道理,是人生最快乐的事情。此外,读书应该成为人们的一种生活习惯和生存方式,而不是一种负担或任务。

第三辑“人文阅读”,内容涉及古典诗文、戏曲和小说等各种体裁。在我自得其乐的阅读生涯中出现过的许多优秀作品,至今还是那样新奇而充满魅力。在我看来,这些看似“无用”的文学作品,关乎人的气质和修养,值得去认真品味。可是,现今整个社会的读书行为都有着“效益”的追求,诸如成功、技能、处世等书籍充斥市场,最终导致功利性阅读盛行。

须知道，阅读本是一件快乐的事情。法国思想家孟德斯鸠说："没有一种苦恼是读书所不能驱散的。"可惜，现在知道并理解这句话的人并不多。从一定程度讲，当下不是缺少阅读，而是缺少经典阅读、缺少给人带来生命滋养的阅读。更有甚者，一些人听了易中天讲《三国》和于丹讲《论语》，看了电视剧《平凡的世界》，就不愿再去读原著，不愿再去做深入研究和思考。其实，阅读的真正价值体现在那些看似"无用"的文学经典之中。没有深入思考的阅读，不是真正的阅读。

第四辑"读写感言"，是我读书和写作的一些感悟和思考。我读的书不是很多，但我有个很好的读书习惯，就是喜欢把读书和写作联系起来。有人说，阅读就是对作品的品读。其实，读书和写作是密不可分的。一个好的读者，他并不局限于阅读文本的理解，而是通过解读作品传达出他自己对社会的认识，对有关问题的看法和思考，而其传达的方式不外乎"说"和"写"。

有言道，"人人都是评论家。"从某种意义上讲，此话不无道理。有时候，作为读者，我们对自己所读的内容应该做出评价和判断，并把这种理解和感悟说出来或写出来。周国平先生有一句话说得好："阅读是我的情人，写作是我的妻子。"事实上的确如此，写是读的一种升华。就收入本辑中的内容而言，有对他人著作的评介，有我本人写作的感想，有对当下一些问题的思考与探索。而这些文字，正是我读有所思、写有所悟的真切表达。

附录主要是读者和同仁为本人几本学术著作写的序言和评论文章。其中的大部分书评，发表在《中华读书报》《中国教师报》《文汇读书周报》《东方教育时报》《中国教育学刊》《现代教学》等报刊上。书评之作者有学术界的知名学者，也有教育界的同仁，还有未曾谋面的读者。他们的关注和鼓励，给了我坚持读书和写作的无穷动力。当我发现，读者的阅读评论与我的心灵感悟在书中交相辉映，铸就文字的永恒，分享读书的乐趣，心里充满着一种无比的喜悦！

写到这儿，我终于可以说：阅读，原来可以如此美好！长期以来，我习惯于寻缘经典,并在这过程中深切领会到:读书,特别是读有思想、有价值的书,能够留住岁月,克服人类生命的局限性,让我们的人生更加扎实丰富,更加充满诗意和快乐。而这种"腹有诗书气自华"的诗意人生,也是我们每个人所应该追求的境界。

在此,我要感谢上海师范大学人文与传播学院王从仁先生百忙中拨冗赐序!感谢安徽省教材出版中心唐俊先生为本书出版所做的努力!感谢安徽文艺出版社朱寒冬社长能接受出版本书,王婧婧女士等认真编辑本书!同时,也要感谢为我前几本书写序和书评的每一位专家和读者!

最后,还要感谢多年来关心、支持、帮助过我的诸位师长、领导、朋友和家人,在成就事业和实现幸福人生的路上,有你们真好!

潘裕民

2015 年 11 月于上海